유아체육교육

안을섭 · 현일환 · 박종혁 · 신현경 · 임영규 · 안상현 · 김수경 지음

창지사

책을 펴내며

유아체육은 유아의 신체활동을 유희와 놀이를 바탕으로 한 교육이라는 틀 속에서 체계적, 계획적인 놀이를 통하여 지적, 정서적, 사회적, 신체적인 발달을 함양하는 것이라 할 수 있다.

최근 연구 결과에 의하면, 우리나라 유아교육기관에서 실시되는 신체활동은 동적인 활동이 정적인 활동에 비해 매우 적은 비중을 차지하고 있어 유아의 신체활동이 충분하게 이루어지지 못하고 있는 것으로 나타났다. 또한 활발한 대근육 활동을 포함한 체육활동을 위해 기본교육과정과는 별도로 외부에서 체육 전공 교사들을 초빙하여 운영되고 있는 것으로 보고되었다.

산업발달에서 오는 편리성과 매스미디어의 발달로 인한 TV, 비디오, 컴퓨터 오락이 생활 속에서 차지하는 비중이 점차 늘어가고 있는 현실에서, 최근에 일고 있는 유아교육기관에서의 체육교육 붐은 매우 바람직한 일이라고 할 수 있겠다. 이러한 조기교육, 특기교육의 흐름을 타고 외국에서 직수입되어 실시되고 있는 유아체육프로그램들이 많이 있으나, 이러한 프로그램들은 우리나라 유아의 신체 및 운동 발달과 문화적 특성에 적합하지 않으며, 우리나라 유아의 요구에도 충실하지 못하다는 문제점이 지적되고 있나.

현재 유아체육교육학계의 연구자들의 다양한 연구 활동이 전개되고 있으며, 앞으로는 우리나라 유아들에 적합한 한국적 유아체육교육 교수모형이 다각도로 제시되어 유아체육 현장에서 활동하고 있는 지도자에게 공급되어야 할 것이다. 이때 유아를 바라보는 시각은 성인의 축소된 모습이 아니라 유아는 유아 그 자체로써 인식되어서 유아체육교육의 목표와 프로그램이 수립되어야 할 것이다. 그러므로 유아체육의 주체는 유아 자신이며, 자발적으로 참여하고 그들의 놀이 요구를 마음껏 발산함으로써 유아체육교육이 성립될 것이다.

본서는 유아체육이 좀 더 보편화되고 전문적이길 바라며 예비 지도자들을 위해 체계적이고 균형 잡힌 교육을 제안하고 있다. 유아를 위해 각 유아교육현장에서 뛰는 많은 교사들에게 조금이나마 참고가 되었으면 하는 마음이다.

아울러 이 책을 펴낼 수 있도록 그동안 격려해 주시고 힘이 되어 주신 한국유아체육지도자협회 회장님이신 한양대학교 남상남 교수님께 깊은 감사를 드리며, 우리 저자들에게 힘을 불어넣어준 많은 학생 및 예비 지도자들에게도 고마움을 전하고 싶다. 특히 하루 종일 힘들게 사진 촬영에 임해준 효민이와 친구들에게 사랑한다는 말로 고마움을 전한다.

2006년 11월

저자 일동

CONTENTS_차 례

chapter 1 유아발달론

chapter 2 유아 놀이

chapter 4 유아체육 지도론

chapter 5 유아의 신체활동

chapter 8 행사 기획

부록 1

게임 프로그램

부록 2

chapter 1

유아 발달론

Ⅰ. 발달의 이해

1_ 발달의 의의

발달(development)은 인간의 생명이 수정될 때부터 출생하여 삶을 끝마칠 때까지 전 생애를 통해 이루어지는 모든 변화의 양상과 과정을 의미한다. 발달적 변화의 과정에는 신체 · 운동기능 · 지능 · 사고 · 언어 · 성격 · 사회성 · 정서 · 도덕성 등 인간의 모든 특성들이 포함된다.

발달과 밀접하게 관련되는 개념으로 성장과 성숙 그리고 경험을 통한 학습을 들 수 있다. 성장은 유기체의 신장, 체중, 골격 등과 같은 신체적 · 생리적 측면의 양적 증가를 뜻한다. 그러나 성숙은 뇌기능의 분화나 사춘기의 이차적 성 특징의 출현과 같이 개체가 환경의 영향보다는 유전적 소질에 의해 변화하는 과정을 의미한다. 학습은 유아가 숫자나 사물의 명칭을 배우는 것같이 후천적으로 연습과 훈련을 통하여 행동이 변화되는 것을 의미한다. 즉 경험을 통해 행동의 수준을 높여 가는 것을 말한다.

2_ 유전과 환경의 영향

인간의 발달은 유전과 환경의 영향을 모두 받는다. 유전과 환경의 계속적인 상호작용으로 발달이 이루어진다. 즉, 타고난 생물학적 경향은 성장 과정에서 당면하는 환경적인 경험과 상호작용하면서 발달의 원동력이 된다.

1) 유전의 영향

"콩 심은 데 콩 나고 팥 심은 데 팥 난다." 부모로부터 전수된 생물학적 특성들이 자녀의 발달에 많은 영향을 미친다. 자녀의 신장, 체중을 비롯하여 피부색, 모발 색과 그 형태 등 인간의 생물학적 특성들은 유전기제를 통하여 출현하게 되는데, 이는 부모의 생물학적 요인에 영향을 받는다. 각 염색체에는 수많은 유전인자들이 마치 사슬처럼 연결되어 있는데 이 인자들이 어떻게 배열되어 있느냐에 따라 개인의 특질이 결정된다. 부모로부터 물려받은 유전인자가 각기 서로 다른 유전자일 경우, 표현형으로 나타나는 것은 대개 우성 특질이고, 나타나지 않는 특성이 열성 특질이다(예 : 곱슬머리, 대머리, 쌍꺼풀 등은 우성, 색맹이나 피부색은 열성으로 유전됨. 지능이나 성격 등은 다인자성 유전이나 열성과 우성의 혼합된 형태의 유전이 있다).

2) 환경의 영향

환경은 인간을 둘러싸고 있는 외부적 조건만이 아닌 부모의 양육 태도나 사랑을 주는 방법, 가족, 또래, 대중매체, 문화 특성, 민족, 기후, 영양 등 아동에게 영향을 줄 가능성이 있는 모든 물리적 조건과 심리적 조건을 포함한다. 유아가 양육되는 가정, 사회집단, 문화적 배경에 따라 환경적인 경험이 다르며, 인간의 성장지가 갖는 자연적 조건이나 지리적 조건은 개체의 발달에 중요한 의미를 갖는다. 지능 발달을 규정하는 요인으로 유전과 환경이 오래 지적되어 왔다.

3) 유전과 환경의 상호작용

인간의 발달은 결국 생물학적인 소질과 환경 경험 간의 상호작용에 의존한다는 의미에서 서로 유사하다. 아무리 유전적으로 좋은 점을 가지고 태어난 사람이라 하더라도, 환경이 좋지 못하면 유전의 영향이 최대로 발현되기 어렵고, 아무리 좋은 환경이라 하더라도 유전적인 한계 이상으로는 발달할 수 없다. 적은 노력으로 보다 많은 학습 효과를 올릴 수 있는 적절한 시기, 즉 결정적 시기도 중요한 요인이 된다. 발달에 유전과 환경이 상호작용으로 영향을 주되 결정적 시기가 중요하므로 초기 경험의 중요성이 강조되고 있다. 그리고 아동 자신도 환경에 영향을 준다는 사실을 인식해야 한다

3_ 발달의 원리

유아기는 빠른 변화의 시기이며, 발달의 기초가 되는 결정적 발달의 시기이다. 유아교육은 발달의 원리에 기준하여 교육하여야 효과를 얻을 수 있다.

- 발달은 개체와 환경 간의 상호작용이다.
- 발달은 계속적인 과정이다.
- 발달은 분화와 통합의 과정이다.
- 발달은 상호 관련성이 있다.
- 발달에는 순서와 방향이 있다.
- 머리 부분에서 끝 부분으로 발달하는 경향이 있다.
- 중심부에서 말초로 발달하는 경향이 있다(팔, 손목, 손, 손가락의 순서로 발달).
- 전신 운동에서 부분 운동으로 진행되는 경향이 있다.
- 대근육에서 소근육으로 발달한다.
- 양방에서 일방으로 발달하는 경향이 있다(양손 사용→한쪽 손만 주로 사용).
- 발달의 주기성이 있다(특정 영역의 발달 속도가 다르다).
- 발달의 순서는 일정하지만, 특성과 속도에는 개인차가 있다.
- 발달에는 결정적 시기(critical period)가 있다.
- 발달에는 누적성의 원리가 적용된다. 즉, 기존의 발달을 근거로 이루어져 초기 발달은 후기 발달에 영향을 준다.

II. 유아기의 발달

1_ 정서 발달

인생 초기에 갖게 되는 정서적 경험은 장기간에 걸쳐서 성격 형성에 영향을 미친다. 유아기는 기쁨과 즐거움, 만족의 시기이며 공포와 근심, 고통과 분노 그리고 좌절의 시기이기도 하다. 정서 발달은 성격 발달의 중요한 부분이다.

1) 유아기 정서의 특징

유아교육 영역에서의 정서는 희로애락의 감정과 더불어 자신에 대한 태도와 성취 의욕, 심미감 등의 의미를 포함한다. 특히 유아의 정서 상태는 유아의 전반적인 생활에 중요한 영향을 미치므로 안정적, 긍정적인 정서 발달을 이루도록 부모와 교사는 최선의 노력을 해야 할 것이다. 일반적인 유아기 정서의 특징은 다음과 같다.

유아의 정서는 격렬하고 강하다. 강하고 격렬한 감정은 때로는 공격적인 행동으로 나타나기 쉬우므로, 성인은 유아가 다른 사람의 감정을 이해하고 자기 감정을 조절할 수 있도록 이끌어 주어야 한다.

- 유아의 정서는 일시적이다.
- 유아의 정서는 유동적이다.
- 유아는 심미적이다. 구체적인 사물과 상호작용함으로써 창의적이고 심미적인 면을 키워가게 된다.
- 유아는 무한한 호기심을 가지며 흥미 있는 일에 깊이 몰두한다.
- 친구들 사이에서 시기하는 마음이 있다.

2) 정서의 분류

- **공포** : 시각적 공포는 생후 6~7개월에 나타나는 낯가림으로부터 표현되기 시작한다. 유아의 공포심은 학습과 잘못된 조건화의 결과로도 생긴다.
- **분노** : 유아의 욕구가 저지되었을 때 이에 저항하기 위하여 일어나는 원시적이며 공격적인 정서이다. 분노의 형태는 일시적인 폭발 행동, 떼쓰기, 침묵, 고집 부리기, 말 안 듣기, 앙심 품기 등으로 나타난다.
- **질투** : 질투는 정서로부터 분화되어 나온 특수한 형태로 1세반 경에 나타난다. 퇴행적 현상을 보이며 유아가 주위의 성인, 특히 부모의 애정과 주의를 획득하려는 소망의 표현이다. 성인들은 가정이나 교육기관에서 애정을 공평하게 표현하도록 해야 하며, 지나친 경쟁심을 조장하지 않도록 유의해야 한다.
- **애정** : 엄마에 대한 애착과 애정은 점차 다른 가족 구성원들에게 확대되며 나아가 또래 친구들, 장난감들, 다른 성인들에게까지 일반화된다. 유아의 발육 및 심리적 성장에는 엄마나 주위에서 돌보는 사람들의 안정되고 따뜻한 애정이 가장 기본적으로 필요하다.
- **기쁨** : 유아는 상대방에게 미소를 보냄으로써 기쁨의 정서를 표현하기 시작하며, 일반적으로 욕구가 만족될 때, 원하던 목적이 달성되었을 때, 또는 예기치 않은 좋은 결과에 대하여 기쁨을 느낀다. 기쁨을 유발하는 자극은 나이가 어릴 때에는 생리적, 감각적, 운동적인 것이지만 점차 사회적 인간관계에서 유발하는 사회적 자극이 첨가된다.

3) 정서 지능

정서 지능은 자신과 타인의 정서를 평가하고 표현할 줄 아는 능력, 자신과 타인의 정서를 효과적으로 조절하는 능력, 그리고 자신의 삶을 계획하고 성취하기 위해서 정서를 활용할 줄 아는 능력이다. 구성 요소로는 자기 감정 인식, 자기 감정 관리, 자기 동기화, 감정이입, 대인 관계 기술 등 다섯 가지이다.

- **자기 감정 인식** : 일상생활 중에 자신에게 일어나는 '기쁘다' '화난다' '슬프다' '두렵다' 와 같은 느낌이나 감정을 알아차리는 능력이다. 이는 타인의 정서와 감정을 이해할 수 있도록 돕는다.

- **자기 감정 관리** : 자신의 감정을 정확히 인식하고 그 감정이 타인에게 끼칠 영향을 고려하면서, 자신이 속한 사회가 기대하는 정서 상태로 조절하는 능력이다. 유아기는 자기 중심성이 강해서 또래 간에 서로 배려하기 힘들기 때문에 갈등으로 인한 부정적인 생각과 느낌을 갖기 쉽다.
- **자기 동기화** : 성취를 위해 어려움을 참아내고 노력할 수 있는 능력을 말한다.
- **감정이입** : 다른 사람이 어떻게 느끼는지 이해하는 인지적 반응으로써 친사회적 행동을 유발시키는 근원이 된다.
- **대인 관계 기술** : 다른 사람과 어울려 지내는 데 필요한 기술을 말한다.

2_ 사회성 발달

유아기에는 자기 중심성이 강하게 나타나 고집이 세고 저항하는 경향이 생기게 된다. 이러한 자기 중심성은 자라면서 사회적 경험을 통해 점차 감소하는데, 잘못 지도하면 유아의 반항적, 거부적 경향을 조장하기 쉽다. 유아기에 형성되는 사회적 행동의 기초는 후일에 유아가 접촉하는 환경 범위가 보다 넓어지고, 부모의 보호를 받지 않게 되는 사회적 상황에서 얼마나 잘 적응할 수 있느냐를 결정해 준다. 유아들의 사회적 행동 중에는 비사회적이거나 심지어 반사회적인 것도 있다.

- **친사회적 행동** : 협동, 경쟁, 관용, 동정, 우정, 의존성, 우정, 이타심, 애착 행동, 사회적 인정에 대한 욕망, 공감적 이해
- **비사회적 행동** : 반항, 공격성, 말다툼, 우월성, 이기주의, 편견, 괴롭히기 및 난폭한 행동

3_ 언어 발달

유아기 언어 발달의 특징

- 2세 이후부터 유아들의 어휘는 급속히 증가한다.
- 유아들의 언어는 자기 중심적인 특성이 있다.
- 유아들의 언어 발달은 추상적인 경험으로 발달되는 것이 아니라 구체적인 사물의 조작을 통해 발달된다.
- 유아들은 주위의 사물에 호기심을 가지고 끊임없는 질문을 계속함으로써 어휘와 문장의 구조를 발달시켜 나간다.

인간의 언어 기능은 선천적으로 타고난 특성이다.

언어 발달 이론

- 생득주의(천성주의) 이론

언어는 생득적이거나 천부적이 아니며 경험에 의해서 학습된다.

- 환경지배주의 이론

언어를 습득하는 데에는 유전적 요소, 상징적 여건 및 환경적인 영향이 모두 중요하다. 영아기부터 끊임없는 감각적 자극과 언어 사용을 촉진시킬 수 있도록 사회적 환경을 제공하는 것이 언어 발달에 중요한 요인이 된다(Irwin & Marge).

4_ 인지 발달

1) Baldwin의 인지 발달론

Baldwin(1894)은 독일의 생물학자 Haeckel의 진화 재연설(recapitulation theory)에 근거하여 유아의 인지 기능의 발달을 설명하였다. 그는 인지 발달을 설명하기 위해 습관 형성(habit formation), 조절(accommodation), 주의력(attention)이라는 내적 과정을 가정하였다. 또한 인지 발달 단계를 감각운동 유발기(stage of sensorimotor suggestion, 0~4개월), 단일개념 유발기(stage of monoideistic suggestion, 4~8개월), 다개념 유발기(stage of polyideistic suggestion, 8~24개월), 사고기(stage of thought, 2세 이상)의 4단계로 나누어 제시하였다.

Baldwin의 이론은 후에 Piaget로 계승되어 인지 발달 이론의 정립에 중요한 역할을 하였으며, 정신 과정의 기원과 발달을 과학적 연구 분야로 끌어들이는 데 중요한 공헌을 하였다.

2) Piaget의 인지 발달론

인간과 발달의 문제를 인지적인 차원에서 다루고, 인간의 감각, 지각, 사고와 추리 능력, 문제 해결 능력 등과 같은 인지 능력의 발달에 관한 연구를 하였다. 그리고 지식이 형성되는 과정에 있어서 동화와 조절의 과정에 의해서 도식이나 인지 구조가 변화하여 환경에 적응해 가는 과정을 설명하였다.

3) 인지 발달 단계

Piaget는 모든 발달 단계는 고정되어 있고, 발달 단계의 순서는 모든 유아들에게 똑같이 적용된다고 한다. 즉, 인지 구조가 점차 복잡해지면서 앞의 단계는 다음 단계와 상호 관련되어 발달한다.

- **감각운동기** : 0~2세
  감각 운동의 협응으로 연속적인 상징적 사고에 기초한 활동을 한다.
- **전조작기** : 2세~7세
  자신의 입장에서만 보고 이해하는 자기 중심성을 보인다. 사고의 조작적 법칙을 알지 못하므로 전조작적 단계라고도 하며, 유아는 사물을 볼 때 이 시기의 특성인 직관적 판단을 하고, 자기 중심성이 강해지고, 물활론적 사고와 꿈을 현실로 생각하고, 타율적인 도덕성을 가진다.
- **구체적 조작기** : 7~11세
  논리적 조작이 발달하여 인지적, 논리적으로 문제 해결을 하고 자기 중심성에서 벗어나 타인과 협동 관계를 맺는 사회적 존재로서 행동한다.
- **형식적 조작기** : 11~15세
  논리적 조작에 필요한 모든 유형의 문제를 해결할 수 있는 능력이 발달된다. 구체적 조작기에 보이던 현실 세계의 시간성, 공간성의 한계를 벗어나 추상적인 사고를 할 수 있게 된다.

chapter 2

유아 놀이

Ⅰ. 놀이의 특성과 의의

유아들의 일상생활은 놀이로 연속된다. 유아들의 생활은 곧 놀이라고 해도 과언은 아니며 놀이를 통해 세상을 경험하고 자신을 표현한다. 유아들이 자발적으로 선택하여 참여한 놀이 활동은 어린이들에게 가장 가치 있는 학습 경험이다. 유아들은 놀면서 자기 스스로를 발견하게 되고, 다른 사람들과의 상호작용을 통하여 상대방을 인식하고, 자신에게 적합한 역할들을 재창조할 뿐만 아니라 조정하는 새로운 방법들을 발견해 간다.

1_ 놀이란

인간의 생명체가 형성되면서 시작된 유아들의 모든 일상생활은 움직임을 통해 이루어진다. 단순히 반복되는 행동이나 체계적인 지도에 의한 활동 모두가 놀이로 이루어져 있다고 정의 내려도 될 만큼 놀이는 유아의 생활과 발달에 있어서 대단히 중요한 역할을 차지한다.

Levy(1978)는 놀이 행동을 개성(個性)의 창의적이고 심오한 특성을 전개할 수 있도록 촉진시켜 주는 역동적 과정으로 정의하였으며, 놀이 행동의 특성을 내적 동기화, 현실의 유보 및 내면적 통제 등 세 가지로 지적하였다.

놀이의 세 가지 특성 가운데 내적 동기화란, 행동의 결과에 의해서 만족을 얻는 외적 동기화와는 달리 행동 자체에 만족을 얻는 것을 말한다. 만일 어떤 어린이가 보물찾기를 하는데 나무 밑에서 보물을 찾아 기뻐하며 그것을 가지고 갔다면 이 어린이는 자기 행동의 결과(보물을 찾음)에 보상을 받은 것이다. 그러나 보물을 찾은 후에도 보물을 다시 감추고 찾는 행동을 반복했다면 찾는 행동 자체가 보상이 된 것이며 바로 이런 행동을 놀이라 할 수 있다. 이와 같이 내적으로 동기화된 행동을 자기의식(self-consciousness)과 일치하게 된다.

Levy가 지적한 놀이의 두 번째 특징은 놀이 중에서 현실이 잠시 동안 정지되어 어린이가 현실적 자아를 떠나서 '환상적 자아', '상상적 자아'로 변신할 수 있다는 점이다. 이러한 특성 때문에 어린이는 놀이 세계에서 현실에 얽매이지 않고 자유롭게 다양한 탐색과 경험을 할 수 있다.

마지막으로 놀이자는 운명에 대하여 자기 자신이 얼마간의 책임과 통제권을 갖고 있다고 믿는 내면적 통제를 하게 되는 특징이 있다. 따라서 내면적 통제자는 자신에게 책임과 통제권이 있다고 믿음으로써 외부 요인의 영향력에 의존하는 사람보다 인생 전반에 만족할 수 있으며 여가나 일에 만족하게 된다고 한다.

놀이의 개념을 보다 명확하게 정리해 보면 놀이의 특성을 다섯 가지로 정리해 볼 수 있다.

- 모든 놀이는 자발적인 행위이다.
- 어린이의 놀이는 상상적 측면이 강하다. 이는 놀이의 탈 일상성을 의미하는 것으로 놀이에는 가작화(假作化) 요소(make-believe elements)가 많아서 실제의 삶이 연출되는 것이 아니라 다른 사람의 역할을 연기하는 경우가 많다.
- 놀이는 행동의 결과보다 행동 자체가 목적인 행위이다. 놀이로 인한 재미때문에 놀이 욕구가 절실해진다.
- 모든 놀이는 고유의 규칙을 갖고 있으며 놀이 규칙이 위반되는 순간 놀이 세계는 무너진다. 놀이의 규칙은 대부분 놀이자들에 의해서 정해진다.
- 놀이에서 경쟁적 요소가 내포되기도 한다.

2_ 놀이의 본질적인 특성

- 놀이는 내적으로 동기화되어 있다.
- 참여자가 자유스럽게 선택해야만 한다.
- 놀이는 기쁨과 즐거움과 같은 긍정적인 정서가 바탕이 된다.
- 유아 놀이는 상징적이며 비사실적이다.
- 놀이는 스스로 결정하고 지배하며 놀이자가 적극적으로 참여한다.

3_ 유아 놀이의 의의

"놀이란 유아들이 즐겁게 참여하는 활동이며 자기 스스로 추구하는 활동이며 마음속에 어떤 목적을 두지 않는 활동이다." - 듀이

"놀이를 통하여 자연적인 발달, 즉 유아의 독특성과 개성이 이루어진다." - 프뢰벨

"유아는 놀이를 하면서 동화와 조절, 불균형, 평형화 상태를 거치며 발달하기 때문에 인지 발달을 촉진시키고, 놀이는 유아 세계의 지식을 구성해 주는 도구가 된다." - 피아제

"어린이의 놀이는 자연스런 작업(occupation)이며 그 어떤 다른 것도 아니다. 즉 놀이를 통하여 자연적 본능을 발달시키는 것이 중요하다." - 루소

· 유아들은 놀면서 참여하는 활동에는 비교적 오래 참여한다.
· 미술, 음악과 운동 교육은 보다 쉽게 놀이의 방식을 적용할 수 있다.
· 유아의 자발적 활동으로서의 놀이는 주변 세계와 관련된 지식, 기능, 태도 등을 학습하게 할 뿐만 아니라 지적, 사회적, 신체적 발달에 큰 영향을 미친다.
· 어린이의 일은 곧 놀이이며 놀이는 곧 일이다. 놀이는 일방적인 목적을 구하지 않고 활동 그 자체만을 즐기는 행위이다.

4_ 놀이와 유아의 발달

1) 신체 발달 측면

놀이 동작은 유아의 신체 정상적 발달을 촉진시켜 주고 다양한 놀이 동작을 함으로써 바른 자세를 형성할 수 있게 되며 기본 운동 능력이 증진된다. 신체의 발달은 체력의 발달과 운동 능력의 발달로 구분된다. 체력에는 근력, 근지구력, 심폐 지구력, 유연성 등이 포함되고, 운동 능력에는 속도, 협응력, 민첩성, 힘, 평형성 등이 있다. 유아기의 활동적인 놀이는 유아의 신장 및 근육 조직 등의 양적 성장은 물론이고 혈압 등의

생리 기능의 발달에도 도움을 준다. 또한 유아기는 놀이를 통해 걷기, 뛰기, 매달리기, 기어오르기 등의 대근육 운동과 잡기, 쥐기, 눈과 손의 협응력 등의 소근육 운동 능력이 학습되고 발달되는 민감기라고 할 수 있다.

2) 사회성 발달 측면

유아기는 차츰 또래 집단과 어울리기 시작하며 사회의 구성원으로 발전되어 간다. 친구들과 어울리는 것은 운동기능과 지적인 능력을 향상시킬 뿐만 아니라 양보하는 것을 배우게 되고 자기 통제력을 키우게 된다. 유아기에 접어들면 많은 친구들과 어울리는 것을 즐기고 자신들끼리 놀이하는 방법을 개발하기도 한다.

유아기의 사회성 형성은 훗날 사회생활을 하는 데 기초가 되며 일상생활에서 신체적 놀이가 주가 되는 유아기에는 놀이를 통해 사회성이 발달된다. 또한 유아기에는 자기중심적인 사고를 많이 하기 때문에 자주 싸우게 되지만 그러한 싸움을 통하여 다른 친구와 함께 살아가는 지혜를 배우게 되고 도덕적 기준이나 규칙, 성역할 등 수많은 사회적 학습을 하게 된다.

3) 인지 발달 측면

인지란 주어진 환경으로부터 받아들이는 정보를 이해하고 처리하는 지적인 과정을 말하며, 여기에는 기억, 언어, 사고 및 지각 능력도 포함된다. 또한 인지란 유아가 오감을 통해 받아들인 정보나 자극을 사고하고 해결하는 과정으로써 기억, 지각, 학습, 사고, 언어 등을 포함한다. Pepler(1982)의 관점에서 설명하면, 놀이의 탐색 활동을 통하여 사물에 대한 이해력이 증진되어 문제 해결력이 발달되며, 놀이 행동의 융통적이고 실험적인 속성이 문제 해결력과 밀접하게 연관되어 구체적 사고에서 추상적 사고로의 전환이 이루어진다.

Athey(1984)가 지적한 놀이 기능에 의하면, 놀이는 여러 정보에 쉽게 접근할 수 있는 통로의 기능을 하고, 놀이를 통하여 제반 기술과 개념에 숙달될 수 있으며, 놀이의 인지적 조작을 통하여 지적기제 기능을 효율적으로 유지하고 촉진시키게 된다. 또한 여러 개념과 기술을 재미있게 활용함으로써 창의력이 촉진된다고 설명하고 있다.

4) 언어 발달 측면

놀이와 언어는 상호 강화의 관계에 있다. 언어 발달의 전제 조건은 인지 기능의 성립이며, 언어의 발달은 의사소통과 사고 기능을 갖는 언어 측면에서 듣기, 말하기, 쓰기, 읽기 등이 함께 이루어져야 한다.

유아의 언어 발달은 표현 시기와 구체적 내용에 있어 상당한 개인차를 보인다. 부모의 상호작용, 지능, 형제 관계 등은 유아의 언어 발달에 영향을 미친다. 또한 사회, 문화적 차이에도 불구하고 유아들은 비슷한 언어 발달 과정을 거친다.

생후 4~5개월부터 옹알이를 하기 시작하게 되며, 12개월 경에는 몇 개의 단어를 말하고 다른 사람이 말하는 간단한 단어를 이해하게 된다. 1~2세의 유아는 25개 정도의 간단한 단어를 말하게 되고, 2세 경에는 아주 간단한 문장을 구사하기도 한다. 3~4세가 되면 단순 문장에서 접속사나 조사들을 사용한 문장을 구사하게 되며, 4세 정도에는 어른과 비슷하게 말하게 되는 과정을 거친다. 5세 경에는 자신의 경험과 생활을 문법에 맞게 능숙하게 구사할 수 있게 된다고 한다. 이 시기에 언어 발달을 도모하기 위해서는 아이의 발달에 맞추어서 다양한 표현을 하도록 해 주어야 할 것이다.

이렇듯 놀이는 끊임없이 언어 능력을 습득, 연습하게 하며, 놀이를 하면서 다양한 어휘를 배우고 역할에 맞는 적절한 언어를 사용하게 한다. 또한 놀이 친구들과 사회적 관계를 맺음으로써 점차 가치 중심적 언어에서 탈피하여 남의 말에 귀를 기울여 이해하게 되고 자신의 의견을 교환하는 의사소통 능력을 기르게 된다.

5) 정서적 측면

정서는 유아의 행동을 일으키는 근본적인 역할을 하는 것으로 흥미나 관심, 그리고 인격 형성의 기반이 되는 중요한 정신 기능이다. 또한 정서는 주어지는 자극에 대해 주관적으로 반응하는 신체적, 생리적인 반응을 동반한다. 놀이는 자신의 감정을 통제하는 방법을 배워서 갈등 상황을 잘 극복해 나갈 수 있게 할 뿐만 아니라 친구들의 다양한 정서 표현 방법을 관찰하여 동일한 정서가 각기 다르게 표현될 수 있음을 깨닫게 한다. 놀이가 정서 발달에 미치는 또 다른 영향력은 다른 사람의 정서에 감정이입을 하게 된다는 것이다.

Bridges(1931)에 따르면 출생 후에는 분화되지 않은 흥분의 정서만을 가지고 있다가 생후 2개월이 되면 불쾌의 정서가 분화되고, 이후로 공포, 쾌락, 혐오, 분노, 질투의 정서로 분화되어 간다고 한다. 정서의 분화는 5세가 되면 희망, 불안, 수치, 실망, 기대 등의 정서가 발달하여 거의 성인이 갖는 기초적인 정서를 갖추게 된다.

Bodenhausen(1993)은 유아의 정서 상태나 정도에 따라서 행동이 달라진다고 보고 있다. 예컨대, 일반적으로 낙천적인 성향의 유아는 주어진 상황을 긍정적으로 보는 경향이 있으며, 남을 잘 돕는 것으로 알려져 있다. 반면, 슬프거나 우울한 유아는 매사를 부정적으로 보는 편이며 다른 사람을 돕는 경우가 적다고 한다. 물론 이런 사실은 일관적이지 않아서 때로는 매우 슬픔을 느끼는 사람이 남을 돕고자 하는 행동을 보이는 경우도 있다

강한 정서의 상황은 인지 능력을 제한시켜 어떤 판단에 있어서 고정관념에 의존하여 창의력이나 응용 능력을 발휘하지 못하게 한다.

유아는 주변 사람들에게 정서를 표현하고 반응한다. 정서 발달은 생물학적 성숙 요인과 경험적 요인 그리고 두 요인 간의 상호작용에 의하여 이루어진다고 할 수 있다.

생물학적 성숙 요인이 기초가 되는 정서 발달은 부모의 양육 방법 등과의 상호작용을 통해 발달한다. 유아는 다양한 정서적 자극을 경험해야만 정서를 경험할 수 있다. 유아가 따뜻한 사랑을 경험할 때 사랑을 할 줄 알고 받을 줄 아는 정서가 발달한다. 반대로 부모나 교사가 유아의 부정적 혹은 부적절한 정서적 신호에 대해 간과할 경우에는 오히려 바람직하지 않은 정서가 발달할 수도 있다.

6) 창의성 발달 측면

유아는 놀이에서 실험 행동을 많이 내포하여 놀이를 하면서 다각적인 탐색을 하며 이로 인해 광범위한 기술과 반응 레퍼토리를 습득하게 될 뿐 아니라 융통성 있는 사고를 하게 되어 창의성이 증진되며, 구체적 사고력을 추상적 사고력으로 전환시키는 역할을 하기 때문에 깊은 관계가 있다고 일련의 학자들은 주장한다.

창의성 발달에 영향을 미치는 환경적 요인 중에서 가정 환경의 중요성이 많이 보고되고 있다.

II. 놀이의 유형

유아의 놀이는 내용이나 형태가 매우 다양하여 하나의 기준으로 분류하기는 어렵다. 또한 놀이 내용이나 놀이가 이루어지는 장소를 기준으로 하여 다양한 분류 방법이 있어 왔다. 놀이의 유형은 유아의 발달 단계에 따라 다르게 나타난다는 점에 주목하고, 특히 유아의 인지 및 사회성 발달이 놀이의 중추적 요인이라는 것에 바탕을 두고 놀이가 그들의 인지 및 사회적 발달 단계에 따라 어떤 유형으로 구분되고 발달되는지에 관해 알아보고자 한다.

1_ 인지 발달과 놀이 유형

• 감각 운동적 놀이

- '연습 놀이' 혹은 '기능 놀이'로 불리며 영아기 초기에 시작된다.
- '쥐기'나 '빨기'와 같이 그 자체가 목적이 되는 반복적인 패턴의 행동이나 도식(schema)이 주를 이루고 있다.
- 목욕하기나 잠자리에 드는 행동과 같은 일상적인 행동에도 감각 운동적 놀이가 포함되어 나타나게 된다.
- 손가락으로 소리내기나 혀를 차거나 하는 행동처럼 한 아동이 시작하면 그룹 전체가 따라하게 되는 일종의 전염 효과를 가지기도 한다.
- 감각 운동적 놀이 유형은 비교적 오래 지속된다.

• 사물을 이용한 놀이

유아의 관심이 자신의 신체활동에서 주변 세계로 이동하게 되면 사물을 이용한 놀이 단계가 나타난다. 사물을 다루기 위한 운동 기술이 요구되므로 대략 생후 6개월 경에 나타나며, 미국의 경우 생후 1년까지 영아들의 놀잇감 종류는 28가지로 알려져 있다.

사물을 이용한 놀이는 생후 2년을 전후해서 다음과 같이 변화된다.

첫째, 한 번에 하나의 사물을 이용하다가 점차 여러 개의 사물을 함께 가지고 놀이하게 된다.

둘째, 부적절한 사물의 이용이 줄어들고 적절히 사물을 이용하는 행동이 증가한다.

셋째, 사물을 표상적으로 이용하는 특성이 급진적으로 증가한다.

● 상징 놀이

존재하지 않는 사물을 표상화 하는 놀이로서 학자에 따라 가상 놀이, 가장 놀이, 극 놀이, 환상 놀이 등의 용어로 불린다.

- 탈중심화 : 생후 2개월 경에 나타난다. 자신에 관련된 행동에서 타인에게 관련된 행동으로 그 내용이 변한다. 즉, 처음에는 빈 컵을 자기 입에 대고 마시는 흉내를 내던 유아가 차츰 엄마나 인형의 입에 컵을 대고 마시도록 하는 행동을 하게 된다. 이러한 탈중심화 경향은 발달의 연속적인 형식으로 나타나게 되며, 12~30개월부터는 인형을 자신과 분리된 개별적인 존재로 다루는 행동 경향이 꾸준히 증가하게 된다.
- 탈상황화 : 한 사물을 다른 사물로 대용하는 것을 의미하며, 초기에 유아는 실물과 형태나 기능이 유사한 사물을 대용물로 이용하지만 점차 유사성이 없는 사물도 상징 놀이에 사용하는 융통성이 증가하게 된다.
- 통합 : 상징 놀이에서 통합의 의미는 유아들이 발달함에 따라 놀이가 점차 패턴화하는 것을 의미한다. 이러한 통합은 2세 이후가 되면 보다 복잡한 형태로 되어 2개 이상의 다른 주제를 포함한 활동으로 구성된다. 즉, 유아는 인형을 차에 태우는 행동과 아울러 인형이 차를 운전하도록 하는 행동을 하게 된다.
- 극 놀이 : 3세 이후부터는 상징 놀이에 한 명 이상의 유아가 포함되는 경우가 흔하게 나타난다. 유아의 극 놀이는 연령의 증가에 따라 보다 질적인 발달로서 복잡한 사회적 상호작용이 지속적으로 나타나게 된다.
- 구성 놀이 : 구성 놀이는 놀이 자료를 다양하게 활용하여 창조적으로 무엇을 만들어 내는 놀이로서 Piaget는 이러한 구성 놀이를 작업과 놀이의 중간 단계로 보았다. 생후 22개월~24개월 경부터 다양한 놀이 자료를 활용하여 구성 놀이를 시작하게 되

는데, 처음에는 단순한 놀잇감을 조작하는 수준에서 점차 놀잇감으로 어떤 것을 만들어 내는 수준에 이르게 되며 유아는 그 과정을 통해 여러 사물을 조화롭게 구성하는 방법을 실험하게 된다.

블록이나 끼워 맞추는 놀이 자료, 목공 놀이 도구, 미술 자료 등을 이용하여 자동차나 로봇 등을 만드는 놀이로, 이러한 구성 놀이의 출현은 기능적인 활동으로부터 창작의 결과를 얻는 활동으로의 도약을 뜻한다.

구성 놀이는 유아기 놀이의 가장 일반적인 형태이다.

- **규칙 있는 게임**

놀이에서 사전에 정한 규칙을 받아들이고 따라야 하는 규칙 있는 게임은 놀이 발달의 최고 수준에 도달한 놀이 형태로 성인기까지 지속적으로 나타난다는 특성이 있다.

규칙 있는 게임을 통하여 유아는 주어진 한계 내에서 자신의 행동 및 반응을 조절하는 것을 배우게 되며, 이러한 규칙의 내면화 과정은 일상생활에서의 규율과 질서유지를 습득하는 계기가 되기도 한다.

2_ 사회성 발달과 놀이 유형

▣ Parten의 분류

- **비참여 행동(0~1.5세)**

어느 놀이 형태에도 포함되지 않는 행동으로 놀이 행동으로 규정짓기 어렵다.

- **지켜보는 행동(1.5~2세)**

다른 유아의 놀이 행동을 바라보면서 구경꾼으로 참여하는 것을 말한다.

- **단독 놀이(2~2.5세)**

다른 유아가 주위에 있어도 관심을 나타내지 않고 전적으로 자기만의 혼자 놀이를 계속한다. 개인적 속도에 따라 자유롭게 사물을 다루는 기회를 제공함으로써 문제 해결 기술과 자기 통제에 대한 신뢰감을 형성하게 된다.

- **병행 놀이(2.5~3.5세)**

2명 이상의 유아가 동일한 장소에서 동일한 시간에 동일한 활동을 함께 하는 것으로 유아들은 서로의 존재를 분명히 인식하고 있으나 따로따로 놀이를 한다.

- **연합 놀이(3.5~4.5세)**

폭넓은 의사소통이 이루어진다는 점에서 보다 사회성이 발달된 놀이 유형이다.

- **협동 놀이(4.5세 이후)**

집단에 대한 소속감이 분명하며, 집단을 주도하는 한 두 명의 리더가 있다. 유아들이 서로의 역할을 보충하는 형태를 취한다.

▣ Erikson의 분류

- **자기 세계의 놀이(출생~1.5세 사이에 나타남)**

전적으로 자기 신체에 집중된 탐색적, 반사적 놀이를 하게 된다.

- **미시 영역 놀이**

사물 조작에 익숙해지는 과정에서 유아 스스로를 보다 유능한 존재로 느낄 수 있도록 하는 기능을 갖고 있다.

- **거시 영역 놀이(3~4세 경부터)**

놀이 친구를 갖게 되고 그들과의 놀이를 시작하게 된다. 다른 사람과 공유하는 우주 속에서 이루어지므로 보다 사회적인 의미가 강하게 나타난다.

Ⅲ. 놀이 발달에 영향을 미치는 요인

1_ 연령

유아는 정신적으로나 신체적으로 성장함에 따라 점차 발전된 놀이를 하게 된다. 연령이 많아질수록 놀이 친구들과 함께 참여하는 사회적 놀이 빈도가 증가했으며, 놀이 지속 시간도 길어졌을 뿐 아니라 복잡한 규칙이나 고도의 기술이 필요한 놀이를 많이 하는 것으로 밝혀졌다.

1) 1~2세 유아의 놀이 특징

1~2세 유아들은 소근육 기술 발달에 제한이 있기 때문에 소근육 활동보다는 대근육 활동을 더 즐긴다. 또한 지적 활동을 요구하는 놀이보다는 감각을 자극하는 놀이에 더욱 흥미를 느끼며 더 즐긴다. 장난감을 손으로 만지고 던지고 잡아당기거나 입 속에 넣기도 하며, 탐색의 기쁨을 즐기게 된다.

2) 2~3세 유아의 놀이 특징

2~3세 경의 놀이 형태는 매우 단순해서 동일한 놀이 행동을 반복하거나 주변에서 관찰한 행동을 모방하는 경우가 많으며 놀이에 집중하는 시간도 대단히 짧다. 아직 미숙하고 단순하며 일정한 형태를 나타내지는 못하지만 점토, 모래, 종이, 크레용 등 다양한 자료를 가지고 그리며 꾸미는 것에 흥미를 나타낸다. 3세까지의 유아는 자기 중심적 사고 경향이 강하기 때문에 단독 놀이를 주로 하며 감각 운동적이고 기능적인 놀이를 한다. 조작적인 놀잇감을 가지고 노는 것을 좋아하고 즐긴다.

3) 3~4세 유아의 놀이 특징

3~4세 시기는 발달된 신체적인 능력을 인지적, 정서적, 사회적인 능력과 함께 조화를 이루고 적응시켜 보는 놀이를 하는 시기라 할 수 있다. 따라서 목적이 뚜렷한 놀이를 하기 시작하며, 상상 놀이나 극적인 놀이가 질적인 면에서나 양적인 면에서 크게 확대되어가며 탐색적이고 모험적인 놀이를 즐긴다. 상상 놀이를 위해 제공되는 자료는 실제와 가까워야 하며 다양한 놀잇감을 제공해 주는 것이 좋다.

4) 4~5세 유아의 놀이 특징

이 시기는 유아들이 활동 영역이 넓어지고 자신이 가진 능력을 최대한 발휘해 보고 마음껏 자유로이 활동을 해 보는 시기이다. 신체적 놀이를 할 때에도 자신의 능력을 시험해 보는 놀이를 많이 한다. 뜀뛰기를 할 때에도 한 발로 뛰고, 스키핑 하는 등 여러 가지 기교를 부리며 뛴다. 또한 이 시기의 유아들은 공놀이나 운동 경기를 즐기기 시작한다. 모양을 따라 가위질 하거나 정해진 순서에 따라 종이 접기, 기하학적인 모형의 블록으로 만들기 등 세련된 기술을 요하는 조작 놀이를 한다. 5세 경의 상상 놀이는 그 규모가 커지며 세부적인 계획 하에 복잡한 놀이를 한다. 그 외 여러 가지 다양한 물품들을 만들기 좋아하는데 무조건 자료를 부수고, 찢거나 던지는 등의 행동을 허용하지 말고, 작품을 만드는 과정을 표현하고 순화시킬 수 있음을 알게 한다.

2_ 성

유아가 참여하는 놀이 유형이나 내용, 선호하는 놀잇감 및 놀이 친구 간의 상호작용은 성별에 따라 차이를 보이는 것으로 나타났다.

Lewis(1972)에 의하면 놀이에서의 성별 차이를 야기시키는 요인은 다음과 같다.

첫째, 생물학적 요인으로 동물을 비롯한 모든 종의 남자는 여자보다 탐색적인 행동을 많이 하는 생득적 특성을 지니고 있다.

둘째, 부모들이 자녀에게 보상과 처벌을 가함으로써 성 역할 행동을 가르친다.

셋째, 유아 스스로가 그들의 성 역할 행동을 유도하는 제반 관습을 학습한다는 것이다.

일반적으로 남아는 보다 독립적이고 탐색 활동을 적극적으로 하며 활동적인 놀이를 하고 실외 놀이를 즐기는 반면, 여아는 의존적이고 탐색 활동을 덜 하고 정적인 놀이를 선호하며 실내 놀이 빈도가 남아보다 많았다.

3_ 지적 능력

유아가 같은 행동을 함에 있어서도 얼마나 정교한 행동을 할 것인가 하는 것은 유아의 지적 능력과 관련이 깊고, 지적 능력이 우수한 유아는 상상 놀이를 많이 하며 자기보다 나이가 많은 놀이 친구를 더 좋아하고 조용하고 지적인 놀이에 흥미를 나타냈다. 반면 지적 능력이 떨어지는 유아는 창의성이 거의 보이지 않았으며 자기보다 나이가 어린 아이들이 하는 단순한 놀이를 좋아하고 친구들과 어울리는 놀이를 좋아하는 경향이 있다. Saracho(1987)의 연구 결과에 의하면 어린이의 놀이 빈도와 인지 양식 간에는 유의한 상관 관계가 있는 것으로 밝혀졌다.

즉, 장 독립적인 어린이가 장 의존적인 어린이보다 놀이에 더 많이 참여하는 경향을 보였으며, 장 의존적인 어린이는 타인에게 강한 호기심을 보이고 이에 민감하게 반응함으로써 사회적 기술의 습득 기회가 많아지게 되므로 평행, 연합, 협동 놀이를 자주 한다고 한다. 그러나 장 독립적인 어린이는 사회적 능력보다 분석적 능력을 갖고 있어서 단독 놀이를 더 좋아한다.

4_ 경제적 수준

유아의 놀이 행동은 가정의 사회 경제적 수준과 깊은 관계가 있는 것으로 알려져 있다. 사회 경제적 수준에 따라 놀이에 대한 부모의 인식이나 가정의 놀이 환경에 상당한 차이가 생기게 되고 그 결과 각 계층 유아의 놀이가 달라지게 된다고 볼 수 있다.

이옥자(1985)의 연구에 의하면 놀이의 중요성이나 가치에 대한 부모들의 인식은 사회 계층에 따라 차이를 보여서 상집단(上集團)이 가장 높았으며 중 · 하집단 순으로 낮아졌다고 한다. 또한 놀이에 대한 부모의 태도도 상집단이 관심을 가지고 이해하려는

데 비하여 중 · 하류 집단은 방임적이거나 시간이 없어 관심을 가지지 못하는 편이라고 밝혔다.

5_ 문화적 배경

Sutton-Smith의 연구에 의하면 각 문화권에서는 문화권 고유의 특성이 반영된 자녀 양육 방법에 따라 자녀를 양육하는데, 유아는 양육 방법에 따라 각기 다른 스트레스를 받게 되며 이 스트레스를 게임을 함으로써 발산한다는 것이다. 또한 게임에 참여하는 것은 스트레스 해소의 기회인 동시에 유아가 문화화 되는 과정이 된다고 하였다.

Roberts & Sutton-Smith는 자녀 양육 유형과 유아의 게임 형태가 밀접한 관계를 맺는 것으로 밝혔다. 이들의 연구에 의하면, 자녀 양육에서 책임감을 강조하는 사회의 유아들은 찬스게임을 많이 했고, 성공 지향적인 사회의 유아들은 신체적 기술을 요하는 게임을 주로 했으며, 복종을 강요하는 자녀 양육 유형의 사회에서 유아들은 전략 게임을 많이 했다고 한다.

6_ 부모

부모가 자녀와 어떤 상호작용을 맺게 되느냐가 중요하게 작용된다. 생후 18개월까지 양육자에게 애착이 잘 된 유아는 24개월이 되었을 때 다른 유아보다 더 많은 상상 놀이를 하게 되며 상상 놀이에 많이 참여하는 유아는 부모와의 접촉이 빈번한 특징이 있다고 한다. 어머니가 온화한 태도를 보일수록 여아는 트램펄린 같은 기구를 이용한 신체 놀이를 많이 하며, 남아의 경우는 어머니의 온화함이 눈과 손의 협응력을 증진시키는 미로 놀이와 부적 상관을 보였다.

부모의 허용적 양육 태도와 자녀의 상상 놀이가 밀접하게 연관된다고 Levin & Wardwell(1971)은 설명하고 있다. 즉 허용적인 부모는 자녀와의 많은 상호작용을 맺게 되므로 놀이의 직접적인 모델이 되기도 하고, 자녀가 성인 역할을 모방하는 놀이를 자유롭게 하도록 허용함으로써 상상 놀이를 격려한다는 것이다

Tauber(1979)는 남아가 상상 놀이를 더 많이 하는 이유를 부모가 남아의 놀이에는 덜 관여하기 때문에 혼자서 노는 시간이 많기 때문이라고 설명하였다. 상상 놀이에 많이 참여한 유아의 어머니는 유아의 요구에 대해 즉각적인 반응을 보이기보다 유아가 당면한 문제를 스스로 해결하도록 격려했으며, 아울러 칭찬과 격려 및 설명을 많이 해 주었다. 또한 어린이를 껴안아 주거나 쓰다듬는 행동 등 애정적인 신체 표현을 많이 하는 특징을 가지고 있다.

즉, 유아의 놀이는 어머니의 양육 태도에 의해 영향을 받게 되며 아울러 유아와 어머니가 맺는 상호작용의 빈도나 질 그리고 아버지의 부재 여부 역할 등에 영향을 받는다.

7_ 놀이 공간

놀이 공간은 실외와 실내로 나누어 볼 수 있으며, 놀이 형태는 놀이 장소에 따라서 다르게 나타난다. 예를 들어 실외에서는 실내에서보다 달리기, 오르기, 뛰기 등 대근육 운동 놀이가 더 일반적으로 이루어지고 실내에서는 구성 놀이가 더 자주 나타난다. 놀이실의 공간 면적과 공간 배치는 유아의 놀이에 영향력을 미친다. 사회적 밀도는 일정한 공간에 있는 사람 수를 의미하며 공간적 밀도는 일정한 수의 사람에게 부과되는 공간 양을 뜻한다.

McGrew(1972)에 의하면 공간을 고정시키고 유아의 수를 감소시켰을 때 공격적 행동이 감소하였고 단독 행동이 증가한 반면, 유아의 수를 고정시키고 공간을 축소시켰을 때 유아들 간의 신체적 접촉이 증가하고 뛰어다니는 행동이 감소했다.

Peck & Goldman(1978)의 연구에서 사회적 밀도가 높아지면 유아들이 공통된 주제의 놀이를 하는 경향이 높았으며 그 밖에 상상 놀이 빈도와 방관자적 행동이 증가하는 것으로 나타났다. 즉, 사회적 밀도가 높아지면 놀이 친구가 많아지게 되고 그 결과로 상상 놀이 주제가 다양해질 뿐 아니라 상호작용도 빈번해지며, 다른 친구의 상상 놀이를 흥미 있게 구경할 기회도 많아져서 방관자적 행동도 증가하게 된다는 것이다. 사회적 밀도가 낮아질 때 연합 놀이, 협동 놀이가 감소했으며 아무것도 하지 않는 행동, 단독 놀이, 병행 놀이는 증가하였다.

실외 놀이장도 놀이 행동에 중요한 영향을 미친다. Cambell & Frost(1985)의 연구는 전통적 실외 놀이장과 창의적 실외 놀이장에 대해 비교 분석하였다. 전통적 실외 놀이장이란 미끄럼틀, 시소, 그네 등과 같은 고정된 놀이 시설물이 설치된 놀이장을 의미하고, 고정된 시설물 이외에 어린이가 창의적으로 구성할 수 있는 이동식 놀이 시설이 준비된 놀이장이 창의적 실외 놀이장이다. 연구 결과에 의하면 두 놀이장에서 가장 많이 나타난 인지적 놀이는 기능 놀이였으며 창의적 놀이자보다 전통적 놀이장에서 더 많이 나타났다. 극적 놀이와 구성 놀이는 전통적 놀이장보다 창의적 놀이장에서 더 빈번하게 발생했다. 또한 사회적 놀이 가운데 두 놀이장에서 가장 빈번하게 나타난 놀이는 협동 놀이였다. 단독 놀이와 협동 놀이는 전통적 놀이장보다 창의적 놀이장에서 더 많이 나타났고, 병행 놀이는 전통적 놀이장에서 더 많이 나타났다.

*8*_ 놀잇감

놀잇감이 놀이의 질에 미치는 영향에 관한 연구에 의하면 복합 놀잇감(단위 적목, 플라스틱 적목, 밀가루 반죽)을 가지고 노는 유아는 단순 놀잇감(퍼즐, 모양 맞추기, 도미노 카드)을 가지고 노는 유아보다 구성 놀이와 상징 놀이를 연합 놀이로 하는 경향이 두드러졌으며, 단순 놀잇감으로 놀이를 하는 유아는 제한된 사용법에 따라 놀잇감을 사용했으며 친구와의 상호작용이 없는 단독 놀이를 많이 하는 것으로 밝혀졌다(이숙재, 1988).

놀잇감의 수와 아동 놀이에서의 사회적 상호작용 수준 간에 상관 관계를 보면, 놀잇감의 양이 부족하면 유아의 공격성과 창작 활동이 증가하는 경향을 보이고 놀이의 비참여 빈도와 신체운동의 빈도가 높아지며, 놀잇감이 증가하면 공격성과 사회적 접촉이 모두 감소한다.

V. 놀이 지도

1_ 교사의 역할

놀이하는 유아의 모든 선택이나 행위는 주변의 시간적, 공간적, 인적, 물적 조건에 따라 많은 영향을 받게 된다. 놀이를 지도하는 교사는 놀이에 관한 유아의 관심을 유도하고 놀이를 교육적인 방향으로 이끌어 가기 위해서 놀이의 계획과 환경의 구성 관찰 상호작용을 평가해 주는 역할 수행이 요구된다.

1) 계획, 조직하는 역할

교사는 유아가 안전한 환경에서 즐겁고 유익한 놀이를 할 수 있도록 놀이 환경을 계획하고 마련해야 한다. 유아의 요구와 발달 수준에 알맞은 실내 · 외 놀이 환경을 사전에 계획하여 변화 있게 조성해 주어야 한다. 즉, 전개되고 있는 주제와의 관련성, 다양한 발달영역의 고려, 연령과 경험에 적합한 난이도 등을 고려하여 조직한다. 또한 유아의 흥미를 유발시킬 수 있는 놀잇감을 선정하거나 제작하여 적절한 시기에 알맞은 양을 제공하고 효율적으로 활용하는 방안을 사전에 계획하고 관리해야 한다.

2) 관찰자의 역할

교사는 아동에 대한 이해를 증진시키고 교육의 효과를 높이기 위하여 놀이 과정을 관찰해야 한다. 교사가 놀이 과정에서 관찰해야 할 내용은 놀이가 교육목표나 내용과 연계성 있게 진행되는가 아니면 빗나가지는 않는가, 문제를 갖는 유아는 없는가 등을 파악해야 한다. 특히, 자유 선택 놀이의 경우 '유아가 모두 놀이에 참여하는가? 만일 참여하지 않는다면 왜 그 유아가 놀이에서 소외되는가? 또는 배제되는가? 위험한 놀잇감이나 비위생적인 놀이 시설은 없는가? 사고나 혼잡을 일으키지 않을 만한 충분한 공간이 제공되었는가? 놀잇감이 용도대로 사용되고 있는가? 다른 유아를 위협하거나 공격하는 유아는 없는가? 정리정돈은 잘 되고 있는가? 분쟁은 없는가? 등을 관찰한다(유효순 · 조정숙, 1992).

3) 상호작용하는 역할

교사는 놀이를 지켜봐 주고 인정해 주는 후원자의 역할뿐 아니라 때로는 놀이 집단의 일원으로 직접 참여하고 놀이 진행을 도와주며, 필요한 경우에는 적절한 제언을 하여 놀이를 발전시키도록 해야 한다. 또한 놀이에 참여하지 못하는 유아나 특정 놀이만을 계속하는 유아와의 개별적인 상호작용을 통하여 점진적으로 놀이 발달이 이루어지도록 지도해야 한다.

교사의 참여 유형을 개입 정도에 따라 병행 놀이, 놀이 개입, 놀이 지도, 현실 제시로 나누어 볼 수 있으며, 병행 놀이 형태의 교사 참여는 최소한의 개입 유형으로서 교사가 아동 가까이에 있으면서 가져온 자료를 가지고 놀이할 때 일어난다. 그러나 아동과 상호작용하거나 아동의 놀이에 직접적으로는 개입하지 않는 유형이다. 놀이 개입은 놀이 주제에 교사가 함께 참여하여 지속적으로 격려하고 놀이를 승인해 주는 참여 형태이다.

4) 평가자의 역할

교사는 유아의 놀이를 감독하고 관찰한 결과를 체계적으로 평가해야 한다. 놀이는 학습의 원동력이 되기 때문에 평가 내용을 토대로 올바른 놀이 지도를 계획하고 실천해야 하며, 이러한 역할을 충분히 수행하기 위해서는 유아 놀이에 대한 기초 지식이 있어야 한다. 그러므로 보다 정확하고 신뢰할 만하고 타당성 있는 정보를 수집하는 기술과 수집된 정보를 분석하는 기술이 있어야 할 것이다.

2_ 놀이 환경

놀이 환경은 유아가 놀이를 하는 실내 · 외 공간과 그곳에 비치된 놀이 시설물 및 놀잇감을 의미한다. Prescott(1984)는 바람직한 놀이 환경의 조건으로 일곱 가지 요인을 지적하였다.

1) 개방성과 폐쇄성

놀이 중에는 적목 놀이나 모래 놀이와 같이 놀이 방법이 다양한 개방적 놀이와 퍼즐 맞추기처럼 놀이 방법이 고정된 폐쇄적 놀이가 있는데 이 두 가지가 모두 놀이 환경에 포함되어야 한다.

2) 단순성과 복합성

놀이 환경에 제공된 놀이 시설물이나 놀잇감은 어린이가 적극적으로 조작하고 변경시킬 수 있는 가능성의 정도에 따라 한 가지 용도로만 활용되는 단순 설비, 두 가지 서로 다른 놀잇감이 제공된 복합 설비, 세 가지 이상의 놀잇감이 활용되는 슈퍼 설비 등 세 가지 종류로 분류될 수 있다. 그러므로 놀이 환경을 구성할 때는 이 세 가지 설비가 모두 포함되도록 배려해야 한다.

3) 높은 기동성과 낮은 기동성

놀이에는 뛰기, 자전거 타기와 같이 대근육을 많이 움직이는 놀이와 퍼즐 맞추기, 구슬 꿰기와 같이 소근육만 움직이는 놀이가 있는데 놀이 환경 구성 시 이런 점이 함께 고려되어야 한다.

4) 집단 놀이와 단독 놀이

어린이의 놀이는 사회적 구성에 있어서 혼자서 노는 단독 놀이와 여러 어린이가 함께 참여하는 집단 놀이로 나눠지는데, 어린이에게는 이 두 가지 놀이 경험이 모두 필요하다.

5) 부드러움과 딱딱함

놀이 환경이 어린이에게 제공하는 감각 경험에는 딱딱함(예 : 콘크리트 바닥)과 부드러움(예 : 물, 찰흙, 봉제 인형 등)이 포함되어야 한다.

6) 참견과 은둔

어린이는 극적 놀이처럼 사회적 접촉이 빈번한 놀이에서는 서로 참견을 많이 한다. 그러나 어린이들은 때때로 책상 밑이나 구석진 장소 등에 은둔하여 자신만의 놀이 세계에 몰입하는 것도 좋아하는데, 완벽한 은둔은 위험하다.

7) 도전과 안전

놀이 환경은 어린이의 안전을 보장하도록 구성되어야 한다. 그러나 안전한 공간 구성은 자칫 어린이에게 많은 제한을 가해서 실험 의욕을 억제하게 만드는 경우도 생길 수 있으므로 이 두 가지 측면의 조화가 이루어지도록 환경을 구성해야 한다. 너무 안전한 경우는 발전이 이루어지지 않는다.

3_ 실내 놀이 영역의 구성

· 놀이의 특성에 따라 구분해서 배치한다(예 : 정적인 놀이와 동적인 놀이, 물이 필요한 영역과 건조한 영역 등).
· 영역 간의 이동이 쉽도록 하며, 출입구 등의 고정 시설에 유의한다.
· 서로 연관되는 놀이 영역을 인접하게 배치하여 놀이 효과를 높이도록 한다. 예를 들어, 극 놀이가 많이 일어나도록 자극할 수 있을 뿐 아니라 쌓기 놀이와 소꿉 놀이 소품이 혼합되어 보다 발전된 놀이로 유도할 수 있다.
· 각 영역을 구분짓기 위하여 영역의 특성에 맞는 바닥의 소재를 다르게 할 수 있고, 책꽂이, 교구장 및 가림판을 L형, U형, 일자형으로 설치한다. 칸막이는 키보다 낮아야 하며, 공간이나 통로를 고려하여 설치하도록 한다.
· 놀이 영역에는 유아가 이해하기 쉬운 명칭을 그림과 글씨로 표시하여 붙이도록 한다.
· 놀이 영역의 배치는 필요에 따라 용이하게 변경시킬 수 있어야 한다. 교구장에는 바퀴를 달아 이동하기 쉽도록 하여 참여 인원수, 주제의 변화 등 필요에 따라 놀이 영역을 확대 · 축소시킬 수 있도록 한다.

· 공간 배치는 교사가 교실 전체를 한눈에 감독할 수 있도록 하는 데 불편함이 없어야 한다.
· 놀이실의 출입구 가까이에는 영역 배치를 피하도록 한다.
· 각 놀이 영역의 특징을 고려하여 적절한 장소에 알맞은 공간을 제공해야 한다(이숙재, 1990).

놀이 영역별로 살펴보면 다음과 같다.

① 언어 영역

언어 영역은 교실의 조용한 곳에 위치해서 유아가 때로 조용히 쉴 수도 있고, 듣기를 위한 녹음기나 손 인형, 융판과 융판 자료 등 여러 형태의 언어적 매체를 접할 수 있는 곳이어야 한다. 몇 개의 편안하고 매력적인 쿠션과 책 이외의 다른 읽기 자료들도 도서 정리장 옆에 놓아 줌으로써 유아가 책을 이용하도록 조장할 수 있다.

언어 영역에 비치되는 기본 자료

· 말하기를 위한 자료 - 융판과 융판 자료, 손 인형, 인형극 틀, 손가락 인형
· 듣기를 위한 자료 - 녹음기, 테이프
· 읽기를 위한 자료 - 매력적인 표지의 동화책, 유아들이 그린 그림책
· 쓰기를 위한 자료 - 다양한 색과 모양의 종이, 색연필, 크레파스, 화이트보드, 칠판

② 미술 영역

구성 활동을 통해서 유아는 자신의 세계를 재구성해 볼 수 있는 기회를 갖게 된다. 교사는 유아의 흥미를 끌 수 있는 자료를 놓아 줄 수 있을 것이고, 어떻게 이 자료들이 사용될 수 있는지 제시해 줄 수 있지만 유아로 하여금 여러 가지 다른 방법으로 다루어 보도록 격려하는 것이 좋다. 3세 유아는 자료를 입에 넣어 보려 하는 경향이 있으므로 안전한 자료를 내주어야 하며, 자료를 사용하는 유아를 잘 관찰하는 것이 필요하다.

미술 영역에 비치되는 기본 자료

· 모양, 색, 질감, 크기, 두께 등이 다양한 모든 종이류
  - 도화지, 색종이, 작업복이나 비닐 앞치마, 셀로판지, 포장지, 미농지 등

· 이젤, 그림물감, 붓, 크레용, 색분필, 사인펜, 매직펜, 색연필, 연필, 굵은 크레파스 등
· 밀가루 반죽, 풀 그림, 찰흙, 고무찰흙
· 붙이기 위한 자료 - 풀, 본드, 테이프
· 가위, 스탬플러, 펀치
· 클립, 고리, 핀 침, 할핀, 고무 밴드, 실, 리본테이프
· 수수깡, 빨대, 모루, 나무젓가락, 이쑤시개
· 폐품 - 상자, 병, 병뚜껑, 계란판, 실감개, 잡지, 벽지, 포장지, 헝겊, 못, 크고 작은 상자, 깡통, 요구르트 병, 종이컵, 종이접시, 휴지 말이 등
· 자연물 - 솔방울, 깃털, 나뭇잎, 조개껍질 등

③ 탐색 영역

유아로 하여금 자연 현상과 물리적 현상에 대한 탐색을 격려하는 것이 이 영역의 초점이다. 유아는 과학적 개념, 태도 기술에 대한 학습과 더불어 자신의 감각기능, 상상력, 직감의 기능을 인식하게 된다. 유아는 나뭇잎, 조개껍질, 솔방울 등 자신에게 흥미있는 사물들을 수집하여 관찰하고 만져 보기를 즐긴다. 탐색 영역을 적절히 운영하기 위하여 교사는 수집과 탐구하기, 자료의 교체, 실내 · 외 탐색, 탐색한 것에 대해서 유아들이 서로 이야기 나누기를 격려한다.

탐색 영역에서 비치되는 기본 자료

· 동 · 식물 기르기를 위한 자료
- 화분, 테라리움, 새장, 수족관이나 어항, 곤충기르기 병, 식물뿌리 관찰 상자 등
· 탐색 자료 - 곤충, 씨앗, 곡식, 돌, 조개껍질, 열매, 솔방울 나뭇가지 등
· 실험 자료
- 거울, 확대경, 만화경, 자석, 손전등, 지구본, 카메라, 망원경, 병, 프리즘, 빈 그릇 등
· 측정에 필요한 자료 - 저울, 컵, 홉되, 스푼, 온도계, 신장계, 체중계 등

④ 조작 영역

유아가 상징적 · 수학적 개념을 습득하기 위하여 논리 수학적인 교구를 손으로 직접 다루어 보는 경험이 필요하다. 3세 유아는 독립성을 키우는 연습이 필요할 때이므로 스

스로 해 볼 수 있는 조작 놀이 경험이 제공될 필요가 있다. 교사는 유아가 구체적인 것에서부터 높은 단계의 사고를 다룰 수 있도록 경험의 순서를 고려하여 제공하여야 한다. 이 영역에서는 소근육 기술, 문제 해결 활동이 이루어질 수 있다. 다양한 끼우기 적목을 한 바구니에 한 가지씩 담아서 비치하고, 사용 설명서를 바구니에 붙이거나 유아가 알기 쉽게 그림으로 그려서 카드로 만들어 함께 비치할 수 있다.

조작 영역에 비치되는 기본 자료

- 여러 종류의 끼우기 블록, 큰 구슬 꿰기, 끈 끼우기
- 여러 종류의 맞추기, 모양 맞추기(3~19조각)
- 단추 끼우기, 끈 매기, 지퍼 잠그기
- 곡식 옮기기

⑤ 쌓기 놀이 영역

쌓기 놀이 영역에서 많은 기술과 능력이 배양될 수 있다. 밀고, 끌고, 쌓고, 균형을 맞추면서 발달하는 대소근육의 발달뿐만 아니라 방향 감각, 눈과 손의 협응, 조합 능력, 문제 해결 능력 등이 발달할 수 있다. 쌓기 놀이 영역은 넓게 트인 공간이어야 하고, 바닥에는 전체적으로 카펫을 깔아 주며, 적목 놀이를 한 후에 제대로 쌓아 놓기 위하여 적목장에 실물 크기의 그림을 그려서 그 곳에 맞추어 쌓을 수 있게 한다. 속이 빈 블록이나 적목은 벽에 기대어 쌓아 둘 곳을 마련한다. 3세 유아에게는 큰 블록과 작은 블록을 한 공간에 배치하여 준다.

쌓기 놀이 영역에 비치되는 기본 자료

- 단위 적목, 종이 벽돌, 우레탄 블록, 속이 빈 적목
- 인형, 사람이나 동물 인형
- 여러 가지 모형차, 신호등, 교통 표지판, 도로 모형판, 끌차, 천막집

⑥ 극 놀이 영역

극 놀이 영역에서 유아는 자신이 생활에서 경험한 바를 서로 상호작용하며 재현해

보고, 여러 가지 역할을 상상하며 연기해 보기도 한다. 이곳에서 유아는 주인공이 되어 볼 기회를 가질 수 있으며, 권위 있는 어떤 사람(의사, 교사, 경찰관, 엄마, 아빠), 위험한 일을 하는 사람(군인, 권투선수) 또는 나쁜 사람(도둑, 귀신)의 역할을 연기해 볼 수 있다. 3세 유아를 위해서는 실제적인 물건들이 많이 필요하다.

극 놀이 영역에 비치되는 기본 자료

- 가전제품 못쓰는 것 - 토스터, 커피포트, 다리미, 믹서, 드라이어
- 주방 용품 - 주전자, 후라이팬, 접시, 칼, 포크, 대접, 바가지, 컵, 숟가락, 젓가락
- 모형 음식 - 플라스틱이나 종이로 만든 과일, 채소, 빵, 음료수 등
- 가정 비품 - 걸레, 비, 쓰레받기, 손거울, 벽거울, 시계, 전화, 타올
- 가구 - 인형 침대, 의자, 찬장, 옷장
- 의류 - 모자, 드레스, 구두, 지갑, 타올, 머리 수건, 넥타이
- 인형 종류 - 여러 가지 크기의 사실적인 인형, 여러 가지 동물 인형
- 인형 놀이를 위한 소품 - 유모차, 우유병, 인형을 업을 수 있는 끈, 인형 옷
- 기타 극 놀이 자료 - 병원 놀이, 가게 놀이, 미장원 놀이 등에 필요한 소품

⑦ 대근육 운동 영역

2~3세 유아들을 위해서 실외뿐 아니라 실내에도 대근육 활동 영역을 마련해 주는 것이 좋다. 유아가 오르기, 점프하기 등을 하는 동안 나누기, 차례 지키기, 협동과 같은 사회적 기술이 형성될 수 있다.

대근육 영역에 비치되는 기본 자료

- 오르기 기구, 미끄럼, 흔들 보트, 균형대, 흔들말 등
- 밀고 당기는 놀잇감
- 비닐 스펀지 계단

⑧ 대그룹 영역

이 영역은 유아들이 교사와 함께 모여 노래하기, 이야기 나누기, 동시 · 동화 듣기, 계획하기, 방문자로부터 이야기 듣기 등이 이루어지는 곳이다. 그룹 토의가 진행될 때 다

른 유아는 다른 생각을 갖고 있다는 것을 알게 된다.

대그룹 영역에 비치되는 기본 자료

- 카펫 깔린 공간
- 칠판, 여러 가지 모양과 색의 분필, 융판, 화이트보드
- 성인용 의자, 녹음기, 기타 피아노 등

4_ 실외 놀이

실외 놀이장은 유아가 여러 가지 신체활동을 자유롭게 해 볼 수 있는 장소이다. 마음껏 떠들고 활발하게 뛰어놀며 넓은 공간, 신선한 공기, 자연과 더불어 여러 가지 놀이 기구에 기어오르고 매달리며, 뛰어다니거나 게임을 할 수 있는 곳이며, 유아에게 다양하고 풍부한 감각 경험을 제공하는 장소이다. 유아는 밖에서 놀면서 날씨의 춥고 따뜻함, 바람의 세기 및 습도의 높고 낮음 등을 감각적으로 느낄 수 있으며, 주변의 여러 가지 사물을 통하여 다양한 촉감 경험을 할 수 있게 되어 새롭고 다양한 감각 경험을 통하여 유아의 학습이 촉진될 수 있다. 또한 자연 학습의 장소로 자연을 직접 경험하고 학습하여 여러 종류의 나무와 꽃을 관찰하면서 식물에 대한 많은 것을 배우며 곤충과 동물 그리고 자연 현상에 대해서도 학습할 수 있다. 실외 놀이장은 구성 놀이를 할 수 있는 장소이며 유아가 다양한 사회관계를 맺는 장소이다. 놀이 기구나 시설물을 함께 사용하기 위하여 차례를 지켜야 하며, 때로는 놀잇감을 나누어 쓰기도 하고 그네, 정글짐, 미끄럼틀에서 서로 손을 잡아 주거나 밀어 주는 등 협동적인 놀이 경험을 하게 되며, 소꿉 놀이를 통해 더욱 유아의 사회 경험은 확대될 수 있다.

1) 실외 놀이장의 구성

유아교육기관의 실외 놀이장이 앞서 지적한 여러 가지 기능을 발휘할 수 있는 이상적인 놀이장이 되기 위해서는 전체적인 설계가 잘 되어 있어야 함은 물론이고 세부적으로 위치와 면적, 지면(地面), 공간 조직 등 적절한 조건을 갖추도록 배려해야 한다.

Hurtwood(1968)는 실외 놀이장을 디자인할 때, 일반적으로 고려해야 할 사항을 다

음과 같이 지적하였다.

- 아름다움 - 어린이가 좋아할 수 있도록 아름답게 설계한다.
- 경제성 - 공간이나 재산의 낭비가 없도록 설계한다.
- 용도는 다음과 같은 사항을 충분히 고려한다.
  - 실외 놀이장의 용도를 고려하여 설계한다.
  - 어둡거나 햇볕이 잘 들지 않는 위치는 피한다.
  - 어린이의 안전이 보장되도록 설계한다.
  - 전체 환경과 시각적으로 조화를 이루도록 설계한다.
- 시설은 다음과 같이 설치한다.
  - 앉을 자리와 책상을 제공한다.
  - 비, 바람을 피할 수 있는 시설을 제공한다.
  - 다양한 놀이 시설 및 놀이 기구를 배치한다.
  - 가까운 곳에 화장실을 설치한다.

또한 Decker & Decker는 실외 놀이장이 갖추어야 할 조건으로 다음 세 가지를 제시한다.

- 실외 놀이장은 실내 놀이실에서 이루어지는 놀이와 유사한 놀이를 할 수 있는 공간이 되어야 한다. 즉 실외 놀이는 실내 놀이의 연장(延長)이기 때문에 실내에서 어린이가 하는 모든 놀이를 실외에서도 할 수 있도록 공간이 구성되어야 한다.
- 실외 놀이장은 즐거움을 주는 장소여야 한다. 어린이가 실외 놀이장에서 여러 가지 감각 경험을 통하여 즐거움을 맛볼 수 있으며, 아름다운 자연환경 속에서 즐길 수 있도록 배려해야 한다.
- 실외 놀이장은 안전해야 한다. 공간의 효율적인 배치, 안전한 시설과 설비, 적절한 지도가 이루어질 수 있는 안전한 실외 놀이장을 구성해야 한다.

한편, Frost & Klein(1979)은 3~8세 어린이를 위한 실외 놀이장의 디자인 기준을 다음과 같이 제시하였다.

- 어린이의 놀이를 장려하도록 설계한다.
  - 어린이가 쉽게 접근할 수 있도록 설계한다.
  - 개방적이고 여유 있는 공간을 조성한다.
  - 실내에서 실외로 자유롭게 이동할 수 있도록 설계한다.
  - 어린이 연령에 적합한 놀이 시설을 제공한다.

- 어린이의 감각을 자극하도록 설계한다.
  - 크기, 빛, 질감 및 색깔의 변화와 대조(對照)를 경험하게 한다.
  - 융통성 있는 시설을 제공한다.
  - 다양한 경험을 제공한다.
- 어린이의 호기심을 자극하도록 설계한다.
  - 어린이가 변경시킬 수 있는 놀이 시설을 설치한다.
  - 실험 자료와 구성 놀잇감을 제공한다.
- 여러 가지 상호작용이 빈번하게 일어나도록 설계한다.
  - 어린이와 자료(resources)와의 상호작용 : 하루 일과에 맞춘 자료의 체계적 보관, 책 읽기, 퍼즐 맞추기나 단독 놀이를 위한 반 밀폐된 공간
  - 어린이와 다른 어린이의 상호작용 : 다양한 공간, 충돌을 피할 수 있는 적절한 넓이의 공간, 사회화(socialization)를 촉구하는 시설
  - 어린이와 성인의 상호작용 : 간편한 간수, 적절하고 편리한 보관, 감독이 용이한 공간 조직, 성인이 휴식을 취할 수 있는 공간
- 어린이의 기본적인 사회적 · 신체적 욕구를 만족시켜 줄 수 있도록 설계한다.
  - 어린이가 안락함을 느끼도록 한다.
  - 어린이의 신체 조건에 맞도록 설계한다.
  - 위험하지 않도록 설계한다.
- 어린이가 좀 더 발전된 놀이를 할 수 있도록 한다.
  - 기능 놀이, 연습 놀이, 대근육 운동 놀이, 활동적 놀이가 이루어질 수 있도록 설계한다.
  - 구성 놀이, 쌓기 놀이, 창의적 놀이를 할 수 있도록 한다.
  - 극적 놀이, 가상 놀이, 사회적 놀이를 할 수 있도록 한다.
  - 조직화된 규칙 있는 게임을 할 수 있도록 설계한다.

5_ 실외 놀이 영역의 구성

Frost & Klein은 실외 놀이장의 영역을 구성할 때 기본적으로 고려해야 할 사항을 다섯 가지로 제시하였다.

- 단순한 단일 기능의 시설물은 복합적인 다기능(多技能) 시설물에 비하여 유용하지 못하다.
- 각 영역에는 어린이가 자연스럽게 참여하는 모든 형태의 놀이를 수용할 수 있는 다양한 종류의 시설물이 충분히 갖춰져야 한다.
- 놀이 영역을 조성하거나 시설물을 배치할 때에는 통합적 놀이가 이루어질 수 있도록 배려한다. 서로 연관되는 영역이나 시설물을 가깝게 배치하면 놀이가 보다 효과적으로 진행될 수 있다.
- 각 놀이 영역은 기능적으로나 시각적으로 서로 분리되고, 공간적으로는 통합될 수 있도록 경계 지어져야 한다.
- 놀이 영역을 구성할 때는 놀이 영역 내에서의 이동이나 놀이 영역 간의 이동을 원활히 하도록 배려해야 한다.

① 대근육 활동 영역

대근육 활동 영역은 그네, 미끄럼틀, 시소, 오르기 등의 고정된 놀이 기구들을 배치한 영역과 유아들이 자유롭게 공놀이, 달리기, 줄넘기 등을 하도록 마련된 개방 영역으로 나눌 수 있다. 고정된 놀이 기구들은 전통적인 고정시설보다는 신체 조절 능력, 평형 감각, 리듬 감각 등을 길러 줄 수 있도록 설계된 놀이 시설을 다양하게 구성, 배치하는 것이 중요하다. 즉, 다양한 길이로 잘라 디딤돌처럼 배치한 나무토막, 커다란 수도관, 타이어, 나무상자 등을 배치함으로써 유아들이 기어오르고, 뛰어내리고, 균형을 잡는 활동들을 경험하도록 도와줄 수 있다. 그 밖에도 공놀이, 술래잡기, 달리기, 높이뛰기, 자전거나 자동차 타기, 줄넘기 등 활동에 따라 필요한 자료들을 제공해 주어야 한다.

② 물 · 모래 놀이 영역

가공되지 않은 자연적인 자료들은 유아들에게 최상의 놀잇감이 될 수 있는데, 특히 물과 모래는 끊임없이 변화하는 속성이 있어서 어느 연령층에도 어울리는 놀잇감으로 평가된다. 물 · 모래 놀이는 다른 소재나 물질에서 얻을 수 없는 다양한 감각 활동들을 자극할 수 있다. 즉, 소리, 모양, 촉감 등이 끊임없이 변하기 때문에 다루는 방법과 조건에 따라 여러 가지 모습으로 달라진다.

한편, 물 · 모래 놀이는 유아들에게 보다 개방적인 마음을 갖게 하며, 다른 아동들과 사회적 접촉을 보다 쉽게 할 수 있도록 한다. 놀이의 형태가 다양하게 수용되며 공간을 서로 공유하게 되므로 유아들이 서로 상호작용하는 기회가 그만큼 풍부해지기 때문이다. 특히, 물 · 모래가 갖는 무정형성은 실패나 좌절의 감정을 주지 않고 내적인 불만이나 긴장 등을 발산, 해소시켜 줄 수 있다는 점에서 유아들에게 적절한 놀잇감으로 평가된다.

물 · 모래 놀이의 자료를 제시할 때 유아가 물 · 모래 그 자체를 만지는 것을 즐거워한다면 유아들이 물이나 모래 자체를 탐색하는 기회를 갖도록 한다. 점차 놀이 활동이 진행되어 나감에 따라 단계적으로 깔때기, 삽, 호수, 물감 등을 제시해 줄 수 있다. 그러나 보다 어린 유아의 경우에는 모래가 눈에 들어가는 등의 위험 상황이 일어날 수 있으므로 이를 사전에 주지시키고 교사가 늘 곁에서 관찰할 필요가 있다.

물 · 모래 놀이 영역에 비치되는 기본 자료

물 놀이 자료

- 그릇 종류
  - 플라스틱 그릇, 깨지지 않는 찻잔, 비이커, 주전자, PVC파이프, 여과기, 펌프기
- 뜨거나 가라앉는 물건
  - 스펀지, 코르크, 구슬, 나무 토막, 탁구공, 빈 깡통, 비치볼, 풍선, 돌멩이
- 구멍이 여러 모양으로 뚫린 그릇
  - 깡통, 우유통, 요구르트 통, 세제 통, 아이스크림 통, 플라스틱 그릇
- 세탁하기 - 고무 인형, 손수건, 인형 옷 등
- 기타 - 호스, 비누, 앞치마, 붓, 분무기, 모형 물고기 등

모래 놀이 자료

- 구성하기 - 양동이, 흙손, 크기가 다른 다양한 PVC파이프, 비닐 호스, 나무 토막, 트럭, 운반차, 사람이나 동물 모형, 적목 등
- 탐색하기 - 확대경, 자석, 물뿌리개, 체, 톱밥 등
- 측정하기 - 여러 가지 크기의 삽, 그릇, 숟가락, 깔때기, 그릇 등

③ 조용한 놀이 영역

실외 놀이 영역에도 실내 활동실에서 제공하는 소근육 기술의 발달을 위한 자료와

활동을 제공하는 것이 좋다. 이러한 활동들이 실외 놀이 영역에서 제공되면 유아는 엎지르거나 소음에 의한 방해 없이 놀이에 집중할 수 있기 때문이다. 이 영역을 배치할 때에는 자료의 보관과 놀이 활동의 감독이 용이하도록 건물에서 가깝게 위치하게 하는 것이 바람직하다.

테라스나 그늘진 곳에는 책이나 퍼즐, 미술 활동 등을 할 수 있는 공간을 마련하여 실외에서의 동적인 활동과 균형을 취할 수 있도록 한다. 이러한 조용한 놀이가 이루어질 수 있도록 의자나 돗자리 등을 준비하여 주고, 움직임이 많은 영역에서 떨어진 곳에 배치하여 유아가 놀이에 집중할 수 있도록 배려한다. 주로 음악 감상을 하거나 퍼즐, 끈 꿰기 등의 활동이 이루어진다.

조용한 영역에 비치되는 기본 자료

- 화판, 물감, 붓, 크레용, 종이, 비닐 앞치마
- 그림 맞추기
- 그림책
- 구슬이나 끈 꿰기
- 녹음기, 테이프

④ 자연 관찰 영역(동 · 식물 기르기 영역)

실외 놀이 영역의 교육적 가치는 무엇보다 자연을 가까이에서 접할 수 있다는 점에서 찾을 수 있다. 이러한 경험은 어떠한 실내 활동으로도 대치될 수 없으며, 특히 오늘날 도시화와 산업화가 진행되는 현대 사회에서 그 교육적 의의가 한층 중요하게 고려되고 있다. 유아가 자기 스스로 씨를 뿌리거나 모종을 하고 식물이 자라나는 것을 보는 것은 큰 즐거움을 제공하며, 이러한 경험을 통하여 유아는 자연과 친숙하게 되고 자연 현상에 대한 다양한 호기심을 만족시킬 수 있다. 따라서 교사는 빨리 자라는 꽃씨나 야채 씨를 유아들과 함께 뿌린 후에 그 변화를 관찰하게 하고, 식물이 자라는 곳과 길을 구분 짓는 경계를 명확히 하여 유아가 식물이 성장하는 것을 관찰하도록 한다.

또한, 꽃과 식물이 자라는 곳에는 다양한 곤충이 날아오기 때문에 유아들은 자연히 곤충을 관찰할 수 있는 기회를 갖게 되며, 어린이집에서 기를 수 있는 동물들을 돌보고, 먹이를 주는 등의 경험을 갖게 하는 것도 필요하다.

chapter 3

유아체육개론

Ⅰ. 유아체육의 의미

체육은 인간의 활동을 바탕으로 하여 이루어지는 자기실현이며 몸소 배우는 실천의 학문이며 또한 인격 형성에도 큰 영향을 준다. 유아체육은 놀이를 중심으로 한 유아들의 신체적 활동을 포함하며 그 핵심은 움직임의 교육이라고 할 수 있다. 유아는 움직임을 통해 창의적이고 다양한 체육활동을 경험하는 과정에서 시간과 공간, 힘과 움직임의 흐름 등 기본 개념을 터득하게 되고, 당면 과제에 대한 해결 능력을 함양할 수 있다. 또한 유아의 능력을 고려하여 적절히 계획된 놀이를 통하여 지적, 정서적, 신체적 발달을 촉진하게 된다. 그러나 무엇보다도 중요한 것은 유아체육의 주체는 유아 자신이며, 유아체육의 원동력은 유아의 자발성에 있고, 유아체육의 전개 과정은 유아들이 뛰고 노는 가운데 자연스럽게 이루어진다는 것이다. 이러한 원칙을 무시하고 일률적 · 강제적으로 지도한다면 오히려 체육에 대한 두려움을 심어 주는 결과가 될 것이다.

유아체육이란 활발한 신체의 움직임을 수반하는 놀이를 통하여 무한한 잠재력을 신장시켜 개인적으로 행복하게 하고 나아가 그들의 역량을 국가 발전의 자원이 되도록 건강한 신체와 건전한 정신을 기르는 것이다. 또한 유아체육이란 유아들이 활발한 신체의 움직임을 수반하는 놀이를 여러 가지 형태로 경험하게 함으로써 건전한 신체의 발달을 촉진하고자 하는 것이다. 즉 신체 움직임의 자율성을 확대시킴으로써 어떤 일에 적합하게 몸을 움직이는 능력을 증진시키고자 하는 데 목적을 두고 있다. 따라서 근력이 요구될 때 강한 힘을 발휘하거나, 지구력이 필요할 때 인내력을 발휘할 수 있도록 자신의 의사에 따라 자유롭게 움직일 수 있는 능력을 확대시키는 지도가 필요하다고 하겠다. 체육 놀이는 유아들의 흥미와 관심을 고려하여 적절한 여러 운동을 내용 면에서의 특성을 고려하여 설정하고, 체계적으로 계획된 활동에 참가시킴으로써 교육적인 면을 꾀하여 운동 놀이로서의 기능을 발휘하고자 하는 것을 의미한다. 건강 유지 및 증진을 위해서는 체육 놀이 지도에 좀 더 중점을 두고 유아교육의 목표를 달성할 수 있도록 힘써야 한다.

II. 유아기의 일반적 특성

6세까지의 유아기는 갓 태어난 아기가 성숙된 하나의 인간으로 자립하기 위한 기초를 닦는 시기로서, 심신의 모든 기능이 미분화된 상태에서 분화와 통합을 통하여 생활에 필요한 기초적 능력을 다지는 중요한 시기이다.

운동은 유아기에 있어서 건강 증진, 발육 발달, 학습 능력 향상, 정서적 발달, 사회성 함양 등의 다양한 효과를 가져오는데, 이는 유아가 먼저 동작을 익히고 동작을 통해 학습한다. 운동은 유아의 특성으로 볼 때 절대적이라고 할 수 있다. 또한 운동은 유아들의 활동 욕구를 충족시키고, 자력으로 환경에 적응하는 능력을 길러 준다. 유아기는 심신의 모든 기능이 미분화된 상태에서 분화와 통합이 급속히 행하여져 사회 생활에 필요한 기본적 능력이 확립되는 시기이다. 이것은 유아기가 심신의 모든 발달 과정에서 결정적 시기라는 점을 시사하고 있다. 따라서 유아기의 발육 발달은 전인적 성장의 토대라는 측면에서 가장 중요한 시기이며, 이 시기의 발달 단계를 완수하지 못하면 신체적 · 정신적 · 사회적 성장에 큰 장애를 만나게 된다.

Ⅲ. 유아기의 신체적 특성

1_ 발육 촉진

운동은 활발한 전신의 움직임을 유발시키기 때문에 이를 반복함으로써 근조직의 모세혈관을 발달시키고 나아가 골격이나 근육을 발달시킨다. 그러므로 유아에게 있어서 신체운동 놀이는 발육 발달을 촉진시키는 가장 효과적인 방법이라고 할 수 있다.

2_ 운동기능의 발달

유아기에는 뇌 신경계의 발달이 매우 현저하며 운동기능은 뇌 신경계의 지배하에 있으므로 짧은 기간에 많은 운동 형식을 획득할 수 있는 중요한 특징이 있다. 따라서 유아기에 다양한 운동 경험을 통하여 운동 신경을 지배하는 중추 신경계를 단련하는 것이 매우 중요한 일이다. 또한 유아기에 형성된 신경지배의 중추회로는 쉽게 소멸되지 않는다.

3_ 신체기관의 발달

전신 운동을 하게 되면 여러 기관이 동원되기 때문에 혈액 순환이 좋아질 뿐만 아니라 심장 · 폐 · 소화 기관 등의 작용도 활발해진다.

Ⅳ. 유아체육을 통한 사회성 발달

운동 놀이 집단은 대개 2~4명 정도의 인원으로 구성되는 것이 가장 보편적이다. 2세경에는 유아의 놀이 상대가 한 명 정도였던 것이 사회성이 싹트기 시작하는 3세부터 다양한 사회적 행동을 요구하며 놀이 집단을 형성하게 된다. 그러나 이 시기에 형성되는 집단은 실제로 매우 빈약하며 유아교육기관의 교사와 성인들이 지도하여 주는 4~5세가 되어서야 집단 활동을 할 수 있다. 체육 놀이를 통해 유아는 서로 지켜야 할 규칙을 준수하고 서로 돕는 협동 정신을 배우게 된다.

Ⅴ. 유아체육의 심리적 효과

유아기에서 운동은 억압된 감정을 해소시켜 주고 불안과 욕구 불만에 대한 긴장을 완화시켜 주는 효과를 갖고 있으므로 유아의 정서 순화에 중요한 역할을 한다. 또한 운동은 유아의 올바른 발육 발달과 안정된 행동 습관을 길러 줄 수 있다. 더욱이 근력, 유연성, 민첩성, 협응력 등의 운동기능이 발달함에 따라 부모나 친구의 도움 없이도 혼자서 여러 가지 활동에 적극적으로 참여하게 되고 스스로 즐거움을 느낄 수 있게 된다.

VI. 유아의 발육 발달

1_ 발육기의 구분

유아기의 신장과 체중, 흉위 등 체격의 발달 속도는 성장 후기 중에서도 인간의 어떠한 발육 시기보다도 빠르다. 제1충실기(2~4세), 제1신장기(5~7세)로 구분하며, 제2충실기(8~10세), 제2신장기(남 : 8~12세, 여 : 11~14세)로 구분한다.

2_ 신체의 발달 형태에 따른 구분

신체의 각 기관은 대부분 서로 관련하여 발달하지만, 발달의 속도가 일정하지 않기 때문에 각각 그 특징적인 발달 형태를 보이게 된다. 이러한 신체 각 부위의 발달 형태는 신경형(neural type), 임파형(lymphoid type), 일반형(general type), 생식형(genital type)의 곡선으로 분류한다.

1) 신경형(neural type)

뇌, 척추, 안구의 발달이 이에 속한다. 인간의 뇌는 태어나면서부터 다른 부위에 비해 무거우며, 영 · 유아기에 급속히 발달하고, 2세 때는 성인의 60%, 4~5세 때는 95%에 달하는 성장 과정을 거치게 된다.

2) 임파형(lymphoid type)

비장, 흉선, 그 외의 발달이 이에 속한다. 처음에는 신경형보다는 발달이 덜 되지만

6세 경에 급격하게 발달하여 성인의 90%에 근접하며, 7세 때에는 이미 성인의 수준에 이르고 있다. 따라서 이후 임파계의 발달은 성인에 가까워지면서 저항력이 강해짐과 동시에 쇠퇴하게 됨을 알 수 있다.

3) 일반형(general type)

신장, 체중, 근육 및 내장 기관 등의 발달이 이에 속한다. 수유기에 급격히 발달하고, 영 · 유아기에서 점차 감소하며, 청년기에 가속적으로 발달하는 겹쳐진 S자 형으로 알려져 있다. 대체로 5, 6세 유아들의 근육이나 골격의 중량은 어른들의 30%정도밖에 안 되며 근육을 이용한 운동도 충분히 할 수 없는 것으로 볼 수 있다.

4) 생식형(genital type)

난소 고환, 그 외의 생식 조직은 비교적 늦게 발달한다. 신경형과는 거의 반대 형태로 발달하며, 유아기의 발달 단계에서는 성차에 의한 영향은 적다고 보는 것이 일반적이다.

3_ 신체 기능의 발달 특성

1) 신경 기능

영아와 유아는 아직 대뇌의 기능이 미약하며, 성인과 비교해서 평형성, 속도, 정확성 등과 같은 신경 기능의 발달 역시 미흡하다. 그러나 유아기에 신경계의 발육이 극히 양호하고 신경 기능의 향상이 원활하다는 것에 비추어 볼 때 이 시기에 다양한 운동 경험을 많이 하여 민첩성이나 조정력을 몸에 익힐 수 있도록 하는 것이 바람직하다.

2) 근력 기능

유아들의 근력은 극히 약하지만, 이는 근육의 양이 적다기보다는 근육에 대한 효과적인 신경지배가 잘 이루어지지 않기 때문이다. 유아의 체중이 성인의 1/3정도밖에 되지 않음에도 불구하고 근력은 성인의 1/6에 불과하여 체격에 비해서 근력은 상대적으로 약하다는 것을 알 수 있다.

3) 호흡 기능

유아의 호흡 기능은 학령기를 거치면서 뼈와 근육의 성장과 거의 같은 비율로 발달하게 된다. 유아든 성인이든 간에 정상적인 호흡수는 맥박수의 1/4정도에 해당하지만, 높은 강도의 신체활동을 했을 경우 호흡수가 약 7.0~10.0배 상승한다. 폐활량은 연령과 신체의 발육에 좌우되는 것으로, 특히 신장, 체중, 체표 면적과 깊은 관계가 있다. 한편, 산소 섭취 능력은 5세 유아의 경우 성인의 1/4~1/3수준으로 폐활량의 차이와 거의 같으며, 일반적으로 안정 시에 흡입되는 공기의 양은 보통 분당 5.0~8.0 *l* 이며, 이 중 약 0.3 *l* 의 산소를 섭취한다.

4) 순환 기능

유아의 경우에는 심박출량이 적기 때문에 이를 보충하기 위하여 심박수가 성인보다 많다. 일반적으로 유아들의 맥박수는 호흡수의 경우와 같이 작은 환경 변화나 움직임에도 변화하기 쉬운데, 대개 주위 온도가 1.0℃ 상승하면 15~20회 정도 증가되며 또 운동을 하면 상당한 수준으로 증가하게 된다.

VII. 영 · 유아기 운동 발달

운동 발달(motor development)은 인간의 움직임과 관련된 발달 현상을 연구하는 한 분야로, 전 생애에 걸친 운동 행동의 발달적 변화와 그것을 일으키는 기전(mechanism)을 규명하는 데 그 목적을 두고 있다. 즉 이러한 인간의 운동 행동 변화와 관련된 운동 발달은 최근 들어서는 출생 전 시기부터 사망에 이르기까지 전 생애에 걸친 다학문적 접근(multidisciplinary approach)으로 그 연구가 진행되고 있다. 운동 발달에 대한 지금까지의 다양한 정의들을 근거로 이를 종합해 보면, 운동 발달이란 운동 행동이 연령에 따라 계열적 · 연속적으로 변화해 가는 과정이라고 정의할 수 있다.

운동 발달은 크게 운동 형태(motor pattern)의 발달과 운동기능(motor skills)의 발달로 구분된다. 운동 형태란 걷기나 달리기와 같이 어떤 행위를 수행할 때 형성되는 일련의 기본적인 움직임들을 말하며, 운동기능이란 운동 형태를 보다 정밀하고 정확하게 하는 능력을 말한다. 영 · 유아 시기는 일생 중 운동 발달이 급속도로 이루어지는 시기로, 운동 형태는 숙련되지 못하고 불안정하지만 운동기능이 발달함에 따라 그 움직임들은 유연하고 지속적인 형태가 되어 보다 안정적인 것으로 발전해 나간다.

한편, 운동 발달이 증진되는 과정은 다음과 같은 세 가지 일반적인 경향, 즉 원리에 따라 이루어진다.

▣ 두미(cephalocaudal) 발달의 원칙

머리에서 발의 방향으로 발달이 진행되는 것을 가리키는 것으로, 즉 머리 부분이 몸통이나 사지보다 일찍 발달한다. 예를 들면, 생후 2개월쯤 되면 머리와 가슴을 들 수 있으며, 7~8개월 경에는 혼자 앉을 수 있고, 생후 1년 정도가 지나면 비로소 걸을 수 있게 된다.

▣ 근원(proximodistal) 발달의 원칙

안쪽에서 바깥쪽으로 발달이 진행되는 것으로, 즉 중심부가 말초신경보다 먼저 발달한다는 것이다. 예를 들면, 팔, 손목, 손, 손가락의 순서대로 발달이 이루어진다.

▣ 세분화(general to specific) 발달의 원칙

일반적인 것에서 특수한 것으로 발달이 진행되는 것으로, 초기의 행동은 몸 전체를 사용하는 거칠고, 산만하고, 분화되지 않은 것이지만 점차적으로 분화되고 정밀한 행동으로 대체된다. 예를 들어, 바닥에 떨어진 작은 물건을 줍기 위해 처음에는 거의 온

[그림 3-1] 운동기능의 발달 시기와 순서

몸을 다 사용하지만, 곧 시간이 경과하면서 엄지손가락과 집게손가락을 사용하여 작은 물건을 잡을 수 있게 된다. 즉 몸, 손, 다리 등의 대근육이 발달된 후에 손가락, 발 등의 소근육이 발달되는 것이다.

이와 같은 일반적인 경향에 따라 발달되는 운동 발달은 신생아에서 청년기에 이르기까지 여러 단계를 거치게 되는데, 가장 단순한 동작으로부터 시작되어 고도의 복합적인 동작으로 위계적 변화를 거친다고 볼 수 있다.

그동안 많은 학자들은 오랜 기간 운동 발달의 단계와 그 출현 시기를 검토해 왔다. 그 가운데서도 Gallahue & Ozmun(1998)은 운동의 특성에 따라 운동 발달 단계를 연령별로 반사적 운동 단계(reflective movement phase), 초보적 운동 단계(rudimentary movement phase), 기본적 운동 단계(fundamental movement phase), 전문적 운동 단계(specialized movement phase)의 4단계로 구분한다.

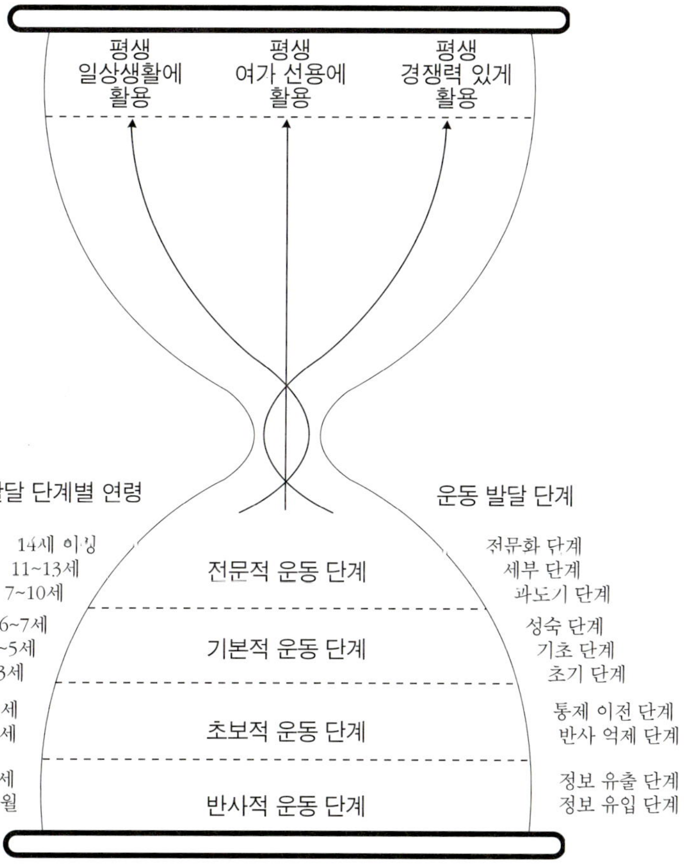

[그림 3-2] 동작 능력의 발달 단계

▣ 제1단계 : 반사적 운동 단계(reflective movement phase)

반사적 운동 단계란 출생부터 1년까지 나타나는 움직임 단계로 외부 자극에 따라 신체를 불수의적으로 움직이는 것을 말한다. 주로 자세에 관한 움직임과 자신의 신변 보호 및 음식물 획득을 위한 움직임들이 포함된다. 이러한 움직임들은 자발적인 의도 없이도 자극에 따라 무의식적으로 일어나는 동작들이다. 즉 이러한 시기에는 신경 체계가 아직 성숙되지 않은 상태에서 불수의적인 움직임이나 전형적인 리듬을 갖는 형태의 움직임 등이 나타나게 되는데, 이는 점차 신경 체계가 성숙하여 수의적인 제어가 가능해짐에 따라 이러한 반사적 운동기의 움직임은 곧 사라지게 된다.

▣ 제2단계 : 초보적 운동 단계(rudimentary movement phase)

초보적 운동 단계는 출생에서 2세까지로 신체 발달의 커다란 전환점이 되는 시기이다. 즉, 인간의 특징인 직립 운동이 이루어지는 시기이며, 수의적(voluntary) · 의도적인 신체운동이 이루어지는 시기이다. 이러한 시기는 인간의 기본적 동작인 안정성, 이동 동작, 조작력 등이 발달하는데, 이 세 가지 능력은 서로 상호작용하며 발달되나 그 발달 수준은 생존을 위해 필요한 초보적인 단계에 그친다.

▣ 제3단계 : 기본적 운동 단계(fundamental movement phase)

기본적 운동 단계는 주로 2세~7세까지의 시기를 말한다. 유아가 2세, 3세가 되면 신체 발달면에 있어 더 이상 무력한 존재만은 아니다. 즉 이전 단계(초보적 운동 단계)에서 획득한 안정된 직립 자세로 자신이 원하는 장소로 이동할 수 있고, 또 발달된 조작력으로 보다 많은 사물들을 탐색하고 실험해 볼 수도 있다. 또한 안정감 있게 뛰고, 기어올라가고, 달릴 수 있으며, 공을 던지고 잡을 수도 있으나 이러한 모든 동작들은 이 시기에도 세분화되고 정확한 기술적인 움직임은 발달되지 않는다.

▣ 제4단계 : 전문적 운동 단계(specialized movement phase)

전문적 운동 단계는 7세부터 청년기까지를 말한다. 이 시기를 좀 더 세분화시켜 그 발달 단계를 구분한다면, 초등학교 저학년(7세~10세)시기는 일반적 운동 발달기

(general movement)로 기본적 운동 발달기보다 좀 더 각종 동작들에 있어 정확하게 구사할 수 있다. 또한 초등학교 고학년(11세~13세)시기는 특수 운동적 발달기(specific movement)로 보다 더 특수하고 세분화된 운동 능력이 발달되며 복합된 운동 기술이 나타난다. 그리고 14세부터 청년기까지는 전문적 기술 발달기(specialized skills)로 이 시기는 이제까지 습득한 모든 운동 능력을 경쟁적이고 오락적 활동, 즉 각종 스포츠나 레크리에이션에 적용할 수 있게 되는 시기이다.

1_ 신생아기

출생 후 첫 한 달 동안의 아기를 신생아기라고 한다. 신생아기는 비록 짧은 기간이지만 이전 태내 환경과는 다른 새로운 환경에 적응해 나가야 한다는 점에서 매우 중요한 의미를 갖는 시기라고 할 수 있다. 인간의 움직임 발달은 태아기부터 단계별로 이루어지나, 움직임의 발현은 일반적으로 출생과 더불어 시작된다. 인간이 발현하는 최초의 움직임 가운데 하나인 반사 운동은 그 형태와 역할에 따라 몇 가지로 구분된다.

반사(reflex)는 외부 자극에 대한 무의식적이고도 자동적인 반응으로서, 이러한 반사 행동에는 생존 반사와 원시 반사의 두 종류가 있다. 생존 반사(survival reflexes)란 신생아의 생존에 필요한 것으로 유해한 자극에 대해 보호 기능을 할 뿐만 아니라 아기의 기본 욕구를 충족시키는 기능도 한다. 이러한 생존 반사의 예로는 호흡 반사(breathing reflex), 눈 깜박거리기 반사(eye-blink reflex), 빨기 반사(sucking reflex), 삼키기 반사(swallowing reflex), 근원 반사(rooting reflex) 등이 있다.

또한 원시 반사(primitive reflexes)란 신생아의 생존과는 무관한 반사로서 인류의 진화 과정의 흔적이라고 볼 수 있으며, 이러한 원시 반사는 대부분 수 개월 이내에 사라지는데, 이는 대뇌피질이 발달함에 따라 신생아의 반사 운동이 점차적으로 의식적이고 자발적인 행동으로 대체되기 때문이다. 이러한 원시 반사의 예로는 모로 반사(moro reflex), 바빈스키 반사(babinski reflex), 수영 반사(swimming reflex), 파악 반사(grasping reflex), 걸음마 반사(stepping reflex) 등이 있다. 다음은 영아기에 있어 대표적인 반사 행동들이다.

1) 모로 반사(moro reflex)

'놀라기 반사' 라고도 하며, 갑작스런 큰 소리를 내거나 안고 있다가 갑자기 내려놓으면 팔이 활 모양처럼 휜다. 또한 신생아를 똑바로 눕힌 채 누운 자리 근처를 양쪽에서 세게 두드리면 팔을 쭉 벌리면서 손으로 무엇인가를 잡으려고 하는 것 같은 자세를 취하게 된다. 즉 팔, 다리를 폈다가 다시 움츠리며 자신을 껴안는 듯한 자세를 취하는데 이와 같은 현상은 생후 3~4개월이 지나면 없어진다.

2) 목 강직 반사(tonic neck reflex)

안정 상태에 있는 신생아의 머리를 한 쪽으로 돌리면 돌린 쪽의 팔은 펴고 다른 쪽의 팔은 굽히는 반사로서, 신생아 초기에는 완전하지 않고 신생아 말기에 잘 나타나지만 만일 영아기 후기까지도 계속 나타날 경우에는 운동 장애가 있음을 의심해 볼 수 있다.

3) 파악 반사(grasping reflex)

신생아의 손바닥에 어떤 물건을 쥐어 주면 그것을 빼내기 힘들 정도로 꼭 쥐는 반응을 보이는데, 이를 '잡기 반사' 라고도 한다. 이때의 쥐는 힘은 막대기에 매달려 1~2분 간은 지탱할 수 있을 정도로 세며, 이러한 반사 운동은 3~4개월이 지나면 없어진다.

4) 바빈스키 반사(babinski reflex)

신생아의 발바닥을 뒤꿈치에서 발가락 쪽으로 부드럽게 자극하면 엄지발가락을 구부리는 반면, 나머지 네 발가락은 부채 모양으로 쫙 펴는 반응을 보인다. 이와 같은 현상은 6개월이 지나면 없어진다.

5) 근원 반사(rooting reflex)

신생아의 뺨이나 입 부근에 부드러운 자극을 주면 그 쪽으로 고개를 돌려 입을 벌리는 반사로 '젖 찾기 반사' 라고도 한다.

6) 흡입 반사(sucking reflex)

입에 닿는 것은 무엇이든 빠는 반사 운동으로 처음에는 아무것이나 빨려고 하나 시간이 지나면 점차 젖꼭지만 빨게 된다.

7) 수영 반사(swimming reflex)

생후 첫 1주일에 존재하는 수영 반사는 아기를 엎어 놓으면 머리를 세우고 팔과 다리를 몸 밑으로 끌어들여 교대로 움직이며 입으로 숨 쉬는 것을 말한다. 이 반사는 신생아를 물 속에 넣었을 때 물 위에 뜨기 위해 적절한 팔, 다리 운동과 호흡을 하게 되는 그 모습이 마치 수영하는 것과 같아서 '유영(遊泳) 반사' 또는 '달리기 반사' 라고도 한다.

8) 걷기 반사(walking reflex)

신생아를 바로 세운 자세로 하여 팔을 붙잡고 발을 바닥에 닿도록 해 주면 마치 걸어가듯이 무릎을 구부려 발을 번갈아 땅에 내려놓는데 이러한 반사를 '걷기 반사' 또는 '걸음마 반사' 라고 한다.

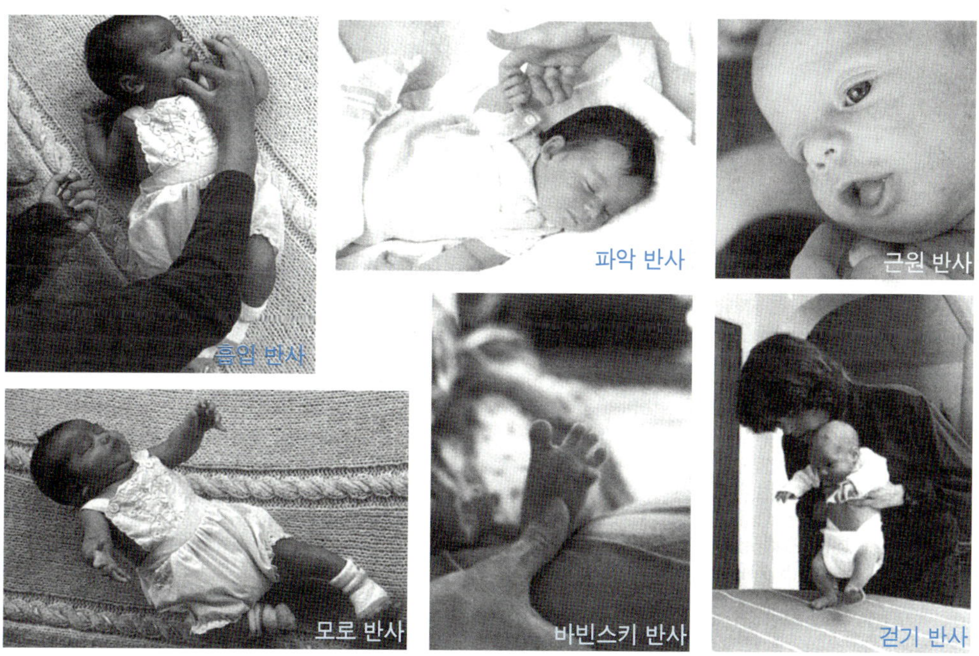

[그림 3-3] 생존 반사와 원시 반사의 예

2_ 영아기

영아기는 인간 발달의 여러 영역에서 급속한 성장이 이루어지는 시기이다. 특히 출생 후 첫 1년 간은 신체와 뇌의 성장이 급속도로 이루어지는데, 이처럼 성장이 급속도로 이루어지는 시기를 성장 급등기라 한다. 이는 영아기 이후 사춘기에도 이와 똑같은 현상이 한 번 더 일어난다. 따라서 영아기를 제1성장 급등기, 사춘기를 제2성장 급등기라고 부른다.

생후 첫 1년 간의 특징 가운데 하나인 신체적 성장은, 출생 후 몇 개월간 매일 30g씩 체중이 늘고, 매월 2~3㎝씩 키가 자라게 된다. 즉 건강한 영아의 경우 신장은 1년 동안 1.5배, 체중은 3배 정도 증가되고, 두 돌 무렵이 되면 신장은 성인 키의 절반 가량이 되며 체중은 출생 시 체중의 4배가 된다. 이러한 신장과 체중의 급성장 외에도 골격과 근육, 중추신경계 등의 신체 내부적 발달도 급속도로 이루지게 된다. 즉 출생 후 첫 2년 간은 운동신경의 수지화와 수초화가 이루어짐에 따라 다양한 수의 운동이 발달하게 되고 신경원의 연결이 활발히 일어난다. 출생 시에는 이미 하위 뇌가 발달하여 있으나 태어난 지 4개월 동안 대뇌피질이 효과적으로 기능함에 따라 목표 지향적인 움직임이 가능하게 된다.

운동의 기능은 특정 운동에 사용되는 근육의 크기(대근육 · 소근육)와 신체 부위에 따라 대근육 운동과 소근육 운동으로 나누어지고, 이러한 운동기능의 발달은 두미 발달의 원칙과 근원 발달의 원칙을 따른다.

1) 대근육 운동

영아기에 가장 주목할 만한 대근육 운동기능은 고개조차 가눌 수 없었던 신생아가 뒤집기, 기기, 서기, 걷기, 달리기 등을 할 수 있는 기동성을 보이게 되는 것이다. 생후 1개월이 되면 엎드린 자세에서 고개를 들 수 있게 되며, 2개월 경에는 가슴을 들어올릴 수 있고, 3~4개월 경에는 뒤집기를 할 수 있고 무릎에 앉혀 가슴을 받쳐 주면 머리를 완전히 조절할 수 있다. 7~8개월 경에는 혼자서 천천히 앉을 수 있고, 8~10개월 경이면 손과 무릎을 사용하여 기기를 시작하며 움직임이 자유로워진다. 9~11개월 경에는 혼자 설 수 있으며 손을 잡아 주면 걷기를 할 수 있고, 12개월 경에는 비로소 걸을 수도 있게 된다. 경우에 따라 15개월까지도 걷지 못하는 경우가 있지만 정상이라면 걷기는 12~15개월 경이면 나타나게 된다. 18개월 경에는 계단을 오르고, 자전거 타기가 가능해진다. 18~24개월 경에는 달리기, 뒤로 걷기, 공차기, 공 던지기, 뜀뛰기 등을 할 수 있다.

2) 소근육 운동

소근육 운동은 근원 발달의 원칙에 의해 팔과 손, 그리고 손가락의 순으로 발달한다. 출생 시의 신생아에게는 잡기 반사 능력은 있지만 통제하는 능력은 없다. 즉 신생아는 매달려 있는 물체를 보면서 그 물체를 잡기 위해 손과 발을 움직여 보지만 잡지는 못한다. 그러나 6개월 경이 되면 팔을 뻗어 매달려 있는 물체를 잡을 수 있다. 8~9개월 경에는 자기 앞에 놓인 물체를 잡으려고 해 보지만 놓치고, 첫 돌이 지나서야 그 물체를 제대로 잡을 수 있게 된다. 그러다가 10개월이 지나면 엄지손가락과 집게손가락을 사용해서 비로소 작은 물체를 잡을 수 있게 된다.

운동기능의 발달은 대부분의 영아에서 그 순서가 비슷하지만, 발달의 시기는 상당한 개인차를 보이기도 한다. 영아기부터 유아기까지 어린이 발육 상태를 판별하기 위하여 만들어진 검사 도구로 1967년 Frankenburg 박사가 고안한 Denver 발달판별검사(Denver Developmental Screening Test: DDST)에서의 운동기능 발달에 관한 연령 기준은 다음과 같다.

〈표 3-1〉 운동기능의 연령 기준

(단위 : 개월)

운동기능	정상 영아의 50%가 할 수 있다.	정상 영아의 90%가 할 수 있다.
엎어 놓았을 때 머리를 90° 로 든다	2.2	3.2
구르기를 한다	2.8	4.2
받쳐 주면 앉는다	2.9	4.7
혼자서 앉는다	5.5	7.8
붙잡고 선다	5.8	10.0
붙잡고 걷는다	9.2	12.7
잠시 혼자 선다	9.8	13.0
혼자 선다	11.5	13.9
걷는다	12.1	14.3
뒤로 걷는다	14.3	21.5
계단을 오른다	17.0	22.0
공을 앞으로 찬다	20.0	24.0

*출처 : Denver 발달판별검사 중에서

3_ 유아기

2세부터 초등학교 입학 이전인 6세까지의 시기를 유아기라고 한다. 유아기에는 영아기에 비하여 발달의 속도는 완만하지만 꾸준한 신체적 성장이 이루어지고, 운동 능력에 있어서는 신체 발달과 밀접한 관련이 있으며 신체가 발달함에 따라 운동 능력도 꾸준히 발달한다.

영아기 이후에 신장은 매년 7㎝씩 증가하여 6세 경에는 115㎝ 정도 성장한다. 유아기의 신장은 성인이 되었을 때 얼마만큼 자랄 것인가를 어느 정도 예측할 수 있는 지표가 되기도 한다. 신체의 비율에서도 신장에 대한 머리 크기의 비율이 급격히 감소되며, 체중의 증가도 완만하게 이루어져 6세 경에는 20㎏ 정도가 된다. 또한 두뇌의 발달은 영아기와 마찬가지로 급속하게 이루어져 2세 경에는 성인 두뇌 크기의 75%, 5세 경에는 성인의 90%까지 성장하게 되는데 이처럼 무엇보다도 중대한 변화라고 할 수 있는 뇌와 신경계의 성숙의 시기로서 이 시기의 유아는 새로운 운동 기술과 인지 능력을 발달시키게 된다.

1) 대근육 운동

유아기 대근육 운동 기술은 체중의 중심(center of gravity)이 아래로 옮겨가면서 증가한다. 즉 체중의 중심이 높으면 균형을 잡기가 힘든데, 머리의 크기가 신체에서 1/4을 차지하는 신생아의 경우 체중의 중심이 흉골 바로 아래 위치해 매우 높은 편이지만, 유아기는 머리 크기가 차지하는 비율이 점차 작아지면서 체중의 중심이 배꼽 아래로 내려가 균형 잡기가 원활해진다.

첫 돌을 전후하여 걷기 시작한 영아는 2~3세 사이에 달리기를 시작한다. 3세 경에는 잘 달리지만 방향의 전환이 불가능하여 일단 달리기를 멈춘 다음 방향을 바꾸고 다시 달리기를 하게 된다. 또한 계단을 오르는데 다리를 번갈아 가면서 사용하고 세발 자전거를 탈 수 있으며, 점프(jump)와 밸런스(balance)가 가능하고 물체를 오버핸드(overhand)로 던질 수 있게 된다. 4세 경에도 이와 같은 활동을 하게 되나 한 단계 더 진보된 움직임을 하게 된다. 정글짐 계단 오르기에 오른 발과 왼발을 번갈아 가면서 사용하고 또한 양쪽 발을 번갈아 가면서 계단을 내려오기 시작한다. 또한 스킵(skip)을 할 수 있고, 한 다리로 립핑(leaping)을 할 수 있다. 달리기를 할 수 있으므로 위, 아래로 점프뿐만 아니라 물건을 건너뛸 수 있게 된다. 오버핸드 드로우(overhand throw)를 더 쉽게 할 수도 있다. 5세 경이 되면 움직임이 더욱 진보되며, 스킵이나 갤롭(gallop)을 할 수 있고, 엄지발가락으로만 밸런스를 잡을 수 있다. 움직임이 더 민첩하게 되어 모든 대근육 운동이 향상된다. 6세 경이 되면 어린이는 대근육 운동이 더 기능적이 되어 기어오르기, 흔들기, 던지기, 받기 등을 더 잘 할 수 있게 된다. 이와 같이 유아기는 일생에서 가장 활동적인 시점인 동시에 대근육 운동 발달이 크게 증가하는 시기이다.

2) 소근육 운동

유아기에는 눈과 손의 협응과 소근육의 통제도 급속히 발달하기 때문에 손의 사용이 점점 더 정교해진다. 대근육 운동 기술에 비하여 소근육 운동 기술을 습득하는 것은 훨씬 더 어렵다. 연필로 글씨 쓰기, 색연필로 색칠하기, 가위로 오리기, 단추 채우기, 구두끈 매기 등은 유아들에게 있어 상당히 어려운 작업들이다. 이러한 소근육 운동 기술은 일반적으로 여아가 앞서 발달하는 반면, 대근육 운동 기술은 남아가 우세하다. 그러나 유아기에는 골격과 근육의 분화가 완전하지 않은 상태이므로 소근육의 발달을 위해 다양한 기회를 신중히 고려하여 제공할 필요성이 있다

3) 전신 운동 능력의 발달

전신 운동은 신체의 대근육 운동을 중심으로 하는 운동이다. 유아기는 전신의 자세나 운동의 기본이 잡히는 시기로서 운동 발달상의 매우 중요한 시기이다. 유아기 동안에 성취해야 하는 대근육 운동에 관한 것으로 달리기와 도약하기, 균형 잡기, 기어오르기, 던지기 등이 있다.

(1) 달리기와 도약하기

유아기의 독특한 현상 가운데 하나는 걷는 것보다 달리기나 뛰뛰기를 더 좋아한다는 것이다. 즉, 유아는 달리기와 도약 그 자체에 흥미를 느낀다. 걷고, 뛰고, 달리는 행동은 3, 4세에 이르면 유연해지고 민첩하며 활동이 자동적으로 된다. 최초의 달리기는 빠른 걷기와 유사하다. 한 발이 항상 땅에 닿기 때문에 양쪽 발이 잠깐 동안 땅에서 떨어지는 성숙한 달리기와 구별된다. 무릎을 제대로 구부리지 못하고 발걸음이 고르지 않기

때문에 자주 넘어진다. 그러나 연령이 증가함에 따라 운동의 힘, 속도, 협응이 증가하므로 달리는 능력은 계속적으로 향상된다.

달리기는 약 2세 경에 가능하게 되나 똑바로 잘 달리지는 못한다. 대체로 4~5세가 지나면 어느 정도 속도를 내서 달릴 수 있게 되며, 6세 이후에는 능숙하고 정교하게 잘 달릴 수 있게 된다.

도약은 3세 경에 조금 높은 곳에서 뛰어내리기 시작하여 4세가 되면 멀리뛰기, 높이뛰기 등의 뛰어넘기가 가능해진다. 그리고 5~6세 정도가 되면 한 발로도 도약할 수 있게 된다. 유아의 뛰는 능력은 6세에 이르면 성인 수준에 근접하게 된다.

(2) 균형 잡기

유아는 대개 3세 정도 되면 마루에 그은 곧게 뻗은 선 위를 잘 걸을 수가 있으나 구불구불한 선을 따라 걷는 일은 약 4세가 되어야 가능하다. 초기에는 팔짱을 낀 채로 한쪽 발로 잘 서 있지는 못하며 약 5세 정도 되어야 이러한 자세를 취할 수 있다. 2세의 유아는 지면에서 약간 떨어져 있는 평균대 위에서 서 있을 수 있으나 걸을 수는 없다. 2세가 조금 지나면 평균대 위를 걸으려고 하지만 한 발을 떼어 다른 한 발을 붙이는 식으로 가능하다. 그러나 3세가 되면 발을 바꾸면서 걸을 수 있고, 4년 6개월이면 주저하지 않고 빨리 걷게 된다.

(3) 기어오르기

기어오르기에 있어서는 운동적 요인뿐만 아니라 정서적 요인을 포함해서 규칙적인 발달이 있다. 즉, 균형 잡기와 기어오르기를 할 때에는 떨어질 것을 두려워하는 정서적 문제가 작용한다. 기어오르기는 보행하는 유아가 접근할 수 있는 계단만 있으면 흔히 나타나는 행동이다. 기어오르기는 걷기 발달과 동일한 속도로 발달한다. 유아가 일어서기 위하여 사람이나 사물을 붙잡을 때 이미 기어오르기가 시작된다. 2세 이전의 유아들은 선 자세로 올라가지 못하고 손과 발을 모두 사용하여 계단을 기어오르게 된다. 2세 된 유아는 계단을 오를 수는 있으나 한 계단에 먼저 한쪽 발을 올려놓고 다른 발을 같은 계단에 올려놓음으로써 한 계단에 두 발을 모았다가 다시 또 다음 계단을 올라간다. 그러나 약 4년 6개월 경에는 두 발을 교대로 사용하여 계단을 올라간다.

(4) 던지기

공을 던지는 기능은 유아의 협응 능력과 조정 능력을 발달시켜 주는 운동이며, 유아는 공을 사용한 놀이에 매우 큰 흥미를 느낀다. 2세가 지나면서 유아는 공을 던지기 시작하나 아직 공을 잘 조절하지 못하며 동작이 서투르다. 3세 된 유아는 대개 팔목을 사용할 줄 모르고 공을 던질 때 주로 어깨와 팔꿈치로 던진다. 4세가 되면 정확한 자세로 앞으로 곧게 공을 던질 수 있으나 던지는 높이 조절에는 어려움을 느낀다. 5세 경에는 옆쪽으로 던지기를 하는데, 다리의 움직임이 공을 던지는 전체 몸자세와 잘 조화되어 어느 정도 균형이 이루어진다. 6세가 되면 무엇을 던지든지 정확성을 보이며 동작도 훨씬 유연해진다. 6세 이전에는 공을 잘 받을 수 없다.

(5) 소근육 운동 발달

기어다니거나 걷기와 같은 움직임은 대근육 운동을 요구하나, 사물을 붙잡고 조작하는 정교한 운동 기술들은 소근육 운동을 필요로 한다. 소근육 운동의 발달도 신경세포의 성장과 동일하다. 소근육 운동으로는 사물 조작, 블록 쌓기, 숟가락과 젓가락 사용하기, 옷 갈아입기, 그림 그리기 그리고 글씨 쓰기 등이 있다.

1_ 2세아

신체운동적 발달 특성은 걷기가 능숙해져 혼자 걸을 수 있으며, 도움을 받아 계단을 오르고 내려갈 수 있다. 눈과 손의 협응이 가능하여 간단한 물체를 끼워 맞추고 뺄 수 있으며, 식사 시에 숟가락을 사용할 수 있게 되고, 단추를 끼우거나 지퍼를 올리려고 시도하며, 크레용을 잡고 낙서를 하고, 물감 붓이나 칫솔 사용도 배우게 된다.

인지적 발달 특성은 주변 사물에 대한 호기심이 왕성하며, 사물의 크기에서 오는 차이를 인식할 수 있고, 사물의 형태와 색에 따라서 사물을 대응시킬 수 있다. 사물을 분리시켰다가 다시 모아 두기를 좋아하며, 매일 놀잇감을 조작해 봄으로써 원인-결과 관계를 이해할 수 있게 된다. 구체적 방식으로 사물을 순서 짓기 시작하고, 상징적 표상이 가능함에 따라 진정한 사물의 영속성도 발달하며 가상 놀이와 상징 놀이가 나타난다. 그러므로 교사는 단순하고 구체적인 놀이 활동에 초점을 두고 활동을 계획하여야 한다.

정서적 발달 특성은 자신들의 감정과 느낌을 강력하게 표현하며 자기의 요구가 받아들여지지 않을 때는 심하게 울거나 손발을 흔들며 뒹굴기도 한다. 이 시기는 공포가 아주 심해지는데, 특히 청각적인 것, 어두운 곳, 새로운 상황에 두려움을 나타낸다. 이러한 특징을 고려하여 교사는 교실에 영아가 무서워할 만한 것이 있는지 점검해야 하며, 교실의 어떤 것에 공포를 나타낼 경우 영아를 직접 데리고 가서 확인시키고 대화함으로써 영아의 공포심을 줄일 수 있다.

사회적 발달 특성은 사회적 반응이 분명하게 나타나 사람들에 대한 애정을 표현하고, 좋아하는 사람과 좋아하지 않는 사람에게 다르게 반응한다. 무엇보다도 양육자와의 애정적 유대가 견고해져서 새로운 관계를 추구하기보다는 기본적인 관계의 안정성에 머무르려고 한다. 그러므로 새로운 상황이나 낯선 사람에게 매우 민감하다. 놀이 시에 또래보다는 주변 환경이나 놀잇감에 더 관심이 많으며, 다른 영아와 노는 경우에도 옆에서 놀 뿐이지 서로 간의 상호작용이나 우정은 없다. 또한 아직 상징물의 이용이 매우 제한되어 있으나 컵을 가지고 물을 마시는 척을 하는 등 가작화가 나타나기 시작한다. '소유 관념' 이 싹트기 시작하여 내 것과 다른 사람의 것을 구분할 수 있지만 아직은 자기 중심적이어서 다른 사람의 견해를 알 수 없고, '나누어 공유하기' 의 개념이 부족하여 자료와 놀잇감을 나누어 쓰기가 힘들다. 그러므로 충분한 놀잇감과 자료를 제공할 수 있어야 하며, 종종 자신과 타인을 비교할 기회를 주고 지나치게 함께 어울릴 것을 강요하지 말아야 한다.

언어적 발달 특성은 2~3개 정도의 단어로 된 문장을 사용하는 '전보식 언어' 형태로 말을 할 수 있게 되며, 자신의 의도나 목적을 표현하기 시작한다. 또한 상징적 표상이 가능하여 단어나 물체로 행동을 표상하며, 어휘수가 급격히 증가하여 '폭발적 팽창' 의 시기를 맞게 된다. 스스로 그림책을 선택하고 사용할 줄 알며 그림책을 보고 이야기 듣는 것을 즐기기 시작하여 그림책은 영아의 발달에 중요한 역할을 한다. 또한 긁적거리기는 형태의 쓰기가 나타나 점차 이름과 비슷한 긁적거리기, 글자 흉내 등의 과정으로 나아간다. 이 시기의 '긁적거리기' 는 쓰기의 기초가 되므로 쓰기 영역의 마련과 필요한 쓰기 도구 제공을 고려해야 한다.

2_ 3세아

3세아는 신체 발달과 언어 발달의 측면에서 2세아와는 큰 차이를 나타내게 된다. 3세아는 2세아와 마찬가지로 신체 · 운동적 놀이를 즐기지만 보다 오랜 시간 동안 놀이를 지속할 수 있고 좀 더 복잡한 활동을 할 수 있게 된다. 양손을 사용한 신체적 기술에 관심이 많으므로 감각 운동기능의 협응과 눈과 소근육의 협응이 필요한 끈 매기, 가위질하기 등의 활동을 좋아한다. 세발자전거를 탈 수 있으며 수레를 밀거나 정글짐에 오르기를 할 수 있고, 달리기를 할 때 자신의 신체를 잘 통제할 수 있게 되어서 출발과 멈출 때 다른 사람이나 사물과 부딪히지 않고 좀 더 부드럽게 진행할 수 있다. 그러나 놀이에 열중하면 배설 욕구를 적절히 조절하는 능력에 어려움을 보이며, 옷 입고 벗기, 도구의 사용 등 기본 생활을 위한 신체적 기술이 여전히 부족하다.

인지적 발달 특성은 주의집중 시간이 짧고 실제와 가상을 구별하지 못하나, 주변 환경과 사물에 대한 탐색을 위한 감각이 발달되고 인지력이 발달되는 시기이다.

사회적 발달 특성은 혼자 놀이에 익숙하지만 1~2명의 친한 또래와의 병행 놀이가 나타나며, 신체적 싸움으로 또래와의 관계를 해결하려는 경향이 있으나 차례 지키기 등과 같은 집단 간의 규칙이나 놀이 규칙을 이해하기 시작한다.

정서적 발달 특성은 자신의 감정을 솔직하게 표현하고, 부정과 반항의 표현이 많으며, 때로는 화를 내고 떼를 쓰게 되는데 특히 장난감을 성공적으로 잘 다룰 수 없게 될 때 나타난다. 성인 및 또래의 칭찬과 인정에 관심이 많으며 또래에 대한 질투의 감정이 강하게 나타난다.

언어적 발달 특성에 있어 언어 습득(어휘와 문법)은 놀라울 정도로 급속하게 발달하여 900단어 정도를 말할 수 있게 되고, 점차적으로 자신의 기분을 나타내는 행동과 함께 언어로 표현하게 된다. 이 시기에는 종종 놀이와 식사 중에 또는 다른 유아와 함께 하는 활동 중에 자기 자신에게 혼잣말을 하거나, 상대방과 서로 연관이 없이 이루어지는 평행적인 대화인 집단 독백을 하게 된다. 언어를 통한 행동 통제가 시작되므로 성인의 언어적 지시가 유아의 행동을 수정할 수 있게 된다.

3_ 4세아

신체적인 기술이 발달하여 독립적이며 활동적인 운동과 새로운 신체적 기능을 활용하게 된다. 대근육 활동이 활발해지고 소근육의 발달이 점차로 정교화된다. 단순한 협응력이 요구되는 기술은 시간은 오래 걸리지만 도움 없이도 할 수 있게 된다.

인지적 발달 특성은 인과관계의 유추가 가능하며 간단한 사건의 이유를 설명할 수 있다. 성공과 성취에 대한 긍정적인 감정을 느끼게 되고 새로운 경험을 할 준비가 되어 있다. 상상과 가상을 구별하여 현실을 인식하고, 사물의 속성과 유사점 및 차이점에 의하여 분류하고 범주화하는 능력이 형성되기 시작한다. 이 시기에는 자신들의 감각을 통해서 얻게 된 사고와 감정에 대해서 표현할 준비가 되어 있다. 4세아는 호기심이 많아서 반드시 특별한 대답을 기대하지 않고 있으면서도 많은 질문을 하게 된다. 따라서 대답을 하기 전에 질문이 무엇을 의미하는지에 대해서 아는 것이 중요하다. 가능하면 4세아는 자신의 의문에 대해서는 할 수 있는 범위 내에서 스스로 대답하도록 도와야 한다.

사회적 발달 특성은 친구에 대한 관심이 커지고, 특히 동성의 유아에게 관심이 많아진다. 혼자 놀이를 즐기지만 다른 유아와 함께 놀이하는 것도 즐기게 되고, 역할 놀이의 형태가 나타나며 타인을 이해하는 능력이 발달하기 시작한다. 그러므로 상대방을 고려하고 도와줄 수 있다. 또한 남녀의 성 역할에 대한 인식이 시작되며, 사회적 인간관계에 관심이 많다.

정서적 발달 특성은 자신의 감정 표현을 통제할 수 있으며, 성인을 의식하면서 행동한다. 자신감이 증가하지만 인내심이 부족하며, 성인의 통제를 확인하려는 경향이 있다. 이 시기의 유아는 어둠, 천둥, 번개 등에 대해 종종 이유 없는 공포를 나타내기도 한다. 이러한 공포는 성격상 비이성적이 되기 쉽기 때문에 이성적인 설명이 도움이 되지 못한다. 유아의 이러한 공포를 사실로 받아들이고 유아가 도움이 필요할 때 성인이 옆에서 도와줄 수 있다는 안도감을 느끼게 하는 것이 보다 효과적이다.

4세아의 급속한 언어적 발달은 종종 성인이 4세아의 이해와 인지적 발달 수준을 과대 평가하게 한다. 3~7개의 단어를 사용하여 완전한 문장으로 말할 수 있으며, 어휘수가 1,600개 정도가 된다. 과장이나 유머를 좋아하고, 이야기를 듣거나 다른 사람과 이야기하기, 노래 부르기를 좋아한다. 글자나 숫자, 단어들을 인식하기 시작하며, 읽고 쓰기를 위한 모양의 변별이 가능하다.

4_ 5세아

신체운동적 발달 특성은 대근육의 발달로 뛰기, 달리기, 균형 유지하기 등이 가능하며, 두 발로 자전거를 탈 수 있게 된다. 소근육의 조절이 보다 자유롭게 되어, 발달된 근육 운동 기술에 세련됨과 협응력이 첨가된다. 이 시기에는 작은 크기의 퍼즐 조각을 다룰 수 있으며, 주사위 던지기, 게임판 사용 등을 할 수 있게 된다. 소근육 운동 기술에서의 발달은 조작적 게임을 할 수 있게 하며, 쓰기를 시작할 수 있게 한다. 또한 자조(自造)

기술이 향상되므로 5세가 지나도록 배변 훈련과 자조 능력에 문제가 있으면 신체 발달에 문제가 있다고 볼 수 있다.

인지적 발달 특성은 정보에 관심이 많으며 사물의 작용과 사용, 문제 해결에 관심을 갖는다. 주변의 사물이나 삶과 상호작용하여 현실을 인식하고 사물의 속성과 기능의 유사점 및 차이점에 의하여 분류하고 범주화하는 능력이 있다. 구체적 사물의 지각 경험 및 인과관계의 지각이 점차 발달하게 된다.

사회적 발달 특성은 다른 유아와 상호작용하는 기술이 발달되고, 협동하기, 돕기, 협상하기 등의 사회적 기술과 규칙을 배울 수 있으며, 상대방의 생각과 견해를 인식하고 도와줄 수 있다. 사회적으로 타인에 관심이 많으며 공정하고 평등하며, 정의로운 행동에도 관심이 많아지기 시작한다. 또래의 수용에 민감하며, 또래의 규제력이 유아의 행동에 영향력을 갖게 된다.

정서적 발달 특성은 스스로 감정 표현을 할 수 있으며, 자신감이 증가된다. 상상력이 완전히 발달하여 상상적인 공포감이 나타나며, 분화된 정서의 형태에 의한 정확한 감정 표현을 할 수 있다. 정서의 표현을 행동으로 나타내지 않고 말이나 기호로 표현하게 되며, 상황에 맞게 부정적인 정서를 피할 줄 알게 되고 감출 수도 있다.

언어적 발달 특성은 완전한 문장으로 말할 수 있으며, 다른 사람과 적절히 의사소통 할 수 있다. 사용하는 문장의 형태와 그들의 문장 이해력은 성인의 언어 형태와 유사하다. 동시에 글자의 이름, 소리, 단어의 변별이 가능하며 말하기에 사용되는 어휘수에 있어서도 거의 의사소통에 불편이 없게 되고, 쓰기와 읽기의 기본 기술을 습득할 수 있다.

IX. 신체 발달의 영향 요인

1_ 영양의 섭취

성장기 유아의 영양 섭취는 신체 발달과 밀접한 관계가 있다. 영아기에 비해 성장의 속도가 감소되는 이 시기의 아동은 식사량이 많지 않아 부모의 애를 태우게 한다. 2세~6세 유아의 위의 크기는 어른의 반 정도도 안 되어서 한꺼번에 많이 먹을 수가 없으므로 자주 음식을 섭취해야 한다.

남아의 기초 대사량은 여아보다 높다. 그래서 섭취한 음식이 에너지로 바뀌는 데 남아가 여아보다 훨씬 빠르다. 뿐만 아니라 같은 신체 조직을 유지하는 데도 남아가 여아보다 많은 에너지가 필요하다.

2_ 운동 발달

운동의 발달은 연령이 증가함에 따라 신체의 성장으로 꾸준히 발달한다. 1세가 조금 지나 걸음마를 배우게 된 영아는 유아기에 들어와서는 달리고, 뛰며, 자전거를 탈 수 있다. 또한 숟가락을 사용하는 방법을 배워 제법 깔끔하게 밥을 먹으며, 가위를 사용하여 종이를 자를 수 있다.

1) 이동 운동

골격 및 근육의 성숙으로 유아기 말의 아동이 몸을 움직이는 것은 거의 성인과 비슷할 정도로 자유롭게 할 수 있다. 2세가 되면 유아는 계단을 혼자 오르내릴 수 있으며, 3세에는 발뒤꿈치를 들고 걸을 뿐만 아니라 세발자전거도 탈 수 있다. 4세 유아는 깨금

발을 할 수 있고, 5세가 되면 한 발로 10번 이상 깡충깡충 뛰어갈 수 있다.

2) 눈과 손의 협응

아동은 손과 눈의 협응이 잘 이루어져 일상생활에 필요한 여러 가지 행동을 할 수 있다. 즉 숟가락, 젓가락의 사용과 혼자 옷을 입고 벗는 행위이다.

이처럼 손과 눈의 협응으로 이루어지는 행동을 습득하려면 먼저 사물을 인식해야 하고 그 다음 반복적인 경험 감각으로 가능하다.

체육활동 중 공을 가지고 실시하는 다양한 공 운동은 눈과 손의 협응을 길러 주는 가장 좋은 운동이다. 처음에는 공을 잡는 것조차 힘들고 시간이 오래 걸려서 다소 답답한 느낌이 들지만 인내하고 단계적으로 지도하며 스스로 할 수 있는 기회를 많이 제공하는 것이 소근육 운동기능을 발달시킨다.

3) 운동 발달의 성 차이

남녀 아동의 운동 발달은 사춘기 이전까지는 큰 차이가 없다. 그러나 엄격히 따지자면 여아가 남아보다 운동 발달이 빠르다. 이것은 여아가 남아보다 키는 작지만 신체 근육이 빨리 성숙하기 때문이다. 사춘기 이전까지 신체의 성숙은 남아가 또래 여아의 80%밖에 되지 않는다. 그러나 팔다리의 근육을 사용하는 운동 능력, 즉 공 던지기, 계단에서 뛰기, 계단 오르기 등에서는 남아가 여아보다 앞선다.

이런 남녀의 운동 능력의 차이는 놀이 활동에서 차이를 보인다. 여아는 실내에서 하는 놀이를 즐기나, 남아들은 밖에서 할 수 있는 좀 거친 놀이를 좋아한다.

4) 운동 발달과 사회성

유아기의 아동은 영아기와는 달리 그들의 신체적 특징과 운동 능력이 자아개념의 형성과 친구와의 관계에 중요한 역할을 한다. 특히 남아는 운동을 잘하는 아동이 또래 사이에서 인정을 받는다. 친구들 사이에 인기 있는 아동은 매사에 자신감을 갖게 되어 적극적인 인간관계를 맺어가는 원동력이 된다.

5) 왼손잡이

아동이 자라면서 보편적으로 오른손을 왼손보다 많이 사용한다. 생후 3세가 되면 90%의 아동은 주로 오른손을 사용한다고 한다(Helms & Turner, 1976). 이것은 인간의 대뇌 발달이 왼쪽이 우세하기 때문이다. 왼쪽의 대뇌는 신체의 오른쪽 부분을 조정하고 있다.

2세에는 10%의 왼손잡이가 있다 하더라도 우리 주변에서 왼손잡이를 보기 힘든 것은 일찍부터 오른손을 쓰도록 가르쳤기 때문이다.

X. 유아기의 체력 발달

신생아부터 인간의 운동은 시작된다. 이들 운동은 성인의 운동과 같이 의도적은 아니지만 이 불수의적 운동은 뇌의 발달에 따라 차례로 수의 운동으로 이어진다. 체력은 이 신체운동의 성취에 관여함과 동시에 이 운동 신경을 통해서 발달의 계기가 된다. 즉, 체력의 발달은 연속되어 있고 이전의 체력은 경험에 관여하고 경험은 체력의 발달에 관여하고 이 체력은 다시 다음 경험에 관여하는 형태로 변화해 가는 것이다.

유아기에서의 운동 경험의 부족, 경험 내용의 불균형이 아동기에서의 운동 지체아 출현이나 쉽게 골절되는 원인이 되고 있다는 것은 잘 알려진 사실이다. 유아의 골격은 유기질이 많고 탄력성이 풍부하여 당연히 골절되기 쉽다. 또 유아는 체지방이 비교적 많아서 넘어졌을 경우에 이 체지방이 완충 기능을 하게 된다. 동시에 상체가 길고 다리가 짧고 머리가 크므로 중심점이 위로 올라가 있어 자세의 불안정함을 지니고 있다.

중심점이 높아서 오는 자세의 불안정함으로 유아들은 쉽게 넘어진다. 그러나 다리가 짧다는 것이 그 넘어지기 쉬운 것을 완화해 준다고도 생각할 수 있다. 더욱이 어린이의 뼈는 신장과 앉은키의 급속한 발육이 나타난 것과 같이 급속히 길고, 굵게 된다. 뼈가 발육한다는 것은 뼈의 성분으로 유기질이 많다는 것을 의미하며, 이것은 뼈 자체의 형태상의 발육뿐만 아니라 골수의 왕성한 조혈 작용을 촉진시키기 위해서도 필요한 조건이 된다. 여하튼 풍부하게 유기질이 포함되어 있어서 탄력성이 풍부한 뼈가 된다.

따라서 넘어져서 외부 세력이 이상한 방향으로 가해져도(체중이 적은 이유도 있겠지만) 쉽게 골절되지 않게 되어 있다. 그러므로 골절을 두려워한 나머지 활발한 운동을 제한하는 것은 어린이 성장 발달 기능을 저해하게 될 위험이 있다.

유아기의 체중 증가는 아동기, 청소년기 그리고 성인의 그것과는 다른 의의를 가지고 있다. 뇌의 발육, 내장 기관의 발육 및 골격, 근육 지방의 발육이 체중 발육으로서 나타난다. 즉 뇌, 내장과 같이 생명 유지를 위해서 가장 기초적인 기능을 담당할 기관이 우선 현저하게 발육해 가는 것이다. 물론 근육, 지방, 골격의 발육도 급격하다. 그러나 상대적으로 뇌, 내장의 모든 기관이 비교적 왕성한 시기이다.

이와 같이 신체 전체에 대하여 두부와 동체부가 큰 것을 통해 생명 유지에 빠뜨릴 수 없는 모든 기관의 발육이 지극히 빠르고 우선 필요한 부분의 발육에서 체내의 에너지가 유효하게 동원되게 되어 있는 것을 알 수 있다.

피하지방도 1년 동안에 급속히 증가한다. 일반적으로 이 시기의 어린이는 둥글둥글 살이 잘 찐다. 왜냐하면 이 시기의 어린이는 근육이나 간장 등의 작용은 계속 발달하고 있지만 그 기능이 아직 충분하지 않기 때문에 체내에서 열 생산 능력이 낮고 또한 체중에 비해 체표 면적이 크고 체온의 유지에도 대단히 나쁜 상태가 되기 때문이다.

이 시기는 뇌, 내장 기관 및 골격과 근육 등의 신체 각부의 발육은 상당히 현저하게 진행되며 그만큼 체외에서 섭취한 영양을 발육에 사용하지 않으면 안 된다. 따라서 상당한 보온 유지를 위해서 체열 생산에 쓰일 에너지의 여유가 없다고 할 수 있다. 그렇기 때문에 에너지를 소비하지 않으면서 체열을 많이 발산하지 않도록 하는 신체의 구조를 위하여 자연스럽게 피하지방이 두껍게 침착하도록 되어 있다. 그러므로 이 시기에 살찐 것은 아동기 이후의 비만아와는 그 의미가 다르다.

XI. 유아체육의 목표

유아기의 신체활동 놀이는 신체 발육을 촉진하며 나아가 질서 있는 사회생활을 배우고 잠재력을 개발하는 데 적합하도록 매우 적절한 수준에서 신중하게 행해져야 한다. 이 시기에는 유아의 흥미가 지속되면서 사고할 수 있는 운동이 제공되어야 한다.

특히 중요한 것은 유아들의 신체활동은 놀이 중심이 되어야 한다는 것이다. 유아기 신체활동은 신체 발달과 운동기능 향상에 필수적일 뿐만 아니라 개인의 사회 적응, 자아실현, 풍부한 정서 생활 및 지적, 정서적 발달에 중요한 영향을 미치게 되므로 유아에게 계속적으로 계획된 신체활동을 경험하도록 하는 것은 중요한 의의를 갖는다.

1_ 유아기는 운동기능을 발달시키기 위한 이상적 시기이다

걷기, 뛰기, 달리기, 던지기, 잡기, 등의 기본 기능은 유아기에 이미 완성되거나 발달하는 것이 특징이다.

2_ 유아기는 일생 중에서 가장 현저한 지능 발달의 결정적 시기이다

유아기는 어느 시기보다 신경계 및 대뇌 발달이 급속하게 이루어지는 시기이다. 신경에서 직·간접으로 주어지는 자극은 지능 발달을 촉진하게 된다. 읽기에 어려움을 겪고 있는 대부분의 유아들은 대개 운동기능의 발달 수준이 다소 뒤떨어져 있으며 기본 운동기능의 교정을 통하여 읽기 능력이 상당한 수준까지 향상될 수 있다. 이러한 연구 결과는 인간의 뇌가 신체운동의 통제가 용이할 때보다 추상적인 사고를 가능하게 한다는 점을 시사해 준다.

3_ 유아기는 자아개념이 형성되기 시작하는 시기이다

놀이 및 신체활동을 통하여 얻어지는 성취감, 만족감 등은 유아의 자아개념 형성에 중요한 역할을 한다. 어릴 때 운동기능이 뛰어나면 집단에서 리더십을 발휘하게 된다. 또한 운동기능이 발달하면 유아들은 신체적 안정감을 느끼게 되고 이것이 심리적 안정감을 가져다 준다. 심리적 안정감은 자신감을 향상시키고 일상생활의 모든 행동에 관련 있는 자아개념 형성에 영향을 미치게 된다.

4_ 유아기의 체력 및 운동 발달은 신체적 · 정신적 건강과 직접적인 관계가 있다

운동기능의 수준이 낮을수록 신체활동을 통한 즐거움과 만족감을 느끼지 못하며 결과적으로 활동 의욕을 잃게 된다. 모험적인 활동을 기피하는 유아는 운동 경기에 대한 관심과 의욕을 거의 가지고 있지 않다. 또한 운동에 참여할 기회가 주어졌을 때 기피하거나 병에 걸린 체하며 게임에 몰두하지 못하고 쉽게 흥분하며, 경우에 따라서는 스스로를 의도적으로 바보로 만들고 가벼운 상처에도 불평한다. 이런 유아들의 근육 발달 정도는 기준 이하일 뿐 아니라 긴장하고 쉽게 피로를 느낀다.

chapter 4

유아체육지도론

Ⅰ. 유아체육의 지도 방법

1_ 무엇을 지도할 것인가?

취학 전 유아체육의 중요성에 관하여 체육 지도자나 학자들 사이에서는 전부터 논의되고 있던 바이다. 최근 들어 학계나 언론에서 유아들의 비만과 체력의 저하로 인한 각종 질병들이 사회 속의 문제로 대두됨을 심각하게 다루면서 일반인 역시 그 심각성을 인지하게 되어 이제는 취학 전 체육 또는 유치원 체육에 대하여 모든 사람이 관심을 갖게 되었다. 더구나 오늘날 조기 교육의 필요성이 선진 각국에서도 중요한 관심사로 되어 효과적인 영·유아 교육에 관한 연구 활동이 진행되고 있으며, 우리나라도 취학 전 교육의 중요성을 정책에 반영하여 1979년 3월 1일에는 문교부 고시 제424호로써 유치원교육과정 발표를 시작으로 유아 교육 과정 속에서의 건강을 다루기에 이르렀다. 그 중 제2장 유치원교육과정 제1절 일반 목표 중 "마" 항을 보면 "신체 각 기관 및 각 기관의 기능이 균형 있는 발달을 위한 다양한 신체활동을 통하여 기초적인 운동 능력을 기르며 개인 위생 및 보건, 영양, 안전 등의 건강 생활을 영위하는 데 필요한 이해와 습관 및 태도를 기른다." 고 되어 있다.

위와 같은 목표를 달성하기 위하여 알아야 할 몇 가지를 살펴보기로 한다. 유아교육의 주체는 "어린이 자신" 이며 주체성은 어린이 자신에게 있다. 또한 유아체육의 원동력은 어린이의 자발성에 있고 유아체육의 전개 과정은 유아들이 뛰어노는 가운데 저절로 이루어지는 것이다. 따라서 유아에게 무엇을 지도할 것인가에 대해 살펴보면 다음과 같다.

첫째, 활발한 신체의 움직임을 수반하는 놀이를 여러 가지 형태로 경험하게 한다.

둘째, 놀이하는 가운데 신체적인 건전한 발달을 촉진케 하고자 하는 것이다.

셋째, 놀이하는 가운데 지적 발달과 정신적 건전성, 정서적 안전성을 기를 수 있는 것이다.

넷째, 놀이를 전개하는 과정에서 사회성의 발달을 꾀할 수 있다.

2_ 어떻게 지도할 것인가?

지도자의 취학 전 아동의 체육에 있어서 지도자는 우선 무엇을 어떻게 지도할 것인가에 대한 지도 계획 면의 입안자가 되어야 한다. 그러나 계획을 실시하는 과정에서는 어린이의 자발성이나 창의성을 존중하며 어린이의 움직임이나 반응에 유의하여 임기응변적인 변경을 할 수 있도록 탄력성을 갖지 않으면 안 된다. 따라서 스스로 앞장서서 어린이들을 이끌고 가려는 태도는 바람직하지 못하다. 또 이와는 정반대로 지도자 자신이 활발한 신체운동에 흥미가 없든가 또는 게을리 하고 체육을 경시한다든가 등한시한다면 아동들은 이에 민감하게 반응하여 놀이에 활기가 없어지고 만다. 이런 상태로는 아무리 설비 용구 등의 물적 환경이 정비되어 있다 해도 인적 환경에 의해 저지당함으로 그 성과는 도저히 달성될 수 없는 것이다. 유치원 체육에서 지도자는 마스터플랜의 입안자이면서 실시 단계에서는 어린이들과 함께 움직이며, 형이나 누나처럼 또는 때에 따라서 조직원의 한 사람으로서 역할을 담당하게 되는 것이다.

1) 교육 과정

취학 전 유아의 교육 과정 편성은 중요한 것이다. 그러나 그 대상인 어린이의 생활은 유동적이고 예상 외의 일이 잘 일어남으로 너무 세밀한 교육 과정을 편성하는 것은 오히려 변화를 가져오지 못하게 되어 사실상 무의미한 것으로 되고 만다. 많은 아동심리학자들이 교육 프로그램을 작성한 내용은 다양하다. 따라서 어린이의 실태를 파악하여 그것을 기초로 유아체육의 목표를 명확히 하고 변동에 대비할 수 있도록 탄력성 있게 해둘 필요가 있다. 그러면 기준을 어디에 둘 것인가라는 문제에 대하여 70%의 수준을 권하고자 한다. 그 근거로서 운동 능력을 5단계로 평가할 때 상위로부터 1, 2, 3단계에 68.4%로 하고 남은 4, 5단계에 31.6%로 평가할 때 정상 분포 곡선이 이루어지기 때문이다. 따라서 70%로 하고 어떤 운동을 시킬 때 그 집단의 70%정도가 해낼 수 있고, 나머지 30%정도는 하기 어려운 수준을 택하도록 한다.

2) 동기 유발

어린이들의 활동 욕구의 방향을 부여함으로써 자발적인 동기를 유발케 하는 것을 말한다. 지도자가 "이런 놀이가 좋을 텐데"라고 생각하더라도 어린이들은 별로 관심을 갖지 않는 경우가 있다. 이런 경우 지도자가 앞장서서 무리하게 이끌어도 그다지 큰 성과를 올릴 수 없는 것이다. 그러나 적절히 동기를 유발시킨다면 어린이들 자신에게 저항감을 주는 일 없이 지도자가 생각하는 방향과 같은 방향으로 이끌고 나갈 수 있는 것이다. 블록 놀이에 열중하는 어린이에게 축구 놀이를 권한다면 응하지 않는다. 그러나 골대를 만들어 놓고 공을 차고 호루라기로 신호를 하며 골인~이라고 외치는 그 신호 한 마디에 다른 곳에서 놀이를 하던 어린이들까지도 모두 모여들게 될 것이다.

3) 집단에서의 지도

부모의 과잉보호 아래서 가정에서만 놀고 다른 어린이들과 자유롭게 어울려 놀지 못한 어린이는 어딘지 모르게 약해 보이고, 반대로 비록 부모의 돌봄이 조금 부족하다 해도 여러 사람과 어울려 놀았던 경험이 많은 어린이는 여러 가지 면에서 건강하게 성장해 나간다. 어린이가 자기 혼자서 생각하고 판단하는 것보다는 몇몇이 모여 궁리하는 가운데 좋은 지혜가 생기므로 이와 같이 집단 속에서의 놀이는 어린이들의 지적 발달을 촉진시키는 자극제가 될 것이다. 또한 감수성이라든가 자주성, 독립성, 의지, 감투정신 등의 의지적 면에서도 다른 사람으로부터 자극을 받게 되어 점점 강해지며, 집단 가운데 평등한 한 사람의 구성원으로서 서로 협력할 때 어떤 목표를 달성할 수 있다는 배움을 통해 협동 정신이 길러지고, 집단 속에서의 개인의 역할을 배워 사회적 성격을 키우게 된다.

4) 단계적 지도

어린이의 발달 단계와 놀이의 계통 단계를 고려하여 지도할 필요가 있다. 어린이라 해도 4세 이하 어린이의 신체와 5세 이상 어린이의 신체는 기능적으로 차이가 있으며 운동 능력의 발달도 차이가 있으므로 어린이들의 신체 발달 단계에 따라서 지도할 필요가 있는 것이다. 또한 5세 이후가 되면 운동 능력뿐만 아니라 심리적으로도 남녀차가 확실히 나타나므로 즐겨하는 놀이도 달라진다. 또한 같은 놀이라도 간단한 놀이에서 복잡한 놀이로, 쉬운 놀이에서 어려운 놀이로 단계를 따라 지도할 필요가 있는 것이다. 공차기 놀이를 예로 들면, 먼저 정지된 공을 차고, 그 다음 천천히 구르는 공을 차며, 그 다음 빨리 움직이는 공을 차게 하며, 고무공을 차던 어린이에게는 가죽공을 차게 한 다음 발달의 단계를 고려하여 발전시켜 나가는 것이다.

5) 운동의 내용

어린이의 놀이는 다양한 내용을 가지고 있다. 하나하나의 놀이에 그 놀이 고유의 내용을 갖고 있는 것이 있는가 하면, 하나의 놀이에 복합적인 내용을 갖고 있는 것도 있다. 이들 놀이를 어떻게 조화시켜 행하는 것이 좋을지에 대해서 검토하고, 적절한 편성을 해야 할 필요가 있다. 예를 들어 30분 정도의 놀이 시간에 다리만 사용하는 운동만 한다거나, 근육에 관한 것, 또는 평형성에 관한 것만 한다면 너무 편중된 방법이라고 할 수 있다. 주로 팔에 관계되는 운동 등 3부위에 관계되는 운동을 할 수 있으리라 본다. 또한 민첩성의 운동, 근력의 운동, 복합적인 게임 위주의 운동 등 3종류의 운동도 가능하리라 본다. 그러므로 조화가 이루어진 전면적 발달을 기대하기 위해서는 여러 가지 측면에서 복합적으로 고려하여 실시하지 않으면 안 된다.

6) 놀이의 생활화

지도한 놀이가 그때만 하고 끝나 버린다면 그것은 곧 실패를 의미한다. 그 내용 자체에 어린이들이 흥미를 갖고 지도자가 있건 없건 평상시에도 계속되어야만 성공적이라고 말할 수 있는 것이다. 그것이 곧 놀이의 생활인 것이다.

7) 놀이의 고도화

정지된 볼을 차는 것에서 굴러오는 볼을 차는 것으로 발전하며, 볼을 던지는 것에서 받는 기술로 발전하는 것이다. 평균대 위를 걷는 것은 다시 평균대 위에서 방향을 바꾸어서 돌아 걸어오는 것으로 발전하며 철봉에서 돌아 내려오는 기술을 함으로써 돌아 오르기로 발전한다. 앞에서 언급한 바와 같이 단계적인 지도를 할 때 쉬운 것에서부터 어려운 것으로의 원칙은 어린이 자신이 스스로의 힘에 의해 발달 과정이 이루어지게 할 뿐만 아니라, 지도자도 이런 견지에서 계획을 세워 실천하는 것이 살아 있는 교육이라고 말할 수 있다. 그 이상의 발전이 없는 근시안적인 놀이의 지도는 별 의미가 없다.

8) 개인차

인간은 외형적으로나 정신적으로 서로 다르며 개인적인 특성의 차이는 교육적으로 중요한 의미를 갖고 있다. 개인차를 형성하는 조건으로는 지능, 적성, 퍼스낼리티, 흥미와 가치관, 연령별 차이, 사회 계층 등 많은 조건이 있으나 체육적인 면에서 특히 중요한 것으로 체력의 차이, 운동 소질 및 적성의 차이 등을 꼽을 수 있겠다. 어린이들의 운동 능력 또한 개인차가 현저하여 비록 연령은 같다 하더라도 운동을 수행하는 능력은 개인에 따라 천차만별이다.

9) 실시 시간

유아들은 얼핏 보기에 하루 종일 노는 것 같으나 사실은 한 가지의 놀이가 지속되는 시간은 그리 길지 않으며, 또한 활동과 휴식 시간의 구별도 그리 명확하지 않다. 따라서 유아체육 놀이를 지도할 경우에는 한 가지의 놀이에 10분 정도씩 세 가지 놀이를 실시하여 30분 정도 지속하는 것이 좋으며, 준비 또는 뒷정리에 소요되는 시간을 제외한다면 실제 지도 시간은 이보다 약간 줄어들 것이다.

또한 신체운동은 매일 계속적으로 실행하는 것이 효과적인 방법이다. 하다가 중단하고 중단하였다가 다시 하며, 못한 것을 보충하기 위해 한꺼번에 많이 하는 것은 무의미할 뿐만 아니라, 오히려 해를 줄 우려가 있다.

10) 시범

유아체육에 있어서는 지도자가 일일이 말로 지시하는 것보다는 직접 지도자가 행동으로 표현해 주는 것이 이해가 빠르다. 즉 "이렇게 하라", "저렇게 하라"라고 말로만 설명을 하는 것보다는 직접 신체를 움직여 실시해 보여 준다면 어린이들도 흉내를 내어 따라서 움직이게 될 것이다. 이것을 우리는 시범이라고 말한다. 시범은 모범을 보여 주는 것으로 동작의 이상형을 추구하는 것이지만 이런 방법도 지나치게 틀에 박힌 교육이 되어 유아의 창조성을 길러 주지 못할 염려가 있으므로 유아들의 이해에 도움이 되는 범위 안에서 시범을 보이는 것이 좋다.

3_ 지도 방법

신체 적성, 단체 놀이 및 표현 운동, 기구 운동의 각 교과에서는 여러 가지 방법으로 해결될 수 있는 문제나 과제가 주어진다. 교사는 아동으로 하여금 주어진 과제에 대해서 자기 나름대로의 해결 방안을 생각하고 계획하여 이를 실제로 해 보고 자기가 좋아하는 해답을 선택하여 익힐 수 있도록 격려해 주어야 한다.

문제 해결 학습 방법을 도입한 학습 활동에서 유아들이 행하는 동작의 뚜렷한 특징은 그 활동의 다양성에 있다. 이것은 주어진 과제에 대해서 자기 나름대로의 해결 방안을 탐색하는 것이다. 여기에서는 어떤 구체적인 운동 기술을 직접 가르치는 것도 아니며 또 신체적 활동을 어떤 평균적 또는 공통적 모형에 강제로 일치시키려 하거나 제한하는 것은 아니다. 교사는 다만 유아들이 자기의 잠재 능력을 최대한 활용할 수 있도록 이끌어 준다. 즉 교사의 임무는 유아 각자가 자기 자신이 최대 능력 수준에서 활동할 수 있고 나아가서는 그 활동이 개개인의 능력 수준에 적합하게 발전할 수 있도록 도와주는 데 있다.

● 문제 해결법의 학습 지도에서 기대되는 학습 효과

첫째, 능력에 구애됨이 없이 모든 유아들이 학습 활동에 참여할 수 있고 또한 과제를 수행할 수 있게 된다.

둘째, 주어진 문제를 해결하기 위해 유아 스스로 탐구-실험-문제 해결의 학습 과정을 거치게 되기 때문에 사고력의 배양에도 기여하게 된다.

셋째, 유아들이 주어진 과제를 자기 힘으로 해결하다 보면 보다 큰 만족감과 즐거움을 얻게 되어 학습 의욕이 더욱 고조된다.

넷째, 허약한 유아, 뚱뚱하거나 소심한 유아라 하더라도 충분히 과제를 수행할 수 있음을 깨닫게 되어 성취도가 높아진다.

다섯째, 유아의 신체적 활동을 어떤 평균적 또는 공통적 모형에 강제로 일치시키려 하거나 제한하지 않기 때문에 신체적으로 높은 소양을 가진 유아는 그 소질을 제대로 신장시킬 수 있다.

Ⅱ. 유아체육 지도자의 교육 지침

1_ 건강교육 지도

유아의 건강교육에서 중요한 것은 그들의 심신을 조화 있게 발달시켜 건전한 인간으로서의 기초를 튼튼히 하는 일이다. 유아의 건강은 유아 생활의 전반에 관계되고 있으므로 매우 넓은 범위에 이르고 있다. 우선 유아의 건강 생활에 필요한 습관이나 태도를 몸에 익히는 일이다.

· 신체, 의복, 놀이 용구, 신변 등을 청결히 한다.
· 불결한 것을 입에 넣지 않도록 하며, 수건이나 손수건은 자기 것을 사용하도록 한다.
· 올바른 식사 요령을 터득하여 음식에 편식이 없도록 한다.
· 건강 진단, 예방 접종, 병이나 상처의 치료를 회피하지 않게 한다.
· 화장실 사용법을 바르게 한다.
· 간편한 복장으로 놀이를 하도록 한다.
· 가능하면 옥외에서 놀이를 하도록 한다.
· 항상 자세를 바르게 한다.
· 휴식의 방법을 깨닫게 하고 운동이나 식사 후에는 조용히 휴식을 취하게 한다.

2_ 신체운동 지도

유아는 건강할수록 활동적이다. 유아는 하루의 대부분을 신체운동에 충당하고 있다. 따라서 여러 가지 운동에 흥미를 갖게 하고 스스로 신체활동을 즐기게 하는 것은 건강을 위한 지름길이란 걸 주지시킨다.

- 여러 가지 방법으로 걷고, 달리고, 뛰는 대근육 운동을 한다.
- 여러 가지 방법으로 던지고, 밀고, 잡아당기고, 구르는 운동을 한다.
- 술래잡기 등 집단적인 놀이를 한다.
- 몸을 쭉쭉 뻗으면서 율동적으로 한다.
- 각종 운동기구의 사용법을 터득하여 사용하고, 뒤처리를 깨끗이 한다.
- 누구와도 친구가 되어 운동을 하되 규칙을 지킨다.

3_ 안전 생활 지도

- 안전 생활에 필요한 습관이나 태도를 몸에 익힌다.
- 부상을 당하지 않게 항상 주의하며, 안전에 주의하여 놀이 기구나 용구를 사용한다.
- 위험물에는 접근하지 말아야 하며, 위험한 장소에서는 놀지 않는다.
- 교통 규칙을 지킨다.
- 불의의 재해 등 비상 시에는 어른의 지시에 따라 행동한다.

4_ 습관 형성의 원칙

어느 행동을 유아에게 습관화시키기 위해서는 단순한 생각이나 감정만으로 지도하는 것이 아니라, 유의 발달 단계에 따라서 항상 일관성 있는 반복 훈련이 필요하다. 이것이 습관 형성 7의 기본 원칙이며, 이것을 유아의 일상생활에 적용하기 위해서는 다음과 같은 사항이 실천되어야 한다.

- 습관 형성의 의식을 환기시킬 것
- 교사와 가정과의 긴밀한 연락 아래 지도할 것
- 습관 형성에 필요한 환경을 정비할 것
- 습관 형성의 의식을 환기시킬 것

행동의 습관화 과정에서 먼저 알아 두어야 할 것은 유아의 의욕을 돋우는 것이다. 이것이야말로 유아의 행동을 유도하는 일이 된다. 이와 같은 의욕적인 심정을 환기시키기 위해서는 칭찬과 꾸지람에 대한 요령을 알아 둘 필요가 있다.

1) 칭찬의 유형

유아가 바람직한 행동을 할 경우 칭찬하는 것은 그 행위의 반복을 유도하는 데 매우 효과적인 일이다. 2~4세의 시기는 제1차 반항기가 되기 때문에 자아의식이 강하여 아집도 강하다. 따라서 칭찬을 받는다는 것은 타인에게 인정을 받았다는 것이 되어 인간 본래의 욕구를 만족시키는 일이 된다. 이와 같은 쾌감은 같은 행위의 반복 의욕을 높여 줄 뿐만 아니라, 또 다른 행위에 대해서도 관심을 갖게 하는 것이다. 이와 같은 의미에서 효과적인 칭찬 방법에 대하여 그 요령을 생각해 보기로 한다.

(1) 신생아 칭찬

신생아 때에는 간뇌와 뇌간부의 흥분 결과라고 생각되는 "미소 반응"이 나타난다. 이것은 생리적 반응에 불과하지만 이때에 엄마가 말을 걸어 준다든지, 뺨을 비비며 얼러 주는 것은 칭찬하는 것과 마찬가지의 효과가 있다. 즉, 생리적인 반응이었던 미소는 쾌감이나 기쁨 등의 심리적 반응으로서의 미소로 발달된다.

(2) 피부의 접촉

유아기에는 말로 칭찬하는 것에 그치지 말고 머리를 쓰다듬거나, 끌어안거나, 무릎에 앉히는 등 피부와의 접촉을 통한 칭찬 방법이 바람직하다.

(3) 시상

칭찬의 방법 중 하나가 상을 주는 방법이다. 그러나 지나친 칭찬과 시상은 해롭다. 어린이가 해야 할 하찮은 일까지도 과장하여 칭찬하면 도리어 우쭐해지며, 지나친 칭찬은 칭찬에 무감각해지기 쉬우며 오히려 해주지 않으면 불안을 나타내게 된다. 또, 안이하게 포상을 약속해 놓고 그것을 이행하지 않을 경우 신뢰감을 상실하는 경우가 있다.

2) 꾸지람의 요령

유아가 바람직하지 못한 행동을 할 경우 그것을 반복시키지 않기 위하여 꾸짖는 경우가 있다. 그러나 그 꾸지람도 방법을 잘못 택하면 효과가 없기 때문에 다음과 같은 점에 유의하여야 한다.

(1) 명확하게 꾸짖을 것

꾸짖을 때의 말은 항상 유아가 잘 이해할 수 있게끔 명확하게 전달되어야 한다. 특히, 혼동 없는 긍정적 화술이 필요하다.

(2) 짧고 간단하게 꾸짖을 것

짧고 간단한 최소한의 꾸지람이 바람직하며, 너무나 싫증나게 끈질긴 설교는 무의미하다.

(3) 흥분하지 말 것

아이들을 향해서 감정을 폭발시키면 아이들도 감정적으로 흥분되어 반항적으로 되고 만다. 교육한다는 명분 아래 교사가 흥분하는 것은 절대 금물이다.

(4) 위협이나 비난을 하지 말 것

위협이나 비난은 그것을 말하는 지도자의 감정 표현은 될 수 있으나 유아들에 대한 교육적 효과는 기대할 수 없다.

(5) 불가능한 일에 대하여 꾸짖지 말 것

(6) 꾸짖는 이유를 밝힐 것

유아를 꾸짖는 최종의 목적은 좋은 행위와 나쁜 행위를 판단할 수 있는 자발적인 인간을 육성하는 데 있다. 따라서 꾸짖을 때에는 나쁜 이유를 이해할 수 있도록 설명하지 않으면 안 된다.

(7) 체벌은 3세를 한계로 하며 사랑의 매이어야 할 것

유아를 꾸짖는 수단으로서 꼬집거나 손바닥으로 때리는 등의 체벌은 기본적으로 금할 일이다. 그러나 다음과 같은 조건의 경우에 한하여 체벌을 이용할 수도 있다.

- 3세 이전의 유아로 아직 말로써의 설득이 이해력에 미치지 못할 경우
- 금지된 행위(특히, 생명의 위협)를 하고 있을 때나 당장 그 장소에서 행하였을 경우
- 체벌은 극히 짧고 순간적으로 이루어져야 하며, 교사가 흥분하는 일 없이 냉정하고 애정이 담긴 행위를 할 수 있을 때

5_ 가정과의 긴밀한 연락

유아교육기관에서의 한정된 생활만으로는 개개인의 습관 형성을 완성할 수는 없으며, 이와 같은 미비점을 보완하기 위해 가정에서 위생관념이나 예의범절 등의 가르침에 열의가 있어야 한다. 따라서 가정과 유치원과의 긴밀한 연락은 유아 습관 형성에 있어서 매우 필요한 일이다.

6_ 습관 형성에 필요한 환경 정비

이는 모방성과 피암시성이 강하다. 따라서 주위의 사람들이 좋은 표본이 될 수 있는 행동을 유아에게 보여 주는 일이 중요하다.

지금까지의 습관 형성에 대한 원칙의 내용을 기본적인 습관 형성의 원리에 비추어서 요약하면 다음과 같다.

- 반복의 원리 - 동일한 것을 반복하여 체험시킨다.
- 강제의 원리 - 좋은 일에 대해서는 하지 않으면 안 된다.
- 구체성의 원리 - 구체적으로 체험시킨다.
- 기회의 원리 - 좋은 기회를 포착하여 지도한다.
- 일관성의 원리 - 일정한 방침에 따라 지도한다.
- 환경의 원리 - 인적, 물적 조건을 정비한다.

III. 유아 생활 지도의 일반 지침

1_ 유아와 원만한 관계를 유지하는 길

· 충분한 접촉이 이루어지게 한다.

· 친절하면서 엄격하게 대한다.

· 규율을 정해서 공평하나 부드러운 절차로 규율을 지키게 한다.

· 원만한 인간관계(Rapport)를 형성한다.

· 아동에게 개인적인 관심과 배려를 충분히 보인다.

2_ 성공적인 지도자의 지도 방법

· 학습 인원 모두의 이름을 알아 두도록 하고 참가 인원의 관심이 어디에 있는가를 파악한다.

· 함께 공부하는 동료 의식을 느끼며 운동할 수 있는 프로그램을 적극 개발한다.

· 신 · 구 학급 구성원과 충분한 대화를 나누어 서로의 관심을 주고받을 수 있는 학급 분위기를 조성한다.

· 학습에는 즐거움이 있어야 한다. 그러므로 즐거움과 재미를 줄 수 있는 프로그램을 구성해야 한다.

· 준비 운동의 하나로서 등, 허리의 유연성 운동을 실시하도록 한다.

· 구성원에 대한 지도 능력과 기술을 개발하여 향상시킨다.

· 다른 지도자로부터 배우기도 하며, 지도력 훈련 과정에 적극 참여한다.

· 운동량이 많아 구성원들이 너무 지치거나 상해를 입어 도중하차하는 경우가 있다. 그러므로 반드시 단계적인 운동 프로그램을 세워 참가자들이 운동을 쉽게 하도록 한다.

· 신체 적성의 수준과 능력이 서로 다른 구성원들의 학급을 지도한다는 것이 얼마나 어려운 일인가를

늘 자각하도록 한다.

· 자기가 맡은 프로그램을 충분히 숙지하여 알리고, 홍보하고 보급한다.

· 영양과 운동, 신체 적성에 관한 자신의 지식을 항상 점검토록 한다.

· 2회 이상 보이지 않는 참가자가 있을 경우 즉시 연락을 취해 학급에 다시 돌아올 수 있도록 친절히 배려한다.

· 지도자가 만일 신체적 운동 수행에만 목적을 둔다면 교사의 교육은 신체 훈련 이상을 넘지 못할 것이다. 체육교육이라고 한다면 교육 목적과 일치한 학습이 이루어질 때, 신체적 활동이 인성 발달의 수단으로 이용되어야 한다는 것을 항상 인식해야 한다.

3_ 교사의 자기 훈련

· 어린이가 바람직한 행동을 했을 때 보상을 해 준다.

· 문제 행동이 일어난 상황을 분석해 보고 필요하다면 상황에 변화를 준다.

· 가능한 한 어린이들에게 선택의 기회를 준다.

· 되도록 구속적 환경을 피한다.

· 최소한의 규칙만을 정한다.

· 아이들이 흥미 있게 참여할 수 있도록 지도 계획안을 세운다.

· 어린이 스스로 자신을 가치 있는 인간으로 느끼게 해 준다(성취감을 맛보게 한다).

· 의사 결정의 경험을 준다.

· 교사가 직접 통제하여야 하는 경우도 있다.

- 자기 감정을 먼저 잘 통제해야 한다.
- 상황 판단을 잘 하고 나서 처리한다.
- 아이들의 감정을 통제하여 준다.
- 규칙을 안 지킬 경우 벌을 세울 수 있다.

4_ 유아체육 지도자의 유의 사항

· 운동에 알맞은 복장

· 태도 및 언어에 유의

· 수업에 필요한 지식 습득

· 유아에 대한 바른 이해와 관심

· 안전의 확보

· 체육교육의 중요성과 필요성에 대한 바른 인식

· 시범을 통한 시청각 교육의 실천

1_ 수업 형태

반 구성의 인원 특성에 맞춰 2~4개 팀으로 나누어 팀 명칭을 정한다. 팀 명칭은 빨강, 노랑, 또는 해님, 별님, 달님 등으로 아이들과 협의 후 결정한다. 결석을 하였을 경우 그 자리는 비워 놓고 진행하며, 팀별 어린이들에게 고유 번호를 지정하여 놀이나 게임을 할 때 순서대로 참여할 수 있도록 한다. 수업의 원활한 진행을 위해서 수업 시간에 바른 자세를 하고 떠들고 장난하지 않도록 하는데 이것은 결코 쉬운 일이 아니다. 수업 분위기가 어수선하다고 해서 교사도 덩달아 큰소리치며 "조용히 해!" 라고 이야기한다면 교사로서의 바른 수업 진행이 되지 않는다.

아이들과 처음 만나 수업을 시작하기 전에 학급 구성원들과 최소한의 약속을 한다. 예를 들면, 자유 놀이나 수업 분위기가 어수선할 때 선생님이 하나, 둘, 셋하고 숫자를 세면 정해진 자기 자리에 바르게 앉아 선생님의 말에 귀를 기울이기로 약속을 한다. 또한 선생님이 휘슬을 크게 몇 번 불면 떠들고 장난치던 것을 멈추고 선생님을 쳐다보기로 약속을 하는 등 수업 진행의 부분을 약속함으로써 좀 더 친숙해지고 원활한 수업 분위기를 조성할 수 있다. 그렇다고 해서 수업 시간 내내 조용히 하고 있으리라고 생각하는 것은 무리이다. 어린이의 특성상 단 1초라도 바른 자세하고 앉아 있기가 힘들다. 이러한 상황에서 바른 자세의 의미와 조용히 선생님이 하는 말과 동작, 또 친구들의 행동을 지켜볼 수 있도록 유도해야 하고 서로 바른 자세를 하도록 경쟁심을 북돋운다(예: "어느 친구가 바른 자세로 앉아 있는가 보자!"). 자기의 의사 표현을 제대로 하지 못하는 어린이가 종종 있다. 체육 교육적 측면에서 크고, 우렁찬 구령과 대답을 자신있게 하고 자기의 의사 표현을 할 수 있도록 훈련함으로써 강한 성취감을 갖게 한다.

2_ 수업 운영의 기본 방법

· 아이들과의 첫 만남이 가장 중요하다. 아이들과 얼마나 친숙해지고 서로 가깝게 다가서느냐에 따라 그 후 수업 분위기가 좌우된다.

· 수업은 항상 즐겁고 활기차게 진행하도록 노력한다.

· 안전 사고에 주의하면서 예방에 항상 최선을 다한다.

· 잘 안 되는 아이도 열심히 노력하면 잘할 수 있다는 자신감을 심어 주고 모든 신체활동에 강한 참여 의식을 갖게 한다.

· 수업 진행 시 팀별 순번대로 실시하되 1번이 출발하면 2번이 출발선에 설 수 있도록 지도한다.

· 팀별로 결석자가 있으며 짝이 없는 어린이가 있다. 이 때 다른 팀에도 결석자가 있다면 그 아이와 짝을 지어 주고 그래도 짝이 맞지 않으면 교사가 짝이 되어 준다.

· 영 · 유아교육기관의 담당 교사의 도움을 받아 수업을 진행한다.

· 담당 반 어린이의 이름, 성격 등을 되도록 빨리 익혀서 아이들과 더욱 친해지도록 노력한다.

· 수업 전 화장실에 가고자 하는 어린이를 미리 보내서 수업 진행에 방해 요인이 되지 않도록 한다.

· 수업 진행 중에 어린이 개개인의 운동 능력을 파악하여 능력에 맞게 신체활동을 배려한다.

3_ 유아의 특성

· 전체와 부분을 분화하여 지각할 줄 모른다.

· 판단력이 부족하다.

· 지속적인 집중력이 부족하다.

· 기분의 변화가 크다.

· 의존적 경향이 있다.

· 숨어서 놀기를 좋아한다.

· 동작에 스피드가 없다.

· 세밀함, 평형성의 발달도 부족하다.

· 머리가 크고 무거워 쓰러지기 쉽다. 머리 부상이 많다.

· 공간 지각이나 시간 지각의 발달이 충분치 않다.

· 찰나적인 정보를 행동화 할 수 없다.

· 청각의 방향 인지의 발달이 미숙하다.

· 위험에 대한 통찰력도 충분치 못하다.

· 발달의 동일성이 없다.

· 색깔도 때로는 적색을 청색으로 착각한다.

· 모방기이다.

· 자기 중심적인 말과 행동이 많다.

· 충동적인 행동을 한다.

· 퇴행 현상을 보인다.

V. 유아체육 교사의 준비 과정

1_ 유아체육의 첫 수업

유아체육교육 현장에서 첫 수업은 유아체육 지도자에게 대단히 중요한 의미를 지닌다. 첫 수업이 있기까지의 과정은 유아체육 지도자가 갖추어야 할 자질과 소양 그리고 실기 지도 능력을 배양하고 체계적인 교육계획 수립 등을 지니고 스스로를 평가하고 교육 대상자인 유아들에게 평가받는 시간이기 때문이다.

유아체육 지도자는 첫 수업에서 첫인상, 첫인사, 첫 행동이 유아들에게 있어 매우 중요하며, 이것으로 인해 활동에 대한 동기 유발, 긍정적 사고, 자신감, 교사에 대한 신뢰감 등 복잡다단한 요인들이 그 한 시간에 이루어진다. 유아들이 유아체육 지도자에게서 자신있는 모습과 사랑이 깃든 바른 언어 사용, 유아가 모방하고 싶어 하는 대상으로서의 느낌을 받았다면 성공적인 수업이 될 수 있는 가능성이 매우 높고 즐거운 체육 시간이 될 것은 분명하다. 만약에 유아체육 지도자가 유아들 앞에서 자신없는 행동이나 언어나 인상을 남겼다면 앞으로 있을 유아체육 수업이 힘들게 진행되거나 실패로 돌아가는 경우가 발생할 수도 있다. 그러므로 첫 수업이 있기까지의 유아체육 지도자로서의 준비 과정은 결코 소홀히 할 수 없는 작업이라 하겠다.

유아체육 지도자의 첫 수업까지의 준비 과정에 대하여 알아 보기로 하자.

1) 유아체육 지도자의 용모

유아체육 지도자는 얼굴과 신체의 모든 모습에서 "나는 우리 친구들을 사랑한다", "나는 우리 친구들을 건강하고 씩씩하게 만들어 주고 함께 즐거운 시간을 보낼 선생님이다." 라는 무언의 메시지를 담고 있어야 한다. 곧 유아체육 지도자의 모습이 최초의 언어이자 첫인상이라는 것이다.

유아체육 지도자의 용모는 단정하고, 강하고 날렵하며, 함께 운동을 하고 싶게끔 만드는 분위기를 갖추고, 헤어스타일은 두 귀가 보이도록 너무 길지 않게 정리한다. 교사 자신의 개성을 살리기 위하여 현란하게 꾸미거나, 다른 사람이 보기에 혐오감이나 불건전한 용모는 피해야 할 것이다. 복장은 상하의 운동복을 착용하며 신발은 교육 장소에 맞추어서 신도록 한다.

2) 휘슬 사용법

유아체육교육에서 유아들과의 또 다른 언어로 대두되는 것이 휘슬 사용이다. 휘슬을 올바로 사용할 줄 알아야 수업 진행을 원활하게 할 수 있다. 먼저, 휘슬의 종류는 매우 다양하다. 실내 경기용, 실외 경기용, 오카리나형 휘슬 등 다양하고 특색 있는 휘슬을 선택하여 유아들의 즐거움을 더하도록 한다. 휘슬은 강하게 부는 것이 원칙이나 고저장단의 음을 골고루 배합하여 부는 것도 중요하다. 주의해야 할 점은 휘슬을 너무 많이 사용하면 시끄러운 소음이 되어 버리는 단점이 있고, 수업 내내 휘슬로만 통솔하게 되면 교사는 편하겠지만 피교육자인 유아들은 활동에 대한 즐거움이 반감될 것이다. 그리고 교사의 자기 훈련으로 휘슬을 사용하여 동요 등 노래를 부를 수 있도록 연습해 보는 것도 좋을 것이다.

3) 구령법

구령은 유아체육교육에서 수업 진행의 핵심으로 작용하며 동작과 활동을 통제하는 역할을 한다. 구령의 방법은 크고 강하고 우렁차게 외치는 것을 원칙으로 하며, 구령은 예령과 본령으로 나뉜다. 예를 들어 "제자리 앉아" 에서 '제자리' 는 예령이고 '앉아' 는 본령이 된다. 유아체육에서의 예령은 유아들이 동작을 취할 수 있는 시간적 여유를 주기 위하여 길게 하는 것이 중요하다. 구령은 강하고 힘차게 하며 그 구령으로 인하여 군인들처럼 일사불란한 동작이 나오지는 않지만 그에 준하는 동작까지 이끌어 주는 작용을 한다. 구령 또한 고 · 저 · 장 · 단 · 강 · 약의 음을 잘 이용하여 유아들의 청각과 보고 따라하는 시각적 감각을 발달시키며 그에 따른 협응력을 길러 주는 역할도 하게 된다.

구령의 예) 모두 - 일어 -↗ 섯↑

앞으로 -↗ ~ 나란히

뛰어 -↗ ~갓↑

제자리 -↗ ~섯↑

준비 -↗ ~땅↑

4) 수(數) 세기(count)

수 세기는 유아체육교육에서 유아들에게 적합한 운동량과 운동 시간을 설정하고 부하(負荷)함으로써 성장과 발육에 직접적으로 작용하는 다양한 수 세기 방법을 사용하기도 한다. 운동의 특성, 즉 유연성, 근력 및 근지구력, 평형성, 민첩성, 순발력 등의 요인에 따라 그 횟수와 시간이 달라진다.

실시 횟수에 중점을 두어야 하는 운동은 민첩성과 순발력이고 실시 시간에 중점을 두어야 하는 운동은 평형성, 유연성, 근력 및 근지구력 등이다.

유아체육교육에서 수 세기는 1에서 10까지가 기본으로 주어진다. 기본적인 수 세기는 하나, 둘, 셋, 넷, 다섯, 여섯, 일곱, 여덟, 아홉, 열로 세지만, 운동 시간을 주되게 한다면 하나~, 두 울~, 세 엣~… 등으로 세어 준다. 운동량이 주가 된다면 예령과 본령을 같이 넣어서 하나~ 둘~ 얍! 하며 지도자는 실시 횟수를 꼭 기억해야 한다.

체육 지도의 운동 원칙인 점증 부하의 원리를 참고하면 점차적으로 운동량을 늘려가며 근육계나 골격계에 직접적으로 자극을 받고 그 이외의 부분도 간접적으로 발달할 수 있도록 유도하는 방법을 택해야 할 것이다.

수 세기의 여러 가지 예)

- 기본 수 세기 : 하나, 눌, 셋, 넷, 다섯, 여섯, 일곱, 여덟, 아홉, 열
- 길게 수 세기 : 하나~, 두 울~, 세 엣~, 네 엣~, ……
- 세다가 다시 세기 : 하나, 둘, 셋, 넷, 다섯, 하나, 둘, 셋, 넷, 다섯, …
- 거꾸로 세기 : 열, 아홉, 여덟, 일곱, 여섯, 다섯, 넷, 셋, 둘, 하나
- 건너뛰어 세기 : 하나, 셋, 다섯, 일곱, 아홉, 열하나 ……
- 무작위로 세기 : 하나, 일곱, 여섯, 셋, 여덟, 둘, 다섯, 아홉, 넷, 열
- 영어로 세기 : one, two, three, four, five, six, seven, eight, nine, ten
- 기타 외국어로 세기 : 독일어, 불어, 일어, 중국어, 스페인어, 포르투갈어 등

5) 줄서기 및 자기 자리 익히기

유아체육 수업을 위하여 체육 대형을 선택해야 한다. 그 대형에는 2 · 4열 종대, 2 · 4열 횡대, 원 대형, ㄷ자 대형 등으로 다양하게 취할 수 있다. 일반적으로 유아들의 한 반 인원이 20~40명으로 구성되므로 4열 종대 대형을 선택하는 것이 일반적이다.

그 다음으로는 신장의 차이에 따라 또는 남녀 구분에 따라 자리 배치를 하는 것이다. 이때 자기가 앉은 자리를 잘 기억하게 하기 위하여 번호를 지정해 준다든가 앞, 옆, 뒤의 친구들을 기억하고 다음 시간부터 지정된 자리에 앉거나 설 수 있도록 약속을 정해 놓으면 이 후의 체육 수업을 원활하게 진행할 수가 있다. 물론 이렇게 자기 자리를 익힐 수 있는 연령은 6, 7세 정도이고, 그 이하의 연령 유아들은 제한된 형식을 두지 않는 것을 원칙으로 한다.

자기 자리를 익힌 후에 팀 이름을 정한다. 예를 들면 그 시대에 유아들이 좋아하거나 유행하는 TV프로그램(방귀대장 뿡뿡이, 뽀로로 등), 텔레토비(보라돌이, 뚜비, 나나, 뽀), 포켓몬스터(피카추, 라이추, 파이리, 꼬북이), 디지몬(아구몬, 피요몬, 가브몬, 고마몬) 등 또는 만화 영화, 동화의 캐릭터 이름으로 짓거나, 색깔, 우주와 자연 사물(동물, 식물, 해님, 달님) 등으로 짓는다.

자기 자리나 팀은 소속감이나 책임감 등 사회성 함양에 도움을 주기 위함이다.

그 외에도 앞으로의 체육 수업을 위하여 유아들과 최소한의 약속을 정하는 시간을 갖는데, 이 약속은 결코 강제적이거나 억압적이어서는 안 되며 유아들이 지킬 수 있는 것으로 한다. 그 다음으로는 준비 체조 익히기와 스트레칭 체조 익히기를 지도한다.

6) 유아체육 지도자가 갖추어야 할 소양

유아체육 지도자는 앞에서도 밝힌 바와 같이 수업에서 이루어지는 자세와 동작 그리고 지도 활동에서 이루어지는 언어 등 모든 부분에서 유아들의 모범이 되어야 하므로 매우 신중해야 하며, 다음의 다양한 소양을 갖추도록 노력해야 한다.

(1) 유아체육 지도자는 항상 밝고, 맑은 표정을 유지하고 유아의 친구가 된 듯이 교육에 임한다

지도자는 자신의 나이, 성, 지위 등에 얽매이지 말며, 유아들의 세계를 이해하고 그들이 원하는 것이 무엇인지 파악하여 앞서서 많은 활동을 제시하고 몰입 경험을 할 수 있도록 한다.

(2) 유아체육 지도자는 생동감 있는 시청각 교재가 되어야 한다

유아체육 지도에서 주요한 부분을 차지하는 것이 시범이다. 단순히 교사의 동작이나 활동을 제시하고 따라하는 것이 아니고 동작을 취하면서 특색 있는 소리를 표현하는 의성어, 의태어를 사용하고 다소 과도한 동작(over action)을 보여 줌으로써 유아들의 눈과 귀를 통하여 활동성을 자극하고 즐겁게 활동하도록 유도한다(구연 동화, 팬터마임, 마임, 성우, 성대 모사 등).

(3) 유아체육 지도자는 규칙적인 운동을 통하여 건강을 유지하고, 체력 요인을 시범을 통해 보여 준다

유아체육 교육 현장에서의 교육뿐만 아니라 여가를 이용하여 구기 종목 운동, 육상 운동, 헬스트레이닝, 계절 스포츠 등 다양한 운동을 규칙적으로 연마하고 즐김으로써 건강을 다지고 수업 중 시범을 보이는 데 있어서 활력적인 모습으로 보여야 할 것이다.

(4) 유아체육 지도자는 계획적인 교육의 입안자이어야 한다

모든 교육은 기본적으로 연간, 학기간, 월간, 주간, 일간 교육 계획을 수립하여 교육 현장에 적용하게 되는데, 유아체육에서는 연령별, 기구별, 놀이별 교육 계획이 통합적으로 수립되어야 할 것이다.

chapter 5

유아의 신체활동

신체활동의 프로그램은 기본적으로 유아의 연령, 유아의 신체, 운동 능력 발달을 도모하며, 신체활동에 대한 긍정적인 태도를 기르는 데 목적이 있다. 즉 유아의 체력 및 운동기능 향상을 돕고, 신체활동을 통한 유아들의 성취감을 통해 긍정적인 자아감을 형성시키는 데 의의를 둔다고 할 수 있다. 따라서 유아기의 신체활동은 유아의 신체적 발달과 균형을 돕도록 구성되어야 하며 유아의 연령과 각 활동의 특성을 고려하여 적절한 활동 순서를 갖고 있어야 한다.

신체활동이란 근육 강화, 지구력, 협응력, 유연성, 민첩성, 순발력, 평형성 등을 증진시킬 수 있는 프로그램으로 매일매일 즐겁고 활력 있게 생활할 수 있도록 도와준다. 또한 프로그램 중 그룹 게임 및 단체 운동은 사회성을 길러 주며 활동적인 성격을 형성시켜 준다.

개인 운동과 짝 활동은 체조와 기구를 활용하여 유아 혼자서 또는 다른 유아와 협응하여 여러 형태의 신체 표현을 경험할 수 있으며, 할 수 있다는 자신감과 성취감을 통해 긍정적인 사고로 생활할 수 있고 능동적인 자세로 자신을 표현하는 표현력을 향상시킬 수 있다.

Ⅰ. 신체 조절 능력

기본동작 및 준비 운동을 통해 자기 신체를 알고 공간의 지각과 인지 능력 향상을 통해 자신의 신체를 조절할 수 있도록 한다.

첫째, 신체 부위의 명칭을 알아야 한다. 유아들로 하여금 유아 자신의 신체 부위 명칭을 알게 하여 부위별 생긴 모양이 어떻게 움직이는지, 어떤 모양이 만들어지는지 또한 다른 부위들과 협응하여 복잡한 동작을 할 수 있는지에 대해 인지시켜야 한다. 그러면 유아들이 유아 자신의 신체가 움직임이 자유롭다는 것을 이해하고 여러 형태의 활동 동작들이 만들어질 수 있다는 것을 인지하게 된다.

둘째, 공간 개념을 인지해야 할 것이다. 유아는 공간의 개념이 다소 떨어지므로 대개 본인 스스로의 공간을 확보하는 데 많은 어려움이 있다. 실제로 '앞으로 나란히' 등 줄서기 교육을 실시해 보면 자기 공간의 확보가 어려워 서로 간의 거리가 붙어 활동의 제한을 많이 받는다. 이는 공간의 개념인 높이, 길이, 넓이 등 공간의 크기를 제한하는 범위를 인식하지 못하여 자기 신체와 공간의 관계를 적절하게 이용하지 못하기 때문이다. 그러므로 유아기에 공간의 활용을 판단하는 능력을 향상시키는 것은 매우 중요하다.

셋째, 유아 자신의 신체를 조절할 수 있어야 한다. 신체 조절이란 정지 또는 이동 시에 자신의 몸을 속도와 방향, 무게를 적절하게 이용하여 원하는 형태로 변환하는 것을 말한다. 이때 몸의 균형을 잡지 못하면 원활한 동작 수행이 이루어지지 않고 신체의 표현이 부적절하게 행하여진다. 그러므로 유아 스스로가 몸의 균형을 유지하고 움직일 수 있도록 자신의 신체를 조절할 수 있어야 한다. 그러면 이러한 신체 조절 능력을 향상시키기 위한 여러 형태의 동작을 알아보기로 한다. 유아의 기본 신체 조절 동작을 세 가지로 나눠 보고 각각의 동작을 설명하면 다음과 같다.

1_ 비이동 동작

비이동 동작은 몸을 축으로 하여 장소를 옮기지 않은 채로 움직이는 동작을 말한다. 효과적인 신체 관리를 위해서는 동작의 다양성뿐만 아니라 동작의 효과적인 통제도 중요하기 때문에 안정 동작은 중요한 의미를 지닌다.

1) 구부리기

구부리기는 신체의 관절 부분을 접는 동작을 통하여 근접한 신체 부위를 접근시키는 움직임을 말한다. 신체의 한 부위를 다른 부위로 접근할 때의 동작은 매우 유연하고 적극적이어야 한다. 구부리기는 유아기에는 유연하게 잘 이루어지지만 나이가 들어갈수록 유연성을 잃게 된다.

2) 뻗기

뻗기는 신체의 여러 부위를 위, 아래, 옆으로 각도를 달리하여 수직이나 수평으로 펴는 동작을 말한다. 신체가 유연해야 능숙한 동작이 이루어지며 신체의 각 부분을 뻗어보는 동작은 유아들의 힘을 북돋아 주고 운동 근육을 발달시켜 준다.

3) 꼬기

꼬기는 신체의 한 부분을 축으로 하여 신체의 다른 부분들을 회전시키는 움직임을 말한다. 이때 신체의 한 부분은 움직이지 않은 채 다른 부분을 돌려야 한다.

4) 회전하기

회전하기는 몸 전체를 수직이나 수평축으로 돌리는 것을 말한다.

5) 흔들기

흔들기는 추의 움직임처럼 신체의 한 부분을 고정시키고 다른 부분을 자유롭게 흔드는 것을 의미한다.

6) 지탱하기

지탱하기란 신체의 한 부분을 고정한 후 일정의 무게를 신체의 일부 및 전체로 지지하며 주어진 시간에 멈춤 자세로 있는 것을 말한다.

7) 밀기

밀기는 신체 각 부위를 이용하여 고정 물체나 움직이는 물체를 힘껏 신체 밖으로 밀어내는 것을 말한다. 이 동작은 안정 동작과 이동 동작 모두 적절하게 이용된다.

8) 당기기

당기기는 손이나 팔 그리고 기구를 이용하여 자기 신체 부위로 끌어당기기를 말한다.

2_ 이동 동작

이동 동작이란 신체를 한 장소에서 다른 장소로 옮겨가며 일어나는 동작을 말한다. 이동 동작은 몸을 이동하며 얻어지는 리듬을 통해 표현력이 증진되고 균형 능력이 향상되어 더욱 창의적인 동작들을 만들어 낼 수 있다.

1) 걷기

유아들의 초기 걷기 단계에서는 몸의 균형을 잡기 위해 불안정하게 아장아장 걷는 것을 볼 수 있으며 보다 발전된 형태의 걷기는 팔이 다리에 반대되게 움직이고 팔꿈치를 더 많이 구부릴 수 있는 것이어야 한다.

2) 달리기

달리기는 앞 · 뒤 · 옆으로 모두 할 수 있는데 앞으로 달리는 것이 뒤로, 옆으로, 지그재그로 달리는 것보다 먼저 이루어진다. 유아는 달리기를 하는 기회가 증가됨에 따라 달리기의 패턴도 성숙하게 된다.

3) 뛰어넘기

높이 나는 것처럼 한 발로 경쾌하게 뛰어오르고 내려올 때는 탄력 있고 유연하게 다른 발로 내딛는다. 유아는 어떤 장애물을 뛰어넘을 때나 지정된 지점에 도달하고자 할 때 자연적으로 뛰어넘기를 하게 된다.

4) 한 발 뛰기

한 발 뛰기는 한쪽 발에 몸의 중심을 모두 실어 균형을 잡아가며 앞 · 뒤 · 좌 · 우 방향으로 뛰는 것을 말한다. 이 역시 경쾌한 리듬을 이용하여 뛴다.

5) 두 발 모아 뛰기

두 발 모아 뛰기에는 높은 물체에 닿으려고 할 때 높이 뛰는 것과 장애물을 뛰어넘고자 할 때 멀리 뛰는 것, 높은 곳에서 낮은 곳으로 뛰어내리기, 지그재그 옆으로 뛰기, 점프하여 회전하고 내려오기 등이 있다.

6) 미끄러지기

미끄러지기는 발을 이용하여 한 발을 앞쪽으로 내밀며 바닥을 문지르듯이 미끄러지는 것과 높은 곳에서 낮은 곳으로 이동할 때 두 발을 동시에 앞으로 향하고 엉덩이를 사용하여 미끄러지는 방법, 배를 바닥으로 향하고 두 손을 앞으로 뻗은 상태에서 미끄러지기 등이 있다.

7) 말 뛰기

말 뛰기는 한쪽 다리를 앞으로 내밀고 다른 한쪽 다리를 빨리 끌어다 앞쪽 다리에 붙이는 동작으로 빠르게 반복하면 말이 뛰는 모습과 흡사한 것처럼 보이며, 경쾌하고 리듬 있게 동작이 이루어진다.

3_ 협응 동작

협응 동작은 안정 동작과 이동 동작 등을 바탕으로 두 가지 이상의 동작을 결합시켜 서로 간의 협응 속에서 이루어지는 동작으로, 여러 형태의 동작으로 움직이는 물체와 자신의 움직임의 관계를 이해할 수 있게 된다.

1) 던지기

던지기는 팔과 손의 동작을 이용해서 물체를 다른 공간으로 보내는 것을 말한다. 던지기의 형태는 한 손 던지기, 두 손 던지기, 밑에서 위로 던져 올리기, 어깨 위에서 던지기 등으로, 던지기 기술에는 다양한 방법들이 있다.

2) 받기

받기는 손을 이용하여 움직이는 물체를 조절하여 확보하는 것을 말한다. 받기는 시각의 판단과 지각의 협응이 동시에 이루어져 신체를 움직여 조절해야 한다. 대부분의 유아는 받기보다는 던지기 능력이 빨리 발달된다.

3) 차기

차기는 다리를 사용해서 힘을 물체에 전달하는 동작이다. 차기는 움직이는 물체(공)를 차는 것과 고정되어 있는 것을 차는 것이 있다. 차기는 힘이 전달되지 않는 비효과적인 차기에서부터 많은 힘의 양이 전달되는 완숙한 차기 형태로 발전하게 된다.

4) 치기

유아는 지각적인 판단 능력이 부족하여 움직이는 물체의 치기는 어려움이 따른다. 발달된 치기 동작으로는 야구, 테니스, 골프 등이 있다.

4_ 기구를 이용한 운동

유아들이 운동을 하는 데 이용되는 주변의 기구와 또는 계획된 기구들이 있다. 각종 프로그램 진행 시에 이러한 기구를 활용하여 얻어지는 각종 감각 능력들이 있다. 기구는 유아교육기관에 고정적으로 보유되어 있는 기구와 프로그램에 따라 사용되어지는 대기구, 소기구 그리고 특성에 맞게 제작된 기구들이 있다.

먼저 기구를 사용하기 전에는 미리 선행된 신체활동이 기초가 되어야 하며 이러한 운동 능력이 기초가 되었을 때 좀 더 복합적이고 향상된 조작적 능력의 기술이 필요하게 된다. 각 활동은 먼저 기구의 탐색으로 시작되어 기구의 활용법, 기구를 응용한 운동법 등 여러 형태의 운동법들이 제시될 것이다. 특히 기구 사용 시에는 안전에 유의해야 하며, 유아의 체력을 염두에 두고 체계적이며 계획적인 진행이 이루어져야 한다.

기구 활용을 통해 거리, 높이, 넓이, 길이, 무게, 소리, 색, 만져지는 촉각 능력 등 각종 체험을 통해 일상생활에서의 응용으로 발전되며 자신의 방어 대처 능력이 길러진다. 또한 인체와 사물의 관계 속에서 이루어지는 협응 동작이 자연스럽게 숙달되어 생활 속에서 경험되는 사물에 대한 인지 능력이 고루 발달한다.

5_ 기초 운동 프로그램

운동 프로그램의 하나하나를 공부하고 실습하며 정해진 프로그램의 목표와 필요성, 효과에 대해 설명할 줄 알아야 한다. 운동 지도 시 지도자가 지켜야 할 사항과 지도자의 위치(대형 속에서의 인솔 위치), 언어 사용 등을 적절하게 활용하여 유아들에게 쉽게 전달되며 동기 유발이 될 수 있도록 해야 할 것이다. 특히 여기에 제시된 프로그램은 현장에서 사용되는 프로그램 중 공통적으로 활용되는 프로그램으로 그 난이도와 다양성은 유아들에게 맞게 제공되어야 할 것이다. 다음에 제시되는 프로그램이 유아체육 실기의 모든 프로그램이라고 할 수는 없으며 본 과정에서 여러분들이 보다 쉽게 접근할 수 있도록 기초화하였다.

여러분들은 이제 지도자로서 다음의 프로그램을 현장에 접목시켜 지도법을 간략하게 서술해야 하며 또한 운동의 효과를 알아야 할 것이다.

II. 유아 운동 프로그램의 실제

1_ 올바른 자세를 익히자

[차 렷]

■ 무엇이 튼튼해질까요?

체육활동을 하기 전에 여러 가지 질서를 배워 유아들이 스스로 출발하고, 자리를 이동하고, 체육활동이 원활하게 이루어지게 하는 것이다. 또한, 차례 지키기와 양보하기, 체조 또는 기타 운동기구 놀이, 신체 놀이 등을 할 때 서로 부딪치지 않도록 주의하기와 같은 안전교육의 목적을 수행한다.

■ 무엇을 사용할까요?

신체

■ 이렇게 해봐요

① 두 눈은 정면을 바라본다.

② 주먹을 꽉 쥐고 양손을 바지 옆에 붙인다.

③ 양발을 나란히 모으도록 한다.

■ 이러면 안돼요

① 차려 자세에서는 움직이지 않는다는 것을 충분히 설명하고 알려 준다.

② 차려 자세에서는 말을 하지 않는다는 것을 충분히 설명하고 알려 준다.

■ 다르게 해봐요

앉아서 차렷 하기, 누워서 차렷 하기, 엎드려 차렷 하기.

[열중 쉬어]

■ 무엇이 튼튼해질까요?

체육활동을 하기 전에 여러 가지 질서를 배워 유아들이 스스로 출발하고, 자리를 이동하고, 체육활동이 원활하게 이루어지게 하는 것이다. 또한, 차례 지키기와 양보하기, 체조 또는 기타 운동기구 놀이, 신체 놀이 등을 할 때 서로 부딪치지 않도록 주의하기와 같은 안전교육의 목적을 수행한다.

■ 무엇을 사용할까요?

신체

■ 이렇게 해봐요

① 다리를 어깨 넓이로 벌린다.

② 양팔을 뒤로 한 후 양손을 포개어 잡는다.

■ 이러면 안돼요

① 열중 쉬어 자세에서는 움직이지 않는다는 것을 충분히 설명하고 알려 준다.

② 열중 쉬어 자세에서는 말을 하지 않는다는 것을 충분히 설명하고 알려 준다.

■ 다르게 해봐요

앉아서 열중 쉬어 하기.

[앉 아]

■ 무엇이 튼튼해질까요?

체육활동을 하기 전에 여러 가지 질서를 배워 유아들이 스스로 출발하고, 자리를 이동하고, 체육활동이 원활하게 이루어지게 하는 것이다. 또한, 차례 지키기와 양보하기, 체조 또는 기타 운동기구 놀이, 신체 놀이 등을 할 때 서로 부딪치지 않도록 주의하기와 같은 안전교육의 목적을 수행한다.

■ 무엇을 사용할까요?

신체

■ 이렇게 해봐요

① 차려 자세에서 구령에 의해 양반 다리를 하며 자리에 앉는다.

② 무릎을 굽힌 채 무릎을 구부리면서 엉덩이를 바닥에 닿지 않은 상태에서 자리에 앉는다.

■ 이러면 안돼요

일어선 후 차려 자세로 움직이지 않도록 설명하고 알려 준다.

■ 다르게 해봐요

아빠 다리 앉기, 엄마 다리 앉기, 아기 다리 앉기 등.

[일어서]

■ 무엇이 튼튼해질까요?

체육활동을 하기 전에 여러 가지 질서를 배워 유아들이 스스로 출발하고, 자리를 이동하고, 체육활동이 원활하게 이루어지게 하는 것이다. 또한, 차례 지키기와 양보하기, 체조 또는 기타 운동기구 놀이, 신체 놀이 등을 할 때 서로 부딪치지 않도록 주의하기와 같은 안전교육의 목적을 수행한다.

■ 무엇을 사용할까요?

신체

■ 이렇게 해봐요

① 앉은 자세에서 무릎을 펴면서 힘차게 일어난다.

② 일어날 때 큰 목소리로 구령을 외친다.

■ 이러면 안 돼요

신호에 맞춰서 다같이 일어난다.

■ 다르게 해봐요

빠르게 일어나기, 느리게 일어나기.

줄서기

■ 무엇이 튼튼해질까요?

체육활동을 하기 전에 여러 가지 질서를 배워 유아들이 스스로 출발하고, 자리를 이동하고, 체육활동이 원활하게 이루어지게 하는 것이다. 또한, 차례 지키기와 양보하기, 체조 또는 기타 운동기구 놀이, 신체 놀이 등을 할 때 서로 부딪치지 않도록 주의하기와 같은 안전교육의 목적으로 수행한다.

■ 무엇을 사용할까요?

신체

■ 이렇게 해봐요

① 차례대로 한 줄을 만든다.

② 앞 사람의 어깨나 허리를 잡아 한 줄로 길게 줄을 서게 한다.

■ 이러면 안돼요

앞 사람과의 일정한 거리 간격을 알려 주어 부딪치지 않도록 한다.

■ 다르게 해봐요

한 줄 서기, 두 줄 서기, 달려와서 한 줄 서기, 달려와서 두 줄 서기.

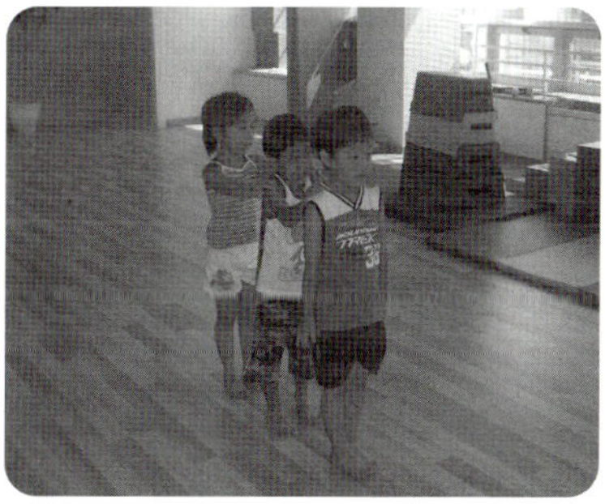

[앞으로 나란히]

■ 무엇이 튼튼해질까요?

체육활동을 하기 전에 여러 가지 질서를 배워 유아들이 스스로 출발하고, 자리를 이동하고, 체육활동이 원활하게 이루어지게 하는 것이다. 또한, 차례 지키기와 양보하기, 체조 또는 기타 운동기구 놀이, 신체 놀이 등을 할 때 서로 부딪치지 않도록 주의하기와 같은 안전교육의 목적을 수행한다.

■ 무엇을 사용할까요?

신체

■ 이렇게 해봐요

① 유아들을 한 줄로 세운다.

② 양팔을 어깨 높이로 들게 한다.

③ 앞으로 팔을 곧게 뻗어 손끝이 앞 유아의 등에 살짝 닿게 한다.

■ 이러면 안돼요

유아의 팔꿈치가 굽혀지지 않도록 한다.

■ 다르게 해봐요

아기 나란히(반팔 나란히), 어깨 잡고 나란히.

[팔 옆으로 벌리기]

■ 무엇이 튼튼해질까요?

체육활동을 하기 전에 여러 가지 질서를 배워 유아들이 스스로 출발하고, 자리를 이동하고, 체육활동이 원활하게 이루어지게 하는 것이다. 또한, 차례 지키기와 양보하기, 체조 또는 기타 운동기구 놀이, 신체 놀이 등을 할 때 서로 부딪치지 않도록 주의하기와 같은 안전교육의 목적을 수행한다.

■ 무엇을 사용할까요?

신체

■ 이렇게 해봐요

① 유아들을 한 줄로 옆으로 세운다.

② 양팔을 양쪽 옆으로 넓게 벌리게 한다.

③ 옆으로 팔을 뻗어 옆 유아의 손끝에 살짝 닿게 한다.

■ 이러면 안돼요

유아의 팔꿈치가 굽혀지지 않도록 한다.

■ 다르게 해봐요

아기 팔 옆으로 벌리기, 손 잡고 팔 옆으로 벌리기.

[걷 기]

■ 무엇이 튼튼해질까요?

공간 속에서 우리의 몸을 한 곳에서 다른 곳으로 위치를 변화시키며 움직이는 동작으로 운동 능력 중 기본동작 능력을 향상시킨다.

■ 무엇을 사용할까요?

신체

■ 이렇게 해봐요

① 허리를 펴고 바른 자세를 유지한다.

② 양팔을 앞뒤로 흔들면서 걸어간다.

■ 이러면 안돼요

팔자로 걷거나 어깨가 한쪽으로 내려가거나 허리를 굽힌 상태에서 걸어가지 않도록 한다.

■ 다르게 해봐요

앞으로 걷기, 옆으로 걷기, 아기처럼 걷기, 어른 걷기, 빠르게 걷기, 느리게 걷기, 뒤꿈치 들고 걷기, 제자리 걷기.

2_ 힘차게 뛰어 보자

[제자리 멀리뛰기]

■ 무엇이 튼튼해질까요?

신체 전체의 위치를 이동하고 변화시키는 순간적인 힘인 순발력을 향상시켜 준다.

■ 무엇을 사용할까요?

여러 가지 도구를 이용할 수 있다.

■ 이렇게 해봐요

① 두 발을 모으게 한다.

② 두 팔을 힘차게 흔든다.

③ 힘차게 앞으로 점프한다.

④ 이와 같은 부분 동작을 여러 번 반복해서 실시한다.

■ 이러면 안돼요

팔을 흔들 때 지나치게 높게 들어 몸 뒤로 넘어가게 하거나 무릎을 굽힐 때 지나치게 앉게 되면 점프하기가 힘들어진다.

■ 다르게 해봐요

달려가서 멀리뛰기, 옆으로 뛰기, 뒤로 뛰기.

[토끼뜀 뛰기]

■ 무엇이 튼튼해질까요?

대근육을 맘껏 사용하여 신체 조절 기능을 향상시키며 여러 가지 방법으로 뜀뛰기 운동을 할 수 있으며 높이 뛰어오를 수 있는 능력을 기른다.

■ 무엇을 사용할까요?

신체

■ 이렇게 해봐요

① 손으로 토끼 귀를 만든다.
② 토끼처럼 무릎을 굽힌 채 앉도록 한다.
③ 토끼처럼 깡충 뛰어 본다.
④ 앞으로, 옆으로, 뒤로도 뛰어 본다.

■ 이러면 안돼요

① 유아들이 앉을 때 엉덩이가 땅에 닿지 않도록 한다.
② 착지 시 무릎이 땅에 닿지 않도록 한다.
③ 친구들과 부딪치지 않도록 한다.

■ 다르게 해봐요

캥거루 뛰기, 뛰어 다리 벌렸다 모으기, 박쥐 뛰기, 텔레토비 뛰기, 강시 뛰기.

[개구리 뛰기]

■ 무엇이 튼튼해질까요?

대근육을 맘껏 사용하여 감각 신체 조절 기능을 향상시키며 여러 가지 방법으로 뛰뛰기 운동을 할 수 있으며 높이 뛰어오를 수 있는 능력을 기른다.

■ 무엇을 사용할까요?

시청각 자료(동물들이 뛰는 모습), 신체

■ 이렇게 해봐요

① 무릎을 굽힌 채 앉는다.

② 두 손은 바닥을 짚는다.

③ 개구리처럼 점프한다.

■ 이러면 안돼요

유아의 배가 바닥에 닿지 않도록 하며 점프 후 착지할 때 얼굴이 바닥에 닿지 않도록 한다.

■ 다르게 해봐요

아빠 개구리, 엄마 개구리, 아기 개구리, 청개구리, 태권도 개구리.

[모기 잡기]

■ 무엇이 튼튼해질까요?

순발력과 근력을 향상시켜 준다.

■ 무엇을 사용할까요?

시청각 자료(동물들이 뛰는 모습), 신체

■ 이렇게 해봐요

① 모기, 파리, 기타 곤충이 유아들 머리 위에 날아다니는 것처럼 유아들의 상상력을 발휘하도록 이야기한다.

② 모기가 날아갈 때 박수를 치면서 점프한다.

■ 이러면 안돼요

옆의 친구들과 부딪치지 않도록 한다.

■ 다르게 해봐요

파리 잡기, 발 박수치기, 손바닥 짚고 발 박수치기.

[무릎가슴 닿기]

■ 무엇이 튼튼해질까요?

신체의 근력 및 순발력을 길러 준다.

■ 무엇을 사용할까요?

신체

■ 이렇게 해봐요

① 차려 자세로 선다.

② 두 발을 모은 채 무릎을 모아서 가슴을 향해 점프한다.

■ 이러면 안돼요

개인 공간을 확보하여 서로 부딪치지 않도록 한다.

■ 다르게 해봐요

뛰어올라 뒤꿈치 엉덩이 닿기.

[회전 로케트 발사]

■ 무엇이 튼튼해질까요?

신체의 순발력 향상과 조정 능력을 길러 준다.

■ 무엇을 사용할까요?

신체

■ 이렇게 해봐요

① 차려 자세로 선다.

② 두 손을 모아 위로 올리고 두 발을 모은다.

③ 손을 내리며 무릎을 살짝 구부린다.

④ 양손을 위로 올리며 높이 뛰어오르면서 한 바퀴 돈다.

■ 이러면 안돼요

① 정확한 동작을 익히도록 하며 지나치게 높이 점프하여 뒤로 넘어지지 않도록 한다.

② 유아들의 연령에 맞추어 쉬운 동작을 선택한다.

■ 다르게 해봐요

뛰어 반 바퀴 돌기, 뛰어 멀리 나가기.

[장애물 뛰기]

■ 무엇이 튼튼해질까요?

근력 및 민첩성을 향상시키고 균형 있게 발달시킬 수 있으며 성취감과 인내력을 길러 준다.

■ 무엇을 사용할까요?

여러 가지 기구를 활용하여 장애물을 이용한다.

■ 이렇게 해봐요

① 출발선에 선다.
② 출발 신호에 의해서 달려가다 장애물을 뛰어넘는다.
③ 반환점을 되돌아온다.
④ 두 팀으로 나누어 릴레이 놀이를 하면 더욱 흥미롭다.

■ 이러면 안돼요

차례대로 순서를 지켜 뛸 수 있도록 하며 서로 부딪치지 않도록 한다.

■ 다르게 해봐요

동굴 통과하기, 장애물 피해 달리기.

[뜀틀 위로 오르기]

■ 무엇이 튼튼해질까요?

뜀틀을 이용하여 근력 및 조정력을 향상시켜 준다.

■ 무엇을 사용할까요?

뜀틀, 보조 매트

■ 이렇게 해봐요

① 뜀틀을 분리하여 가로로 놓아 둔다.

② 구령에 따라서 분리된 뜀틀 위로 두 발을 모아 뛴다.

③ 다음 뜀틀로 이동한다.

■ 이러면 안돼요

뜀틀을 밀거나 발로 차지 않도록 한다.

■ 다르게 해봐요

뜀틀 높여 뛰기, 뜀틀 안으로 뛰기.

[뜀틀 말 타기]

■ 무엇이 튼튼해질까요?

뜀틀을 이용하여 근력 및 조정력을 향상시켜 준다.

■ 무엇을 사용할까요?

뜀틀, 구름판, 보조 매트

■ 이렇게 해봐요

① 뜀틀을 향해 달려간다.

② 뜀틀에 양손을 짚은 후 엉덩이로 앉는다.

③ 말 타기 놀이를 한다.

■ 이러면 안돼요

뜀틀을 짚을 때 손가락을 굽히지 않도록 한다.

■ 다르게 해봐요

함께 말 타기.

[낮은 뜀틀에서 뛰어내리기]

■ 무엇이 튼튼해질까요?

뜀틀을 이용하여 근력 및 조정력을 향상시켜 준다.

■ 무엇을 사용할까요?

뜀틀, 구름판, 보조 매트

■ 이렇게 해봐요

① 뜀틀 위에 올라간다.

② 뜀틀 위에서 매트를 향해 뛰어내린다.

③ 착지한 후 팔을 벌려 구호를 외친다.

■ 이러면 안돼요

뜀틀을 뛰어내릴 때 손을 짚지 않도록 하고 머리가 닿지 않도록 한다.

■ 다르게 해봐요

뜀틀 멀리 뛰어내리기, 뜀틀 높이 뛰어내리기, 높은 뜀틀에서 뛰어내리기.

「뜀틀 손 짚고 올라갔다 뛰어내리기」

■ 무엇이 튼튼해질까요?

뜀틀을 이용하여 근력 및 순발력을 향상시켜 준다.

■ 무엇을 사용할까요?

뜀틀, 구름판, 보조 매트

■ 이렇게 해봐요

① 뜀틀을 향해 달려간다.

② 뜀틀에 양손을 짚은 후 올라간다(연령별 높이 조절).

③ 뜀틀 위에서 뛰어내린다.

④ 착지한 후 팔을 벌려 구호를 외친다.

■ 이러면 안돼요

뜀틀에서 뛰어내릴 때 손을 짚지 않도록 하고 머리가 닿지 않도록 한다.

■ 다르게 해봐요

뜀틀 손 짚고 올랐다 박수치며 뛰어내리기, 뜀틀 무릎으로 오르기.

[뜀틀 손 짚고 넘어가기]

■ 무엇이 튼튼해질까요?

뜀틀을 이용하여 근력 및 순발력을 향상시켜 준다.

■ 무엇을 사용할까요?

뜀틀, 구름판, 보조 매트

■ 이렇게 해봐요

① 뜀틀을 향해 달려간다.

② 뜀틀 구름판을 힘차게 밟는다.

③ 뜀틀 위에 손을 멀리 짚고 다리를 벌려 뛰어넘는다.

④ 착지한 후 팔을 벌려 구호를 외친다.

■ 이러면 안돼요

뜀틀에서 손을 짚을 때 손가락을 굽히지 않도록 하며 팔꿈치가 굽혀지지 않도록 한다.

■ 다르게 해봐요

뜀틀 손 짚고 넘어가서 앞구르기.

[유니바 두 발 모아 앞뒤로 뛰기]

■ 무엇이 튼튼해질까요?

유니바를 이용하여 순발력과 근지구력을 향상시킨다.

■ 무엇을 사용할까요?

유니바

■ 이렇게 해봐요

① 두 발을 모은다.

② 유니바를 앞으로 뛰어넘는다.

③ 눈으로 살짝 유니바를 보고 뒤로 뛰어넘는다.

■ 이러면 안돼요

① 유니바에서 너무 가까이 뛰지 않도록 하며 뛰어넘을 때 밟지 않도록 한다.

② 뒤로 뛸 때 살짝 뒤를 보고 뛸 수 있도록 한다.

■ 다르게 해봐요

유니바 좌우로 뛰기.

유니바 한 발로 뛰기

■ 무엇이 튼튼해질까요?

유니바를 이용하여 순발력과 근지구력을 향상시킨다.

■ 무엇을 사용할까요?

유니바

■ 이렇게 해봐요

① 유니바를 한 줄로 놓아 둔다.

② 한쪽 발을 들고 유니바를 뛰어넘는다.

③ 발을 바꿔서도 뛰어넘는다.

■ 이러면 안돼요

유니바를 뛰어넘을 때 양발을 이용하지 않도록 한다.

■ 다르게 해봐요

유니바 좌우로 뛰기, 엇갈려 한 발 뛰기.

「유니바 높이 뛰기」

■ 무엇이 튼튼해질까요?

유니바를 이용하여 순발력과 근지구력을 향상시킨다.

■ 무엇을 사용할까요?

유니바

■ 이렇게 해봐요

① 유니바 높이를 2단으로 놓는다(연령에 따라서 높이 조절).

② 두 발을 모아서 유니바를 높이 뛰어넘는다.

■ 이러면 안돼요

① 유니바를 뛰어넘을 때 앞으로 넘어지지 않도록 하며 유아의 운동 능력에 맞게 높이를 조절한다.

② 다소 높은 높이는 선생님이 손을 살짝 잡아 주어 넘도록 한다.

■ 다르게 해봐요

유니바 단계별 높이 뛰기.

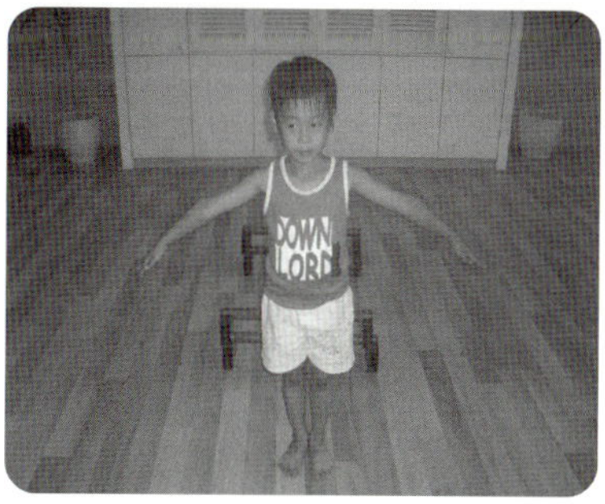

[유니바 멀리 뛰기]

■ 무엇이 튼튼해질까요?

유니바를 이용하여 순발력과 근지구력을 향상시킨다.

■ 무엇을 사용할까요?

유니바

■ 이렇게 해봐요

① 유니바를 넓혀서 놓는다(연령에 따라서 높이 조절).

② 두 발을 모아서 유니바를 멀리 뛰어넘는다.

■ 이러면 안돼요

유니바를 뛰어넘을 때 앞으로 넘어지지 않도록 하며 유아의 운동 능력에 맞게 높이를 조절한다.

■ 다르게 해봐요

유니바 단계별 멀리 뛰기.

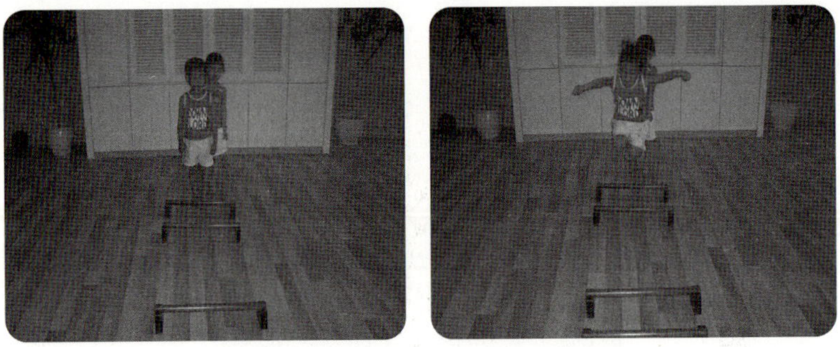

[유니바 벌렸다 모아 뛰기]

■ 무엇이 튼튼해질까요?

유니바를 이용하여 순발력과 근지구력과 민첩성을 향상시킨다.

■ 무엇을 사용할까요?

유니바

■ 이렇게 해봐요

① 유니바 두 개를 넓혀서 놓는다.

② 유니바 안에 두 발을 모은 채 선다.

③ 유니바 밖으로 뛴다.

④ 유니바 안으로 뛴다.

⑤ 위의 두 동작을 반복한다.

■ 이러면 안돼요

유니바를 밟지 않도록 하며 정확한 동작으로 실시한다.

■ 다르게 해봐요

느리게 유니바 벌렸다 모아 뛰기, 빠르게 유니바 벌렸다 모아 뛰기.

[훌라후프 두 발로 뛰기]

■ 무엇이 튼튼해질까요?

훌라후프를 이용하여 다리의 근력 및 민첩성을 기른다.

■ 무엇을 사용할까요?

훌라후프

■ 이렇게 해봐요

① 넓은 바닥에 훌라후프를 놓는다.

② 신호에 따라서 두 발로 훌라후프 안으로 들어갔다 두 발로 점프해서 다른 훌라후프로 점프한다. 같은 방법을 이용해서 연속으로 이동한다.

■ 이러면 안돼요

훌라후프 안으로 정확하게 들어갈 수 있도록 하며, 양쪽 발이 떨어지지 않도록 한다.

■ 다르게 해봐요

훌라후프 한 발로 뛰기, 훌라후프 양발 엇갈려 뛰기.

[줄넘기]

■ 무엇이 튼튼해질까요?

줄넘기를 이용하여 근력 및 심폐지구력을 기른다.

■ 무엇을 사용할까요?

줄넘기

■ 이렇게 해봐요

① 줄넘기를 양손으로 잡는다.

② 양손으로 줄을 발쪽으로 돌리고 동시에 점프를 해서 줄을 넘는다.

■ 이러면 안돼요

유아들의 간격을 충분히 확보해야 하며, 줄을 돌릴 때 줄을 놓치지 않도록 한다.

■ 다르게 해봐요

앞으로 넘기, 뒤로 넘기, X자 넘기, 한 발 들고 앞으로 넘기, 한 발 들고 뒤로 넘기, 2단 뛰기, 줄 넘으면서 달려가기, 함께 줄넘기.

[공 다리 사이에 끼고 달리기]

■ 무엇이 좋아질까요?

공을 이용한 놀이에 익숙하도록 하여 조정력과 민첩성, 순발력을 기른다.

■ 무엇을 사용할까요?

공, 반환점

■ 이렇게 해봐요

① 다리 사이에 공을 끼우게 한다.

② 출발 신호와 함께 반환점이나 목표물을 돌아온다.

③ 팀을 나누어 경기를 해서 집중력을 높일 수 있다.

■ 이러면 안돼요

공이 다리 사이에서 빠지지 않도록 한다.

■ 다르게 해봐요

등에 대고 달리기, 풍선 다리 사이에 끼고 달리기.

3_ 중심을 바로 잡자

[학다리 만들기]

■ 무엇이 튼튼해질까요?

신체의 균형감각 능력을 향상시키며 신체 평형성을 기른다.

■ 무엇을 사용할까요?

신체

■ 이렇게 해봐요

① 일어서서 양팔을 옆으로 편다.

② 한쪽 다리를 들어 ㄱ자로 만든다.

③ 몸을 움직이지 말고 약 5초간 멈춘다.

④ 반대편도 똑같이 한다.

■ 이러면 안돼요

무릎과 허리를 구부리지 않도록 한다.

■ 다르게 해봐요

발끝으로 학다리 만들기, 눈 감고 학다리 만들기.

잠자리 잡기

■ 무엇이 튼튼해질까요?

신체의 균형감각 능력을 향상시키며 조정력 및 평형성을 기른다.

■ 무엇을 사용할까요?

신체

■ 이렇게 해봐요

① 유아들이 한 발을 뒤로 빼고 잠자리로 변신하여 돌아다닌다.

② 선생님은 두 팔을 원을 만들어 잠자리 채로 변신하여 유아들을 잡는다.

③ 잡힌 유아들에게는 간단한 벌칙을 준다.

■ 이러면 안돼요

친구들과 부딪치지 않도록 하며 넘어지지 않도록 한다.

■ 다르게 해봐요

여러 가지 동물 잡기.

[팽이 돌기]

■ 무엇이 튼튼해질까요?

신체의 평형성 및 회전력을 기른다.

■ 무엇을 사용할까요?

신체

■ 이렇게 해봐요

① 유아 스스로 자신의 몸을 팔로 감싸 안는다.

② 신호와 함께 팽이로 변신하여 제자리에서 뱅글뱅글 돈다.

③ 약 5초 정도 뱅글뱅글 돈 후 반대로도 돌아 본다.

④ 팽이를 돌자마자 한쪽 발을 들어 균형을 잡는다.

■ 이러면 안돼요

① 너무 많이 돌면 어지럼증이나 구토 증세가 생길 수 있다.

② 친구와 부딪치지 않도록 주의한다.

③ 중심을 잡지 못하고 넘어지는 유아가 생기지 않도록 하며, 줄이 목에 감기지 않도록 한다.

■ 다르게 해봐요

탑블레이드 돌기, 팽이 돌고 바로 서기.

코끼리 코 중심 잡기

■ 무엇이 튼튼해질까요?

신체의 균형감각 및 평형성을 기른다.

■ 무엇을 사용할까요?

신체

■ 이렇게 해봐요

① 일어서서 두 손을 코끼리 코 모양으로 만든다.

② 허리를 굽혀 코를 축으로 하여 회전을 한다.

③ 약 5회 정도 회전을 한 후 양팔을 벌려 중심을 잡는다.

④ 반대 방향으로도 해 본다.

■ 이러면 안돼요

① 너무 많이 하였을 경우 아이들이 어지럼증을 느낄 수 있다.

② 회전을 한 후 중심을 잡지 못하고 넘어지지 않도록 주의한다.

■ 다르게 해봐요

팽이 돌기.

[한 발 들고 무릎 세워 보기]

■ 무엇이 튼튼해질까요?

신체의 균형감각 능력을 향상시키며 신체 평형성을 기른다.

■ 무엇을 사용할까요?

신체

■ 이렇게 해봐요

① 바르게 선다.

② 한쪽 발을 들어서 두 손으로 무릎을 잡는다.

③ 몸을 움직이지 말고 약 5초간 멈춘다.

④ 다른 편도 똑같이 해 본다.

■ 이러면 안돼요

허리를 곧게 펴도록 하며 착지한 발이 움직이지 않도록 한다.

■ 다르게 해봐요

한 발 들고 뒤로 발목 잡기.

[앞으로 구르기]

■ 무엇이 튼튼해질까요?

온 몸을 부드럽고 유연하게 움직이는 유연성과 민첩성, 순발력, 조정력 등을 향상 시킨다.

■ 무엇을 사용할까요?

매트

■ 이렇게 해봐요

① 매트 위에 손을 어깨 넓이로 벌리고 발가락 앞쪽을 짚는다.
② 몸은 최대한 앞으로 숙여 머리를 충분히 숙인다.
③ 신호와 함께 앞으로 미끄러지듯이 구른다.

■ 이러면 안돼요

① 구르기 전 최대한 머리의 뒷부분이 매트에 닿게 하여 구르도록 하여야 하며 혼자 할 수 있다는 자신감을 심어 준다.
② 어린 유아들은 매트에 경사를 주어 구를 수 있게 한다.

■ 다르게 해봐요

다리 펴고 앞구르기, 발목 잡고 앞구르기, 다리 벌려 앞구르기, 한쪽 높여 앞구르기, 장애물 앞구르기, 연속 앞구르기, 달려가서 앞구르기.

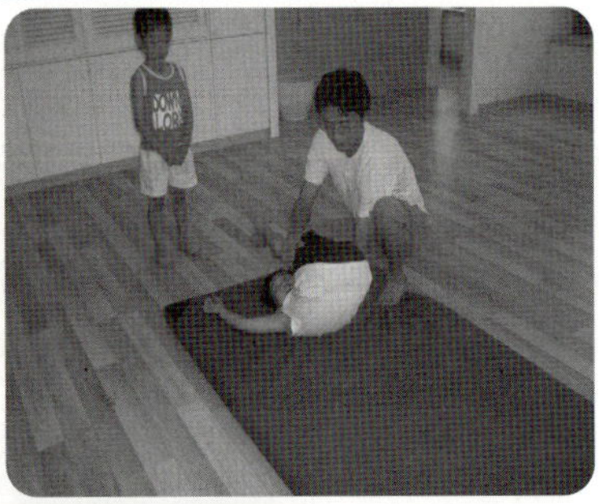

[뒤로 구르기]

■ 무엇이 튼튼해질까요?

온 몸을 부드럽고 유연하게 움직이는 능력과 민첩성, 순발력, 조정력 등을 향상시키며 신체운동에 대한 두려움을 줄인다.

■ 무엇을 사용할까요?

매트

■ 이렇게 해봐요

① 뒤로 돌아 무릎을 구부리고 앉은 자세에서 팔꿈치를 구부려 손바닥을 위로 향하게 한다.

② 구부린 손바닥을 귀 옆으로 굽히고 턱을 당겨 등을 둥글게 만든다.

③ 허리를 발 근처에 떨어뜨리고 등-목-손-뒷머리 순으로 매트에 닿게 한다.

④ 그 다음 허리를 충분히 구부려 빨리 매트에 발을 대도록 한 후 발이 매트에 닿으면 등을 둥글게 한 채 손과 머리로 매트를 밀며 일어선다.

■ 이러면 안돼요

운동 전 충분한 준비 운동과 스트레칭으로 몸을 풀어 주며, 뒤로 구를 때 몸을 최대한 둥글게 하도록 한다.

■ 다르게 해봐요

무릎 펴고 뒤로 구르기.

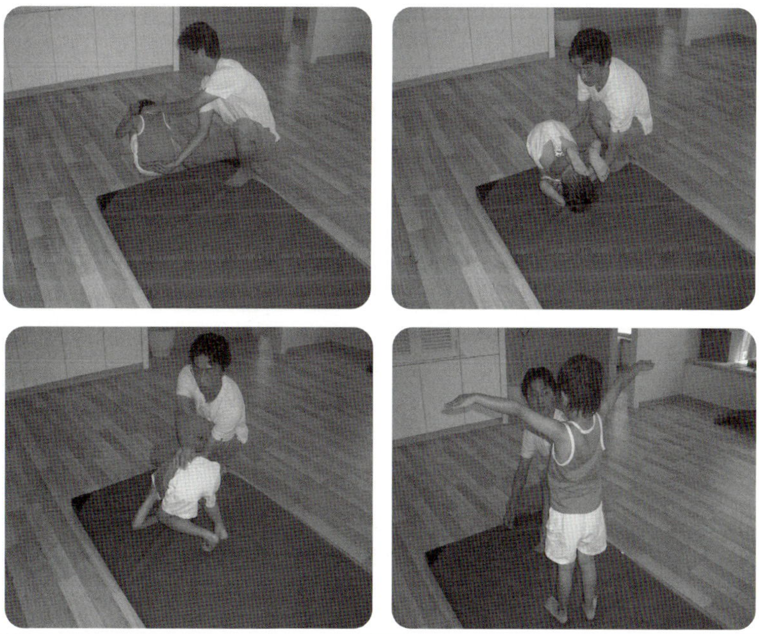

[교차 구르기]

■ 무엇이 튼튼해질까요?

온 몸을 부드럽고 유연하게 움직이는 능력과 민첩성, 순발력, 조정력 등을 향상시키며 신체운동에 대한 두려움을 줄인다.

■ 무엇을 사용할까요?

매트

■ 이렇게 해봐요

① 앞구르기와 같이 구르기를 하면서 두 발을 X자로 꼰다.

② 전환된 방향으로 다시 앞으로 구른다.

■ 이러면 안돼요

운동 전 충분한 준비 운동과 스트레칭으로 몸을 풀어 주며 방향 전환에 대하여 자세히 알려 준다.

■ 다르게 해봐요

앞뒤 교차 구르기.

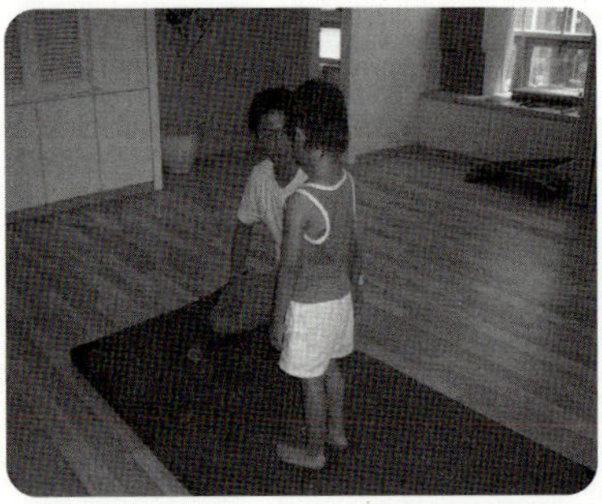

[옆으로 구르기]

■ 무엇이 튼튼해질까요?

온 몸을 부드럽고 유연하게 움직이는 능력과 민첩성, 순발력, 조정력 등을 향상시키며 신체 표현력을 기른다.

■ 무엇을 사용할까요?

매트

■ 이렇게 해봐요

① 매트를 바닥에 깔고 매트 위에 팔을 위로 올리고 옆으로 눕는다.

② 옆으로 누워서 신호에 따라서 매트 끝까지 팔을 쭉 편 채 몸을 굴린다.

■ 이러면 안돼요

운동 전 충분한 준비 운동과 스트레칭으로 몸을 풀어 주며 앞 친구와 부딪치지 않도록 하며 매트 밖으로 나가지 않도록 한다.

■ 다르게 해봐요

둘이서 같이 구르기, 여러 명이 같이 구르기.

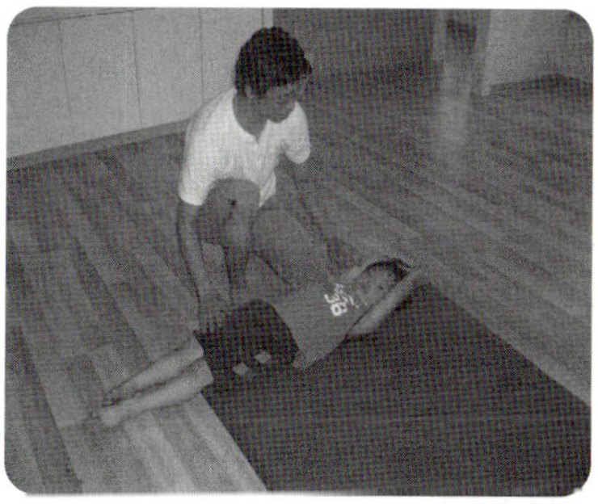

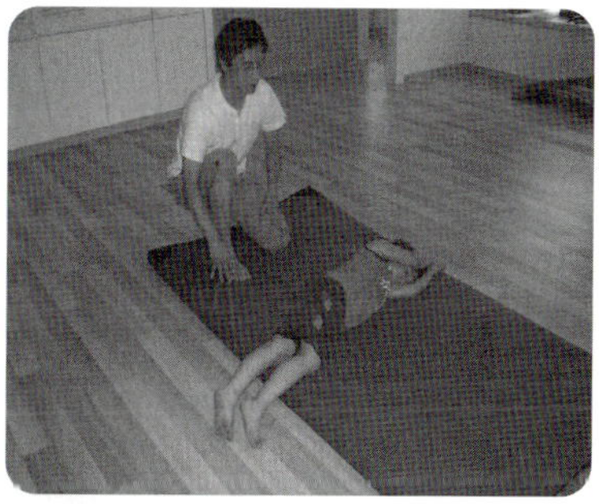

[평균대 앞으로 걷기]

■ 무엇이 튼튼해질까요?

신체의 평형성 및 조정력을 길러 주며 신체운동에 대한 두려움을 줄인다.

■ 무엇을 사용할까요?

평균대, 보조 매트

■ 이렇게 해봐요

① 지지대를 밟고 평균대 위에 올라간다.

② 두 팔을 양쪽 옆으로 벌리고 중심을 잡은 후 앞으로 천천히 걸어간다.

③ 시선은 평균대 끝이나 앞을 본다.

■ 이러면 안돼요

① 충분한 준비 운동과 스트레칭으로 안전사고를 예방하며 자기 발밑을 보지 않도록 교육한다.

② 바닥은 매트를 깔아 두거나 충격 흡수를 위한 푹신한 바닥에서 실시한다.

■ 다르게 해봐요

한쪽 높여 앞으로 걷기, 뒤꿈치 들고 앞으로 걷기, 앉아서 걷기, 기어가기.

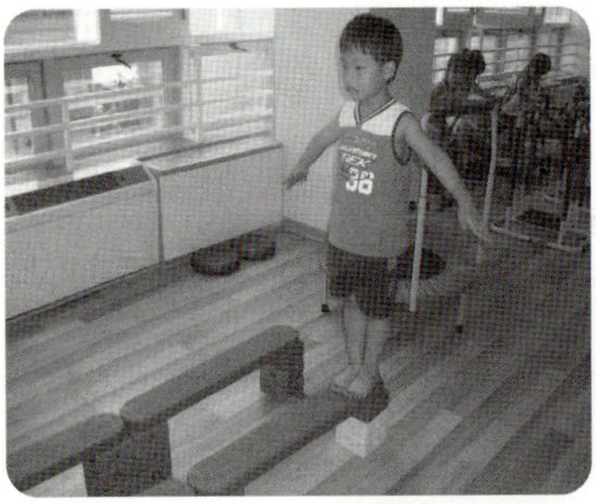

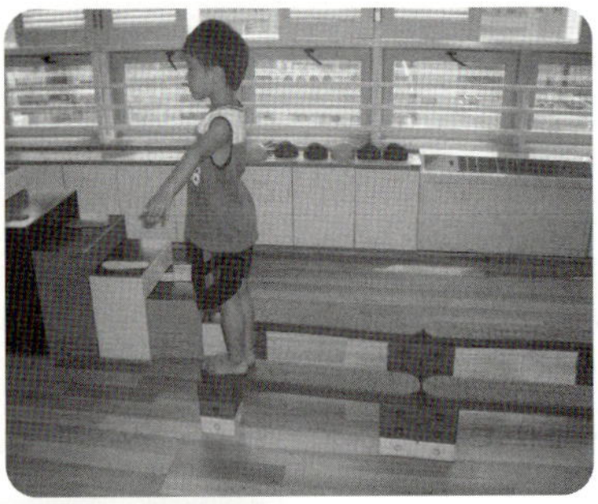

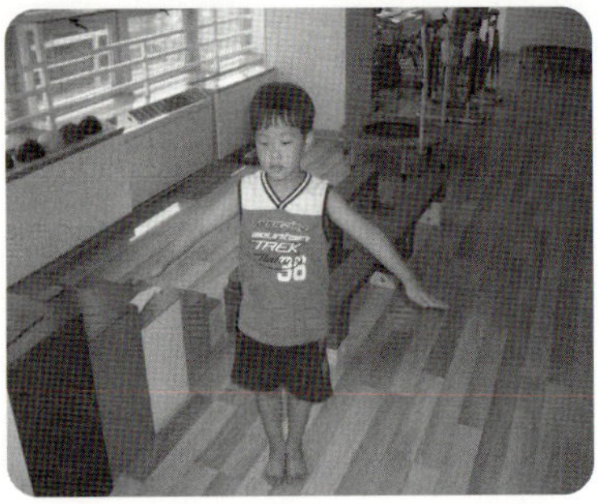

평균대 옆으로 걷기

■ 무엇이 튼튼해질까요?

신체의 평형성 및 조정력을 길러 주며 신체운동에 대한 두려움을 줄인다.

■ 무엇을 사용할까요?

평균대, 보조 매트

■ 이렇게 해봐요

① 지지대를 밟고 평균대 위에 올라간다.

② 두 팔을 양쪽 옆으로 벌리고 중심을 잡은 후 옆으로 천천히 걸어간다.

■ 이러면 안돼요

① 충분한 준비 운동과 스트레칭으로 안전사고를 예방하며 자기 발밑을 보지 않도록 교육한다.

② 바닥은 매트를 깔아 두거나 충격 흡수를 위한 푹신한 바닥에서 실시한다.

■ 다르게 해봐요

한쪽 높여 옆으로 걷기, 다리 엇갈려 옆으로 걷기.

[평균대 뒤로 걷기]

■ 무엇이 튼튼해질까요?

신체의 평형성 및 조정력을 길러 주며 신체운동에 대한 두려움을 줄인다.

■ 무엇을 사용할까요?

평균대, 보조 매트

■ 이렇게 해봐요

① 지지대를 밟고 평균대 위에 올라간다.

② 두 팔을 양쪽 옆으로 벌리고 중심을 잡은 후 뒤로 천천히 걸어간다.

③ 신호에 따라서 다시 뒤로 돌아서 내려온다.

■ 이러면 안돼요

① 충분한 준비 운동과 스트레칭으로 안전사고를 예방하며 자기 발밑을 보지 않도록 교육한다.

② 바닥은 매트를 깔아 두거나 충격 흡수를 위한 푹신한 바닥에서 실시한다.

■ 다르게 해봐요

한쪽 높여 뒤로 걷기.

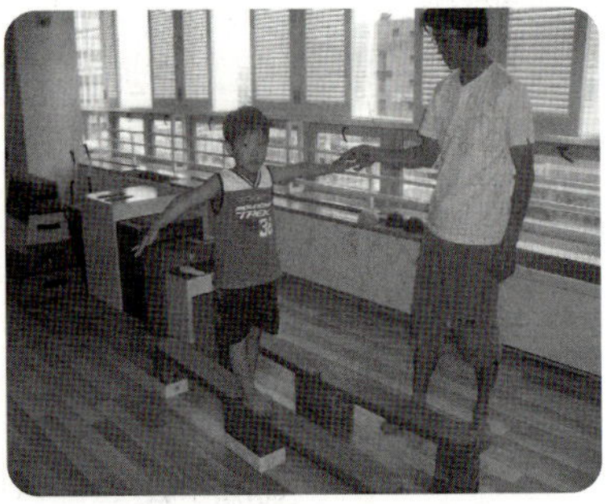

[평균대 위에서 한 발 들기]

■ 무엇이 튼튼해질까요?

신체의 평형성 및 조정력을 길러 주며 신체운동에 대한 두려움을 줄인다.

■ 무엇을 사용할까요?

평균대, 보조 매트

■ 이렇게 해봐요

① 지지대를 밟고 평균대 위에 올라간다.

② 두 팔을 양쪽 옆으로 벌리고 중심을 잡은 후 앞으로 천천히 걸어간다.

③ 평균대 중간에서 중심을 잡은 후 한쪽 발을 든다(동물 흉내 등 사물을 표현하도록 한다).

■ 이러면 안돼요

① 충분한 준비 운동과 스트레칭으로 안전사고를 예방하며 자기 발밑을 보지 않도록 교육한다.

② 바닥은 매트를 깔아 두거나 충격 흡수를 위한 푹신한 바닥에서 실시한다.

■ 다르게 해봐요

신체 표현하기.

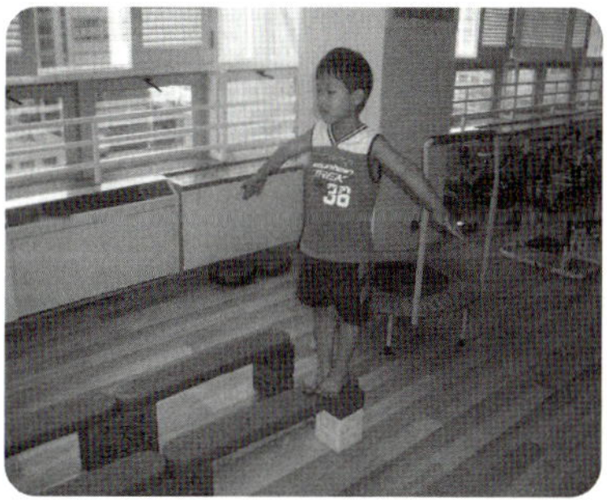

평균대 위에서 한 바퀴 돌기

■ 무엇이 튼튼해질까요?

신체의 평형성 및 조정력을 길러 주며 신체운동에 대한 두려움을 줄인다.

■ 무엇을 사용할까요

평균대, 보조 매트

■ 이렇게 해봐요

① 지지대를 밟고 평균대 위에 올라간다.

② 두 팔을 양쪽 옆으로 벌리고 중심을 잡은 후 앞으로 천천히 걸어간다.

③ 평균대 중간에서 중심을 잡은 후 한 바퀴 돌도록 한다.

■ 이러면 안돼요

① 충분한 준비 운동과 스트레칭으로 안전사고를 예방하며 자기 발밑을 보지 않도록 교육한다.

② 바닥은 매트를 깔아 두거나 충격 흡수를 위한 푹신한 바닥에서 실시한다.

■ 다르게 해봐요

평균대 위에서 반 바퀴 돌고 뒤로 가기.

[평균대 위에서 앞으로 갔다 뒤로 가기]

■ 무엇이 튼튼해질까요?

신체의 평형성 및 조정력을 길러 주며 신체운동에 대한 두려움을 줄인다.

■ 무엇을 사용할까요?

평균대, 보조 매트

■ 이렇게 해봐요

① 지지대를 밟고 평균대 위에 올라간다.

② 두 팔을 양쪽 옆으로 벌리고 중심을 잡은 후 앞으로 천천히 걸어간다.

③ 평균대 끝에서 다시 뒤로 걸어간다.

■ 이러면 안돼요

① 충분한 준비 운동과 스트레칭으로 안전사고를 예방하며 자기 발밑을 보지 않도록 교육한다.

② 바닥은 매트를 깔아 두거나 충격 흡수를 위한 푹신한 바닥에서 실시한다.

■ 다르게 해봐요

뒤꿈치 들고 앞으로 갔다 뒤로 가기.

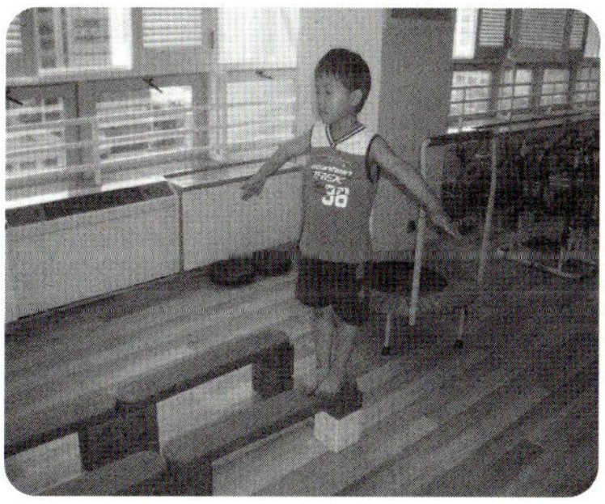

[평균대 위에서 공 받기]

■ 무엇이 튼튼해질까요?

신체의 평형성 및 조정력을 길러 주며 신체운동에 대한 두려움을 줄인다.

■ 무엇을 사용할까요?

평균대, 보조 매트, 공

■ 이렇게 해봐요

① 지지대를 밟고 평균대 위에 올라간다.

② 평균대 위에서 던져 주는 공을 받는다.

③ 받은 공을 다시 던져 주면서 옆으로 걸어간다.

■ 이러면 안돼요

① 충분한 준비 운동과 스트레칭으로 안전사고를 예방하며 자기 발밑을 보지 않도록 교육한다.

② 바닥은 매트를 깔아 두거나 충격 흡수를 위한 푹신한 바닥에서 실시한다.

■ 다르게 해봐요

공 머리에 대고 걸어가기.

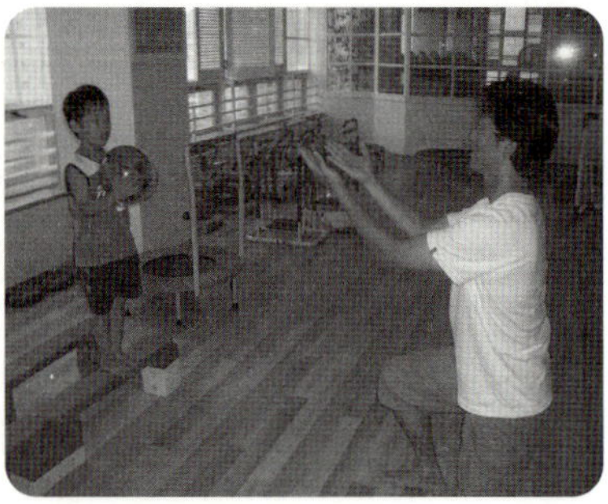

평균대 위에서 공 튀기기

■ 무엇이 튼튼해질까요?

신체의 평형성 및 조정력과 협응력을 길러 주며 신체운동에 대한 두려움을 줄인다.

■ 무엇을 사용할까요?

평균대, 공

■ 이렇게 해봐요

① 지지대를 밟고 평균대 위에 올라간다.

② 옆으로 서서 공을 튀기며 이동한다.

③ 다시 옆으로 가서 공을 튀기고 두 손으로 잡는다.

■ 이러면 안돼요

충분한 준비 운동과 스트레칭으로 안전사고를 예방하며 땅에서 멀리 튀기지 않도록 한다.

■ 다르게 해봐요

앞으로 공 튀기면서 가기, 좌우로 공 튀기면서 가기.

[평균대 장애물 넘어가기]

■ 무엇이 튼튼해질까요?

신체의 평형성 및 조정력을 길러 주며 신체운동에 대한 두려움을 줄인다.

■ 무엇을 사용할까요?

평균대, 보조 매트

■ 이렇게 해봐요

① 지지대를 밟고 평균대 위에 올라간다.

② 평균대 중간에 설치된 장애물을 조심스럽게 넘으며 앞으로 간다.

■ 이러면 안돼요

① 충분한 준비 운동과 스트레칭으로 안전사고를 예방하며 장애물에 발이 걸리지 않도록 교육한다.

② 바닥은 매트를 깔아 두거나 충격 흡수를 위한 푹신한 바닥에서 실시한다.

■ 다르게 해봐요

여러 가지 교구를 이용한 장애물 넘어가기.

[유니바 가로 두 줄 걷기]

■ 무엇이 튼튼해질까요?

신체의 평형성 및 조정력을 길러 준다.

■ 무엇을 사용할까요?

유니바

■ 이렇게 해봐요

① 1단 유니바를 두 줄로 길게 붙여 평형하게 놓는다.

② 그 위에 올라가서 양팔을 벌리고 균형을 잡는다.

③ 유니바가 움직이지 않도록 사뿐사뿐 걸어간다.

■ 이러면 안돼요

유니바에서 떨어지면 발목을 접지를 수가 있으니 발목 관절을 돌려 주는 준비 운동을 충분히 한 후에 올라간다.

■ 다르게 해봐요

유니바 위에서 균형 잡기, 유니바 가로 네발 기어가기.

[유니바 세로 걷기]

■ 무엇이 튼튼해질까요?

신체의 평형성 및 조정력을 길러 준다.

■ 무엇을 사용할까요?

유니바

■ 이렇게 해봐요

① 1단 유니바를 길게 세로로 놓는다.

② 유니바 위를 평지에서 걷듯이 앞으로 걸어간다.

■ 이러면 안돼요

충분한 준비 운동과 스트레칭으로 안전사고를 예방하며 부드러운 바닥과 운동화를 준비하여 부상을 방지한다.

■ 다르게 해봐요

유니바 세로 네발 기어가기.

뜀틀 앞구르기

■ 무엇이 튼튼해질까요?

신체의 근력 및 조정력을 길러 주며 유연성을 기른다.

■ 무엇을 사용할까요?

뜀틀, 구름판, 매트

■ 이렇게 해봐요

① 부드러운 바닥에 구름판과 뜀틀 그리고 매트를 준비한다.

② 구름판 위에 올라 뜀틀의 앞부분에 양손을 편 채 짚은 후 머리를 숙여 점프를 하며 앞구르기를 한다.

■ 이러면 안돼요

충분한 준비 운동과 스트레칭으로 안전사고를 예방하며 손 짚는 위치가 최대한 뜀틀의 앞부분에 위치하도록 한다.

■ 다르게 해봐요

뜀틀 뛰어넘고 앞구르기.

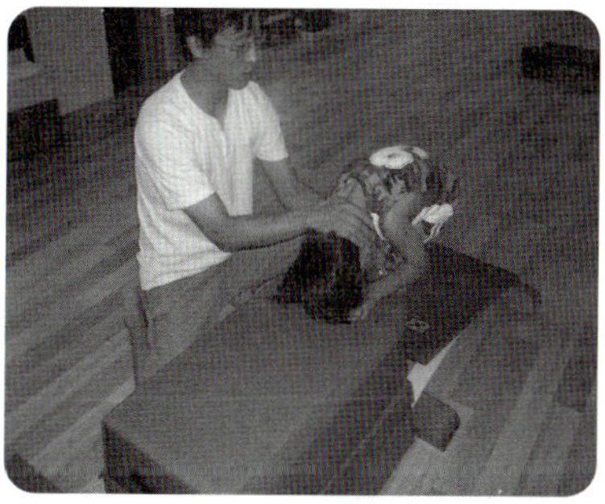

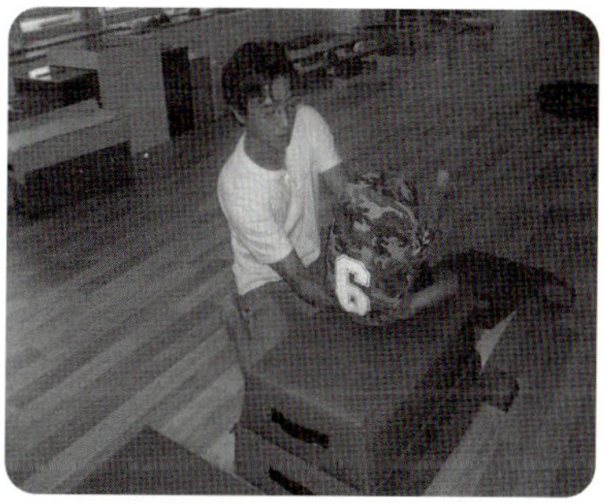

[줄 따라 걷기]

■ 무엇이 튼튼해질까요?

바른 걷기 자세를 만들며 평형 능력을 기른다.

■ 무엇을 사용할까요?

줄

■ 이렇게 해봐요

① 부드러운 바닥에 긴 줄을 늘어뜨려 놓는다.

② 출발 소리와 함께 놓여진 줄을 밟으며 걷는다.

■ 이러면 안돼요

중심을 잡기 위해서 양팔을 벌려도 되며, 줄을 여러 가지 모양으로 만들어서 그 위를 걷게 해 본다.

■ 다르게 해봐요

두 줄 걷기, 곡선 줄 따라 걷기.

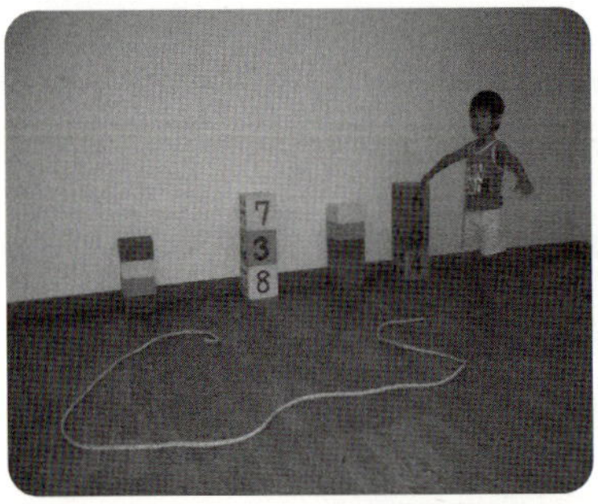

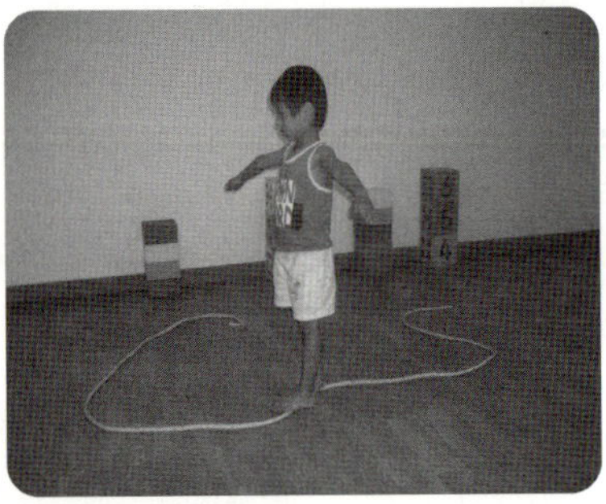

4_ 함께 운동하자

[짝과 점프하며 두 손뼉 치기]

■ 무엇이 튼튼해질까요?

신체활동을 통하여 순발력, 협응력, 사회성 등의 신체 능력을 기른다.

■ 무엇을 사용할까요?

신체

■ 이렇게 해봐요

① 짝과 마주 보고 30cm 간격으로 선다.

② 먼저 두 손을 번쩍 들고 짝과 박수를 친다.

③ 어느 정도 익숙해지면 신호와 함께 두 손을 번쩍 들고 점프를 하며 짝과 박수를 친다.

④ 5~10회 반복한다.

■ 이러면 안돼요

① 아이들이 산만해지기 쉬우므로 정확한 신호와 함께 점프를 하여 박수를 치도록 한다.

② 짝과의 간격을 항상 유지하여야 한다.

② 키가 비슷한 아이로 하는 것이 좋으며 동시에 점프를 할 때 얼굴을 때리지 않도록 주의를 준다.

■ 다르게 해봐요

한 손 손뼉 치기.

짝과 점프하며 옆으로 다리 벌리고 모으기

■ 무엇이 튼튼해질까요?

신체활동을 통하여 순발력, 유연성, 협응력 등의 능력을 기른다.

■ 무엇을 사용할까요?

신체

■ 이렇게 해봐요

① 짝과 마주 보고 1m 간격으로 선다.

② 신호와 함께 짝과 점프를 하며 옆으로 다리를 벌렸다 모은다.

③ 5~10회 반복을 한다.

■ 이러면 안돼요

① 아이들이 산만해지기 쉬우므로 정확한 신호와 함께 점프를 하여 박수를 치도록 한다.

② 7세 유아는 뛰면서 다리를 벌리고 모으는 것이 가능하지만, 5, 6세 유아의 경우 점프력이 다소 부족하여 점프하며 다리를 벌리는 정도만 가능하다.

③ 옆의 유아와 부딪치지 않도록 간격을 충분히 유지하여야 한다.

■ 다르게 해봐요

짝과 앞으로 다리 벌리고 모으기, 짝과 옆으로 다리 벌리며 뛰기.

함께 인공위성

■ 무엇이 튼튼해질까요?

신체활동을 통하여 협응력, 평형성, 사회성 등의 능력을 기른다.

■ 무엇을 사용할까요?

신체

■ 이렇게 해봐요

① 짝과 둘이서 함께 선다.

② 손을 꽉 잡고 신호와 함께 제자리에서 빙글빙글 돈다.

③ 제자리에서 반대로 빙글빙글 돌아 본다.

④ 어느 정도 익숙해지면 빙글빙글 돌면서 앞으로 갔다가 돌아올 때는 반대로 빙글빙글 돌아서 온다.

■ 이러면 안돼요

① 아이들에게 손을 놓치면 안 된다는 것을 주의시켜야 한다.

② 너무 많이 빙글빙글 돌았을 경우 아이들이 어지럼증을 느낄 수 있다.

■ 다르게 해봐요

3인 인공위성, 다인 인공위성.

[닭싸움]

■ 무엇이 튼튼해질까요?

신체활동을 통하여 근력, 근지구력, 순발력, 민첩성, 사회성 등의 능력을 기른다.

■ 무엇을 사용할까요?

신체

■ 이렇게 해봐요

① 짝과 마주 보고 선다.

② 한쪽 다리를 들어 두 손으로 발목을 잡는다.

③ 신호와 함께 한 발로 콩콩 뛰며 짝과 부딪친다.

④ 들었던 발이 땅에 닿거나 넘어지면 진다.

■ 이러면 안돼요

① 7세 유아의 경우 닭싸움이 가능하지만 5, 6세 유아의 경우는 다소 힘들 수 있으므로 겨드랑이를 잡아 준다.

② 닭싸움을 할 때 손으로 짝을 밀지 않도록 주의를 주어야 한다.

③ 넘어질 것에 대비해 상해 방지를 위한 푹신한 바닥에서 하도록 한다.

■ 다르게 해봐요

제자리에서 한 발로 뛰기, 한 발로 벽치고 돌아오기.

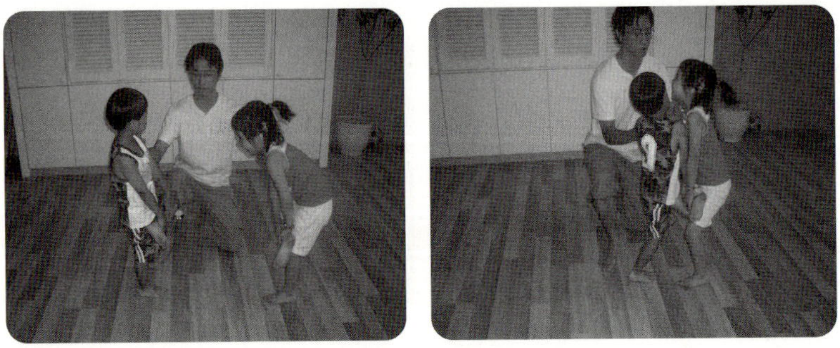

[숫자 만들기]

■ 무엇이 튼튼해질까요?

신체활동을 통하여 사회성, 협응력, 인지 능력을 기른다.

■ 무엇을 사용할까요?

신체

■ 이렇게 해봐요

① 2인 1조로 아이들을 정한다.

② 선생님이 숫자를 정해 주면 짝과 같이 정해진 숫자를 누워서 만들거나 일어서서 만든다.

③ 숫자를 만들 때 내 몸 전부를 표현하되 짝과 같이 만든다.

④ 처음에는 쉬운 숫자로 하며 아이들이 익숙해지면 조금 어려운 숫자를 만들도록 한다.

■ 이러면 안돼요

① 칠판에 숫자를 적어 주어 아이들이 적응을 빨리 할 수 있게 한다.

② 다른 아이들의 모방이 아니라 짝과 같이 생각하여 다르게 표현할 수 있도록 유도한다.

③ 빠른 시간에 숫자 모양을 표현한 아이들은 다른 방법으로 표현할 수 있도록 유도한다.

■ 다르게 해봐요

글자 만들기, 알파벳 만들기, 도형 만들기.

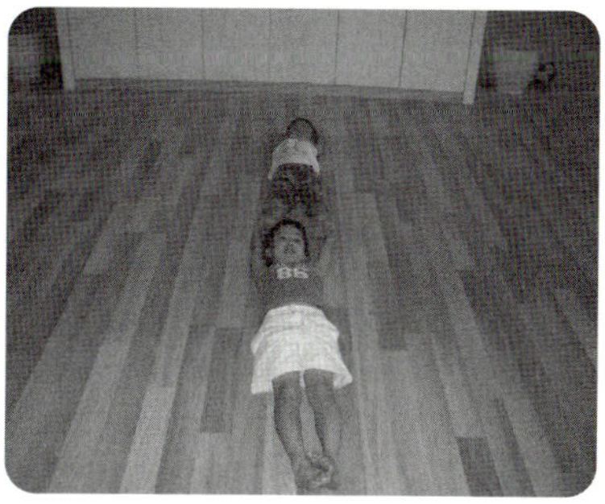

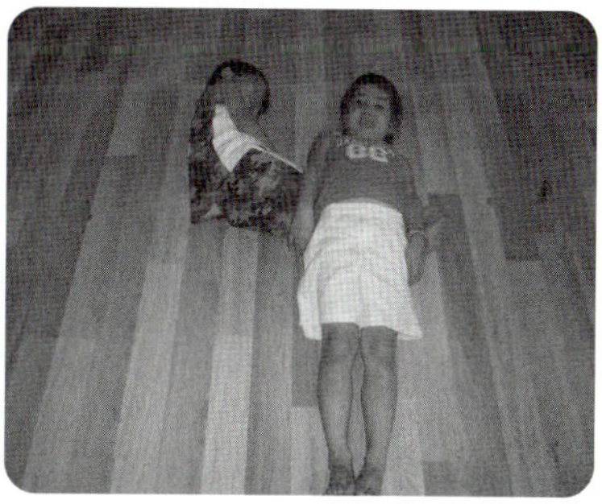

색깔 찾기

■ 무엇이 튼튼해질까요?

신체활동을 통하여 협응력, 인지 능력을 기른다.

■ 무엇을 사용할까요?

신체

■ 이렇게 해봐요

① 아이들에게 주위를 둘러보게 하며 주위에는 여러 색깔들이 있다고 이야기를 한다.

② 선생님이 색깔을 지정해 주면 아이들은 정해진 색깔 있는 곳으로 가서 손으로 짚는다.

③ 3~5회 다른 색깔을 반복한다.

■ 이러면 안돼요

① 깨지기 쉽거나 높은 곳의 물건들은 건드리지 않도록 주의를 준다.

② 처음에는 쉬운 색깔부터 시작하여 회가 거듭될 수록 어려운 색깔 찾기를 한다.

③ 한 곳에 너무 많은 아이들이 오지 않도록 한다.

■ 다르게 해봐요

물건 찾기, 보물 찾기.

[짝과 손바닥 밀기]

■ 무엇이 튼튼해질까요?

신체활동을 통하여 근력, 협응력 등의 능력을 기른다.

■ 무엇을 사용할까요?

신체

■ 이렇게 해봐요

① 2인 1조로 짝과 마주 보고 1m 간격으로 선다.

② 짝과 손바닥을 잡고 손가락 깍지를 낀다.

③ 엉덩이를 살짝 뒤로 빼면서 신호와 함께 영차영차 앞으로 민다.

④ 2~3회 정도 반복한다.

■ 이러면 안돼요

① 힘이 비슷한 아이끼리 짝을 하는 것이 좋다.

② 앞으로 밀 때 팔이 구부러지지 않아야 하며 부딪치지 않도록 조심한다.

■ 다르게 해봐요

짝과 손 잡고 당기기, 짝과 앉아 등 밀기.

[등 대고 하늘 보기]

■ 무엇이 튼튼해질까요?

신체활동을 통하여 근력, 협응력, 사회성 등의 능력을 기른다.

■ 무엇을 사용할까요?

신체

■ 이렇게 해봐요

① 뒤돌아서서 짝과 등을 맞댄다.

② 등을 맞대 놓고 짝과 팔짱을 한다.

③ 신호와 함께 첫 번째 아이는 다리를 약간 구부리고 엉덩이를 뒤로 빼며 허리를 구부려 짝꿍을 든다.

④ 두 번째 아이는 힘을 빼고 하늘을 본다.

⑤ 2~4회 반복한다.

■ 이러면 안돼요

① 힘과 키가 비슷한 아이끼리 하는 것이 좋다.

② 짝꿍을 들 때 넘어지지 않도록 주의하며 들린 아이는 꼭 힘을 빼야 한다.

■ 다르게 해봐요

짝과 등 대고 앉았다 일어나기, 1인 벽에 등 대고 앉았다 일어나기.

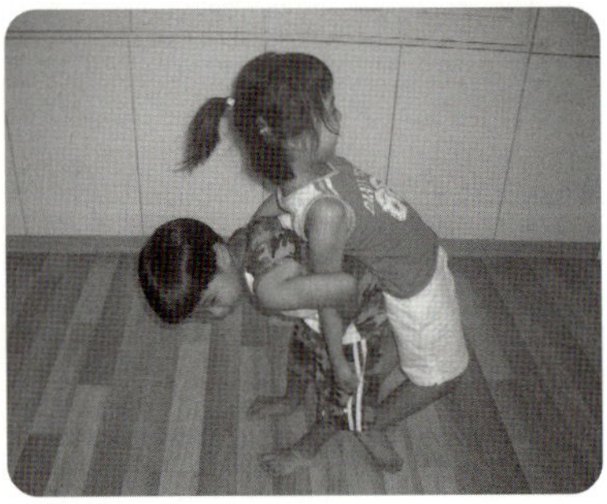

[손수레 만들기]

■ 무엇이 튼튼해질까요?

신체활동을 통하여 근력, 근지구력, 협응력 등의 능력을 기른다.

■ 무엇을 사용할까요?

- 신체

■ 이렇게 해봐요

① 짝과 나란히 선다.

② 신호와 함께 한 명은 엎드리고 다른 한 명은 짝 뒤에 선다.

③ 신호와 함께 엎드린 아이가 다리를 한 발씩 들면 뒤에 있는 아이는 다리를 잡는다.

④ 신호와 함께 팔의 힘으로만 천천히 앞으로 간다.

⑤ 짝과 바꿔서 한다.

■ 이러면 안돼요

① 몸무게가 비슷한 아이끼리 하는 것이 좋다.

② 다리를 잡은 아이는 너무 빨리 앞으로 가지 않도록 하는 것이 중요하다.

③ 엎드린 아이는 머리가 땅에 닿지 않도록 조심하여야 한다.

④ 7세 유아만 가능하며 5, 6세 유아는 아직 근력이 부족하여 위험하다.

[부채 만들기]

■ 무엇이 튼튼해질까요?

신체활동을 통하여 사회성, 근력, 근지구력, 조정력, 협응력 등의 능력을 기른다.

■ 무엇을 사용할까요?

신체

■ 이렇게 해봐요

① 세 명이 한 조를 만든다.

② 차려 자세로 세 명이 옆에 서 있는다.

③ 첫 번째 신호에 양옆의 유아는 안쪽 발을 가운데 있는 유아의 발에 붙인 후 안쪽 팔은 가운데 유아의 손을 잡는다.

④ 두 번째 신호에 바깥쪽 발은 구부리고 바깥쪽 팔을 바닥에 짚는다.

⑤ 세 번째 신호에 바깥쪽 구부린 발을 가운데 있는 유아의 발에 곧게 펴서 붙인다.

⑥ 부채가 만들어지면 원 위치를 하고 짝과 교대로 다시 한다.

■ 이러면 안돼요

① 최종 부채를 만들 때 몸과 팔을 구부리지 하지 않도록 주의를 한다.

② 부채를 만들 때 정확한 신호에 동작을 하여야 산만하지 않다.

③ 6, 7세 유아들이 가능하다.

[산 만들기]

■ 무엇이 튼튼해질까요?

신체활동을 통하여 사회성, 근력, 근지구력, 협응력, 조정력 등의 능력을 기른다.

■ 무엇을 사용할까요?

- 매트

■ 이렇게 해봐요

① 6명이 한 조를 만든다.

② 첫 번째 줄에 3명, 두 번째 줄에 2명, 세 번째 줄에 1명이 차례로 선다.

③ 첫 번째 신호와 함께 첫 번째 줄 3명이 엎드린다.

④ 두 번째 신호와 함께 두 번째 줄 2명이 엎드린 아이들 위에 올라가서 엎드린다.

⑤ 세 번째 신호와 함께 세 번째 줄 1명이 엎드린 아이들 위에 올라간다.

⑥ 산이 완성되면 5~10초 동안 움직이면 안 된다.

■ 이러면 안돼요

① 상해의 위험이 있으므로 반드시 바닥에 매트가 있어야 한다.

② 선생님은 아이들 뒤에 서서 맨 위의 아이가 떨어지지 않도록 보조를 하여야 한다.

③ 산을 만드는 도중 맨 밑의 아이들이 움직이지 않도록 주의를 준다.

[매트 2인 앞구르기]

■ 무엇이 튼튼해질까요?

신체활동을 통하여 조정력, 평형성, 협응력 등의 능력을 기른다.

■ 무엇을 사용할까요?

매트

■ 이렇게 해봐요

① 매트 앞에 짝과 같이 서 있는다.

② 신호와 함께 매트에 같이 손을 짚으며 머리를 숙인다.

③ 엉덩이는 높이 들고 다리는 약간 구부리며 앞으로 동시에 구른다.

④ 앞으로 동시에 구른 후 일어서며 양팔을 옆으로 뻗어 구호를 외친다.

■ 이러면 안돼요

① 6, 7세 유아는 가능하지만 5세 유아는 짝과 동시에 구르기가 힘들다.

② 같이 구르다가 옆에 있는 짝과 부딪칠 수 있으므로 주의한다.

③ 1인 앞구르기 연습을 충분히 한 후에 하여야 한다.

■ 다르게 해봐요

3인 손 잡고 앞구르기, 단체 앞구르기.

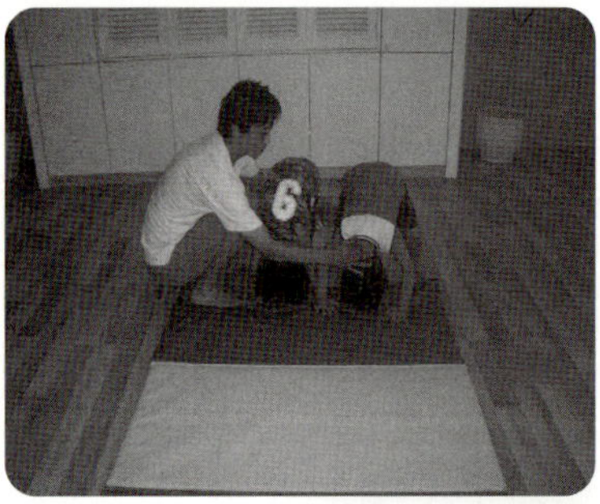

[매트 김밥 만들기]

■ 무엇이 튼튼해질까요?

신체활동을 통하여 협응력, 사회성 등의 능력을 기른다.

■ 무엇을 사용할까요?

매트

■ 이렇게 해봐요

① 매트는 김이라는 상황 설정을 한다.

② 김 위에 첫 번째 아이는 밥으로 변신하여 눕고 두 번째 아이는 단무지로 변신하여 첫 번째 아이를 꼭 안고 눕는다.

③ 선생님은 매트 위에 있는 아이들을 돌돌 만다.

④ 돌돌 만 매트를 흔들기도 하고 매트를 토닥토닥 친다.

■ 이러면 안돼요

① 매트를 말아서 흔들고 토닥토닥 칠 때 다른 아이들이 우르르 몰려들 수 있으니 주의시킨다.

② 5세 유아들에게 신체활동의 흥미를 느끼도록 사용하는 것이 좋다.

■ 다르게 해봐요

매트 햄버거 만들기.

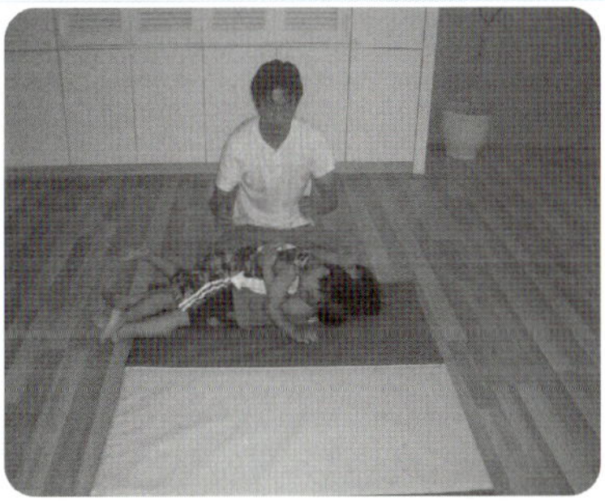

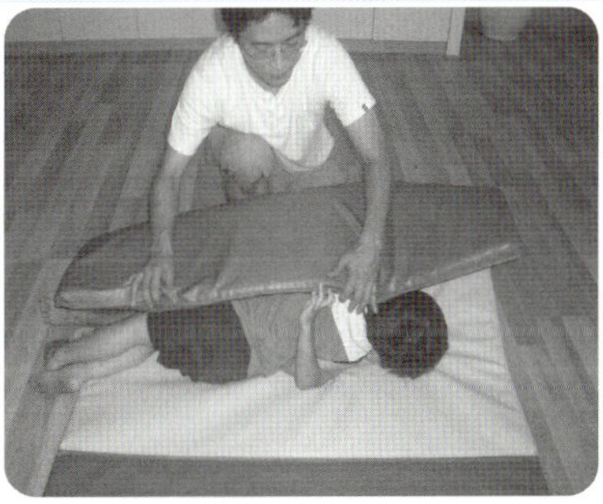

[2인 앉아 공 주고받기]

■ 무엇이 튼튼해질까요?

신체활동을 통하여 조정력, 협응력 등의 능력을 기른다.

■ 무엇을 사용할까요?

공

■ 이렇게 해봐요

① 짝과 2~3m정도 마주 보고 다리를 벌려 앉는다.

② 첫 번째 아이는 공을 잡고 두 번째 아이는 공 받을 준비를 한다.

③ 신호와 함께 팔을 곧게 펴 공을 짝에게 똑바로 굴려서 준다.

④ 어느 정도 익숙해지면 점점 거리를 넓히고 5~10회 반복한다.

■ 이러면 안돼요

① 아이들에게 공을 줄 때 장난치면 안 되는 것을 인지시켜 준다.

② 아이들이 공에 익숙해질 때까지 꾸준한 반복이 중요하다.

③ 정확한 신호와 함께 아이들이 공을 굴려야 산만함이 줄어든다.

■ 다르게 해봐요

서서 공 주고받기, 선생님이 굴려 주는 공 받기, 선생님이 던져 주는 공 받기.

[2인 두 손 공 튀기기]

■ 무엇이 튼튼해질까요?

신체활동을 통하여 조정력, 협응력 등의 능력을 기른다.

■ 무엇을 사용할까요?

공

■ 이렇게 해봐요

① 짝과 2~3m 마주 보고 선다.

② 선 자세에서 양손으로 가슴 위치에서 공을 잡는다.

③ 공을 두 손으로 바닥 앞에 떨어뜨린 후 튀어 오르는 공을 짝꿍이 잡는다.

④ 어느 정도 익숙해지면 거리를 멀리한다.

■ 이러면 안돼요

① 아이들에게 공을 줄 때 장난치면 안 되는 것을 인지시켜 준다.

② 아이들이 공에 익숙해질 때까지 꾸준한 반복이 중요하다.

③ 정확한 신호와 함께 아이들이 공을 튀겨야 산만함이 줄어든다.

■ 다르게 해봐요

한 손 공 튀기기, 공 튀기며 앞으로 가기.

[2인 공 안고 옆으로 가기]

■ 무엇이 튼튼해질까요?

신체활동을 통하여 조정력, 협응력, 사회성 등의 능력을 기른다.

■ 무엇을 사용할까요?

공

■ 이렇게 해봐요

① 짝과 마주 보고 선다.

② 한 개의 공을 짝 사이에 놓고 짝꿍끼리 꼭 안는다.

③ 신호와 함께 꽃게처럼 옆으로 가서 반환점이나 목표물을 돌아 온다.

■ 이러면 안돼요

① 넘어질 위험이 있으므로 꼭 꽃게처럼 옆으로 갈 수 있도록 한다.

② 공이 떨어지지 않도록 주의한다.

■ 다르게 해봐요

1인 공 안고 앞으로 달리기.

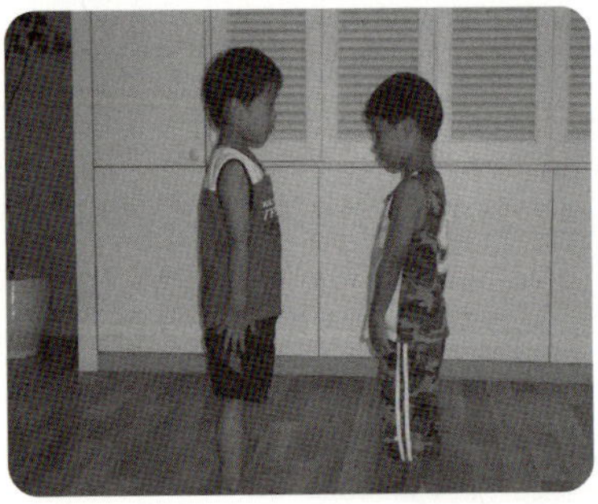

5_ 신나게 운동하자

[얼음땡]

■ 무엇이 튼튼해질까요?

신체활동을 통하여 심폐 지구력, 순발력, 민첩성, 사회성 등의 능력을 기른다.

■ 무엇을 사용할까요?

신체

■ 이렇게 해봐요

① 여기는 얼음 나라, 선생님은 얼음 악마, 보조 선생님은 불의 요정이라는 상황 설정을 한다.

② 신호와 함께 얼음 악마는 아이들을 잡으러 가고 아이들은 도망가며 잡힌 아이는 얼음으로 변신한다.

③ 얼음으로 변신된 아이들은 불의 요정이 달려와 얼음을 녹여 준다.

■ 이러면 안돼요

① 너무 많은 아이들이 얼음땡 놀이를 하면 부딪칠 위험이 있으니 10~15명 정도가 적당하다.

② 얼음으로 변신한 아이들은 절대 움직이지 않도록 하여야 한다.

■ 다르게 해봐요

달려가며 엉덩이 치기.

[눈 가리고 친구 잡기]

■ 무엇이 튼튼해질까요?

신체활동을 통하여 심폐지구력, 순발력, 민첩성, 사회성 등의 능력을 기른다.

■ 무엇을 사용할까요?

헝겊, 휴지

■ 이렇게 해봐요

① 선생님은 헝겊이나 휴지로 두 눈을 가린다.

② 신호와 함께 아이들은 박수치며 도망가고 선생님은 아이들을 찾는다.

③ 잡힌 아이들은 간단한 벌칙(앉았다 일어나기, 엉덩이로 이름 쓰기 등)을 하는 것도 좋다.

■ 이러면 안돼요

① 너무 많은 아이들이 잡기 놀이를 하면 부딪칠 위험이 있으니 10~15명 정도가 적당하다.

② 선생님이 아이들을 찾을 때 너무 빨리 달리면 아이들이 위험하다.

■ 다르게 해봐요

앉아서 잡기 놀이.

[엎드려 동굴 지나가기]

■ 무엇이 튼튼해질까요?

신체활동을 통하여 근력, 근지구력, 공간 지각 능력 등을 기른다.

■ 무엇을 사용할까요?

신체

■ 이렇게 해봐요

① 두 팀으로 나눠서 첫 번째 팀은 한 줄로 30~50cm 간격으로 옆으로 선다.

② A팀은 한 줄로 앞으로 선다.

③ B팀은 신호와 함께 엉덩이를 높이 들고 엎드려 동굴을 만든다.

④ A팀은 첫 번째 팀이 만든 동굴 밑으로 기어간다.

■ 이러면 안돼요

① 동굴을 만드는 아이들은 바닥에 선을 그어 동굴이 비뚤어지지 않게 하여야 한다.

② 5, 6세의 경우 근력이 다소 부족하므로 다리를 벌려 동굴을 만들게 하는 것이 좋다.

■ 다르게 해봐요

다리 벌려 동굴 지나가기, 훌라후프 동굴 지나가기.

[무궁화 꽃이 피었습니다]

■ 무엇이 튼튼해질까요?

신체활동을 통하여 민첩성, 사회성, 조정력 등의 능력을 기른다.

■ 무엇을 사용할까요?

신체

■ 이렇게 해봐요

① 선생님은 벽에 붙어 있고 다른 아이들도 반대편 벽에 서 있는다.

② 선생님이 "무궁화 꽃이 피었습니다" 할 때 아이들은 서서히 앞으로 온다.

③ 이때 움직이는 아이들이 있으면 선생님과 손을 잡는다.

④ 선생님한테 제일 가까이 온 아이가 선생님 엉덩이를 치면 잡힌 아이들도 모두 도망간다.

⑤ 아이들이 동물로 변신해서 "무궁화 꽃이 피었습니다" 놀이를 해도 좋은 방법이다.

■ 이러면 안돼요

① 정확한 규칙을 아이들에게 인지시킨다.

② 7세의 경우 "무궁화 꽃이 피었습니다" 할 때 한쪽 발을 들고 하여도 좋은 방법이다.

[상어 놀이]

■ 무엇이 튼튼해질까요?

신체활동을 통하여 근력, 근지구력, 협응력, 단결력 등의 능력을 기른다.

■ 무엇을 사용할까요?

매트

■ 이렇게 해봐요

① 바닥에 매트를 3~4개 붙인다.

② 매트는 땅이고 매트 밖은 바다이며 선생님은 바다에 사는 상어이고 아이들은 바다에 빠지면 안 되니 매트 안에만 있어야 한다는 상황 설정을 한다.

③ 신호와 함께 상어는 매트 위에 있는 아이들을 다리나 손을 잡고 한 명씩 한 명씩 바다로 빠뜨린다. 이때 다른 아이들은 친구들이 바다에 빠지지 않도록 도와준다.

■ 이러면 안돼요

① 매트 위에 올라가는 아이들이 너무 많으면 다칠 위험이 있으니 5~10명 정도가 적당하다.

② 최소 매트는 2개 이상이 있어야 함을 유의하여야 한다.

[매트 적응하기]

■ 무엇이 튼튼해질까요?

신체활동을 통하여 적응력, 친근감, 인지 능력 등을 기른다.

■ 무엇을 사용할까요?

매트

■ 이렇게 해봐요

① 매트를 여러 장 붙인다.

② 매트의 느낌, 모양 등을 이야기하며 꾹꾹 눌러 보기도 하고 매트를 손바닥으로 쳐 보기도 하며 발로 뛰어 보기도 한다.

③ 이와 반대로 땅바닥도 꾹꾹 눌러 보고 땅바닥을 손바닥으로 쳐보기도 하며 발로 뛰어 보기도 하면서 매트가 푹신하다는 것을 인지시킨다.

■ 이러면 안돼요

① 아이들이 산만하기 쉬우므로 주의 집중을 시킨다. 4, 5세 아이들에게 좋은 운동이다.

② 처음 매트 운동을 경험하는 아이들은 매트 적응 운동을 먼저 교육하는 것이 좋다.

■ 다르게 해봐요

매트에 눕기, 앉기, 엎드리기.

[매트 동굴 지나기]

■ 무엇이 튼튼해질까요?

신체활동을 통하여 적응력, 공간 감각 능력 등을 기른다.

■ 무엇을 사용할까요?

매트

■ 이렇게 해봐요

① 선생님이 매트를 말아 동굴을 만든다.

② 아이들이 동굴 안을 지나갈 때 선생님은 매트 동굴을 흔들기도 하고 좁혔다가 늘리기도 한다.

③ '동굴 나라에 선생님을 구하러 여행을 떠나자' 라는 상황 설정을 하여 동굴을 지나간 다음 선생님을 꼭 안아 주고 자기 자리로 가는 것도 좋다.

■ 이러면 안돼요

① 아이들이 산만하기 쉬우므로 주의 집중을 시킨다. 4, 5세 아이들에게 좋은 운동이다.

② 동굴이 많으면 많을수록 아이들의 신체 발달에 더욱 좋다.

■ 다르게 해봐요

다리 동굴 지나가기, 유니바 동굴 지나가기, 훌라후프 동굴 지나가기, 평균대 밑으로 지나가기.

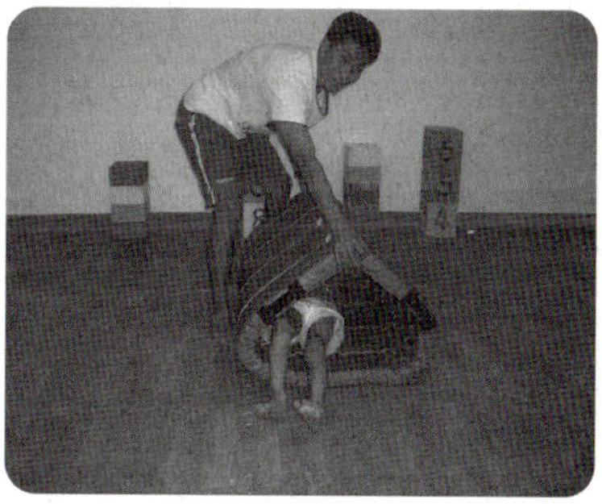

[훌라후프 굴리기]

■ 무엇이 튼튼해질까요?

신체활동을 통하여 민첩성, 조정력 등을 기른다.

■ 무엇을 사용할까요?

훌라후프

■ 이렇게 해봐요

① 훌라후프는 모양이 원이기 때문에 잘 굴러간다는 것을 인지시킨다.

② 훌라후프를 세워 손으로 잡는다.

③ 신호와 함께 훌라후프를 손으로 굴리며 앞으로 간다.

④ 훌라후프를 굴리며 반환점을 돌아 온다.

■ 이러면 안돼요

① 아이들이 산만하기 쉬우므로 주의 집중을 시킨다. 7세 아이들에게 좋은 운동이다.

② 훌라후프를 앞으로 굴리며 갈 때 옆의 아이와 훌라후프가 부딪치지 않도록 공간 확보를 하여야 한다.

■ 다르게 해봐요

굴렁쇠 굴리기, 공 굴리기.

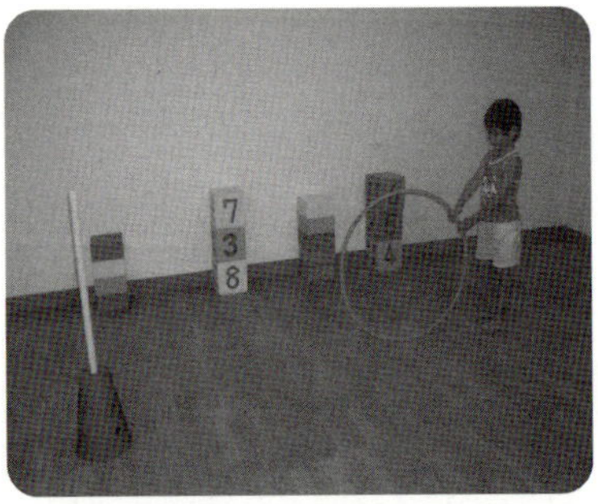

[훌라후프 허리 돌리기]

■ 무엇이 튼튼해질까요?

신체활동을 통하여 협응력, 조정력, 성취감 등을 기른다.

■ 무엇을 사용할까요?

훌라후프

■ 이렇게 해봐요

① 우리의 신체 일부 중에 훌라후프를 끼고 돌릴 수 있는 방법을 생각하게 하여 훌라후프를 여러 가지 방법으로 돌려 본다(팔로 돌리기, 목으로 돌리기, 발로 돌리기 등).

② 어느 정도 익숙해지면 훌라후프 안으로 들어가서 양손으로 훌라후프를 잡고 훌라후프를 허리에 댄다.

③ 신호와 함께 허리를 축으로 손으로 돌리고 허리를 앞뒤로 움직여 훌라후프가 땅에 떨어지지 않게 한다.

④ 반복 학습을 통해 자연스럽게 익숙해지도록 한다.

■ 이러면 안돼요

① 옆에 있는 아이와 닿지 않도록 훌라후프를 넓게 놔눈다. 7세 유아들에게 적합한 운동이다.

② 훌라후프를 한쪽 방향으로만 돌리지 말고 반대 방향으로도 돌릴 수 있도록 지도한다.

■ 다르게 해봐요

훌라후프 목 돌리기, 훌라후프 팔 돌리기.

[훌라후프 피구]

■ 무엇이 튼튼해질까요?

신체활동을 통하여 민첩성, 사회성 등의 능력을 기른다.

■ 무엇을 사용할까요?

훌라후프

■ 이렇게 해봐요

① 훌라후프 나라에 한쪽 공간은 빨강 팀, 다른 한쪽 공간은 파랑 팀이고, 훌라후프는 가시가 있어 절대 만지거나 부딪치면 안 된다는 상황 설정을 한다.

② 선생님이 파랑 팀에서 훌라후프를 굴리면 아이들은 훌라후프를 피하며 빨강 팀에서 파랑 팀으로 넘어온다.

③ 이때 훌라후프에 맞은 아이는 훌라후프 감옥에서 벌칙으로 앉았다 일어나기, 엉덩이로 글씨 쓰기 등을 한다.

④ 어느 정도 익숙해지면 훌라후프를 빽 스핀을 넣거나 옆으로 굴리는 것도 좋다.

■ 이러면 안돼요

① 적정 인원은 10~15명 정도이며 아이들이 부딪치지 않게 교육을 시킨다.

② 5세 유아들은 훌라후프를 피하기보다 잡고 싶어 하는 습성이 있기 때문에, 6, 7세 유아들의 교육에 적당하다.

■ 다르게 해봐요

탱탱볼 피구.

[훌라후프 옷 벗기]

■ 무엇이 튼튼해질까요?

신체활동을 통하여 조정력, 민첩성 등의 능력을 기른다.

■ 무엇을 사용할까요?

훌라후프

■ 이렇게 해봐요

① 훌라후프를 바닥에 놓고 훌라후프 안으로 들어가 가운데에 선다.

② 양팔을 벌려 훌라후프를 잡고 위로 천천히 올린다.

③ 팔을 위로 완전히 들어 통과시킨 후 밖으로 빠져나와 돌아온다.

④ 어느 정도 익숙해지면 중형, 소형 훌라후프를 사용하는 것이 좋다.

■ 이러면 안돼요

훌라후프를 벗을 때 마구 던지지 않도록 교육을 시킨다.

■ 다르게 해봐요

훌라후프 옷 입기.

[훌라후프 축구]

■ 무엇이 튼튼해질까요?

신체활동을 통하여 조정력, 집중력, 민첩성 등의 능력을 기른다.

■ 무엇을 사용할까요?

훌라후프

■ 이렇게 해봐요

① 넓은 바닥에 훌라후프를 놓는다.

② 훌라후프 안에 들어가 가운데에 선다.

③ 신호와 함께 발바닥을 땅에서 들지 말고 훌라후프 안에서 발로 조금씩 차면서 앞으로 간다.

■ 이러면 안돼요

① 맨발로 훌라후프를 세게 차면 발가락에 상해의 위험이 있으니 실내화를 신는 것이 좋다.

② 옆의 공간이 충분히 확보되어야 한다.

■ 다르게 해봐요

훌라후프 밖에서 발로 차기.

「줄로 동그라미 만들기」

■ 무엇이 튼튼해질까요?

신체활동을 통하여 인지력, 집중력 등의 능력을 기른다.

■ 무엇을 사용할까요?

줄

■ 이렇게 해봐요

① 줄을 잡는다.

② 신호와 함께 리듬체조 선수로 변신하여 줄을 뱅글뱅글 돌리며 원을 만든다.

③ 큰 원, 작은 원, 타원형 등을 만들어 본다.

■ 이러면 안돼요

① 아이들이 산만해지기 쉬우므로 주의 집중을 시킨다.

② 아이들의 간격을 넓게 하여야 한다.

■ 다르게 해봐요

용수철 만들기, 숫자 만들기, 팔자 돌리기, 파도 만들기.

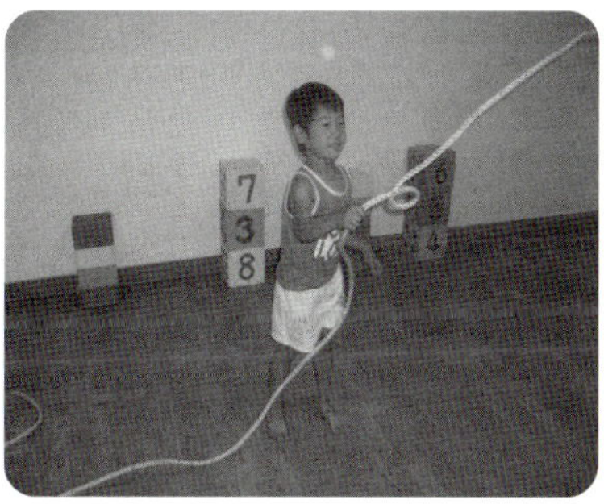

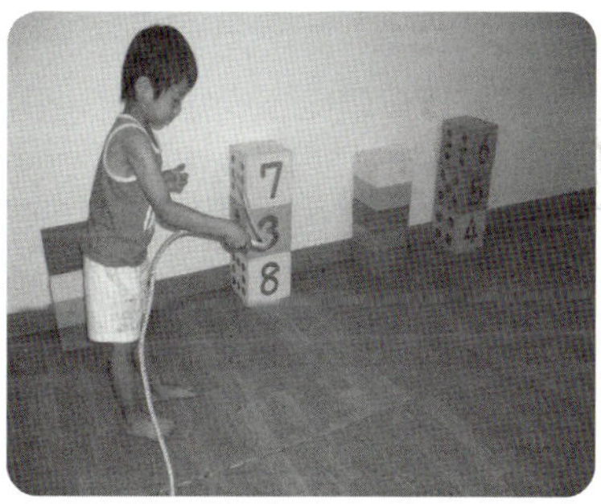

제자리 공 던지고 받기

■ 무엇이 튼튼해질까요?

신체활동을 통하여 조정력, 높이 감각 능력을 기른다.

■ 무엇을 사용할까요?

공

■ 이렇게 해봐요

① 공을 손바닥 위에 올려놓는다.

② 양팔은 약간만 구부리고 앞으로 뻗는다.

③ 신호와 함께 팔을 위로 살짝 들어 공을 던진다.

④ 내려오는 공을 양팔로 잡아 가슴에 꼭 안는다.

⑤ 점차 높이 던져 익숙해지도록 한다.

■ 이러면 안돼요

① 아이들이 산만해지기 쉬우므로 신호와 함께 던지고 받는 연습을 하여야 한다.

② 공을 너무 높이 던지지 않도록 한다.

■ 다르게 해봐요

공 던져 박수치고 받기, 공 던져 한 바퀴 돌아 잡기.

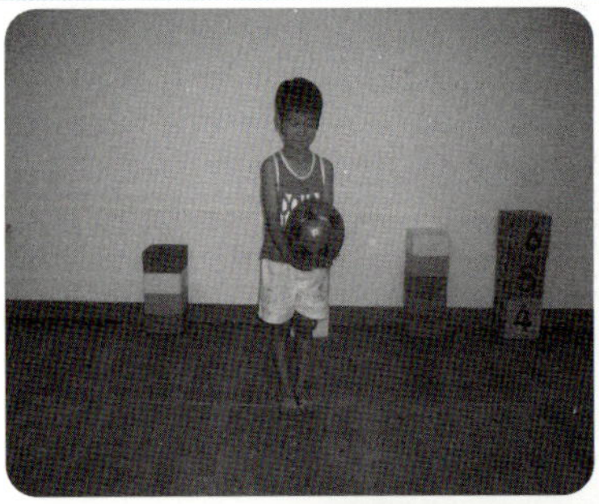

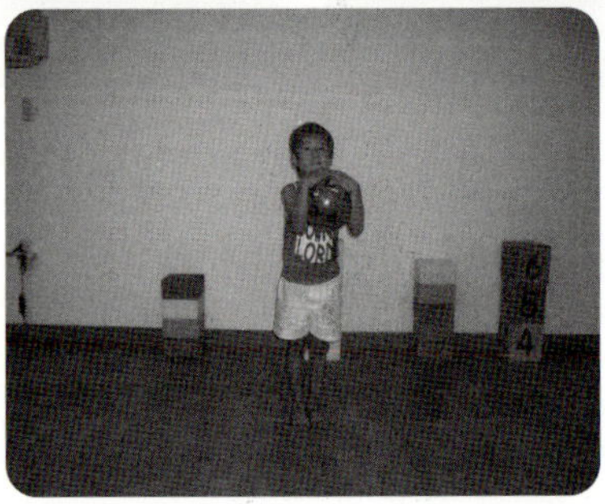

[두 손으로 공 멀리 던지기]

■ 무엇이 튼튼해질까요?

신체활동을 통하여 근력, 순발력 등의 능력을 기른다.

■ 무엇을 사용할까요?

공

■ 이렇게 해봐요

① 두 손으로 공을 잡는다.

② 공을 잡고 팔을 높이 들어 팔꿈치를 구부려서 공이 머리 뒤에 오게 한다.

③ 신호와 함께 힘차게 구부린 팔을 앞으로 곧게 펴 힘차게 던진다.

④ 던진 공은 신호와 함께 달려가 주워서 제자리에 온다.

■ 이러면 안돼요

① 아이들이 산만해지기 쉬우므로 신호와 함께 움직일 수 있도록 하여야 한다.

② 공을 던질 때 위로 던질 수 있도록 한다.

■ 다르게 해봐요

한 손으로 멀리 던지기.

[공 발로 차기]

■ 무엇이 튼튼해질까요?

신체활동을 통하여 집중력, 순발력 등의 능력을 기른다.

■ 무엇을 사용할까요?

공

■ 이렇게 해봐요

① 공이 움직이지 않게 땅에 놓는다.

② 신호와 함께 한 발을 뒤로 하여 발등으로 공을 힘차게 찬다.

③ 목표물을 정해 주어 정확하게 차도록 한다.

④ 5~10회 반복한다.

■ 이러면 안돼요

① 아이들이 산만해지기 쉬우므로 신호와 함께 움직일 수 있도록 하여야 한다.

② 공을 발로 찰 때 앞에 깨지는 물건이 없도록 한다.

■ 다르게 해봐요

굴러가는 공 발로 차기.

[공 손바닥으로 치기]

■ 무엇이 튼튼해질까요?

신체활동을 통하여 집중력, 순발력 등의 능력을 기른다.

■ 무엇을 사용할까요?

공

■ 이렇게 해봐요

① 두 손으로 공을 잡는다.

② 신호와 함께 공을 살짝 던져 손바닥으로 공을 위로 친다.

③ 한 번 손바닥으로 치고 다시 잡는다.

④ 5~10회 반복한다.

■ 이러면 안돼요

① 아이들이 산만해지기 쉬우므로 신호와 함께 움직일 수 있도록 하여야 한다.

② 7세 위주의 운동이며 5, 6세 아이들은 신문지로 만든 종이 공이나 풍선을 이용하면 좋다.

■ 다르게 해봐요

주먹으로 치기, 머리로 치기, 발로 차기.

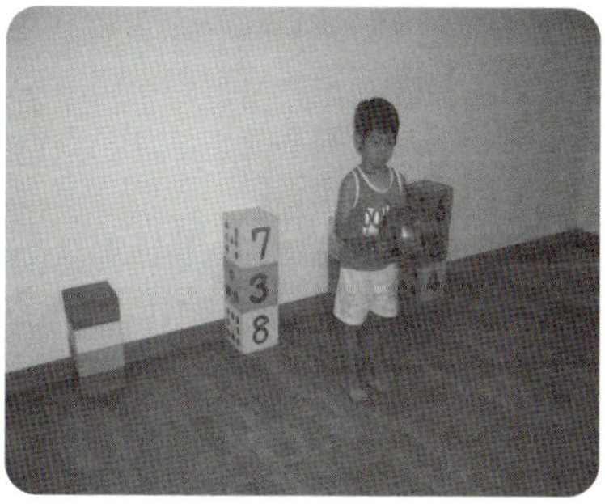
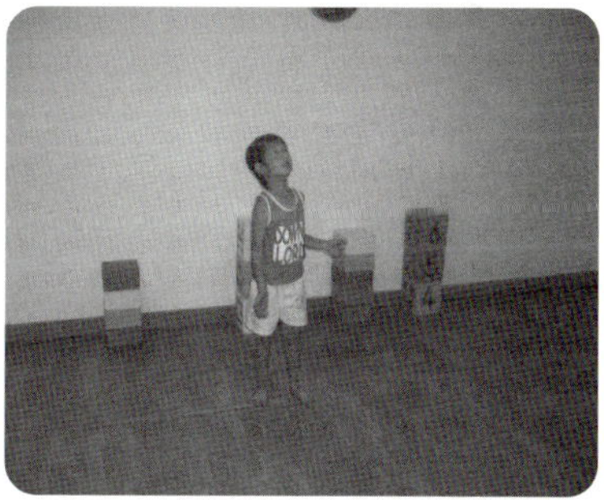

[풍선 발로 차기]

■ 무엇이 튼튼해질까요?

신체활동을 통하여 집중력, 순발력 등의 능력을 기른다.

■ 무엇을 사용할까요?

풍선

■ 이렇게 해봐요

① 풍선이 움직이지 않게 땅에 놓는다.

② 신호와 함께 풍선을 발로 힘껏 찬다.

③ 풍선을 주워 다시 제자리에 놓는다.

④ 5~10회 반복한다.

■ 이러면 안돼요

① 아이들이 산만해지기 쉬우므로 신호와 함께 움직일 수 있도록 하여야 한다.

② 풍선이 터지지 않도록 하며 아이들끼리 부딪치지 않도록 한다.

■ 다르게 해봐요

던지는 풍선 발로 차기, 달려가며 풍선 발로 차기.

[풍선 손가락으로 치기]

■ 무엇이 튼튼해질까요?

신체활동을 통하여 집중력, 조정력 등의 능력을 기른다.

■ 무엇을 사용할까요?

풍선

■ 이렇게 해봐요

① 두 손으로 풍선을 잡는다.

② 엄지손가락을 펴서 신호와 함께 풍선을 던져 살짝 친다.

③ 어느 정도 엄지손가락이 익숙해지면 다른 손가락도 한다.

④ 5~10회 반복한다.

■ 이러면 안돼요

① 아이들이 산만해지기 쉬우므로 신호와 함께 움직일 수 있도록 하여야 한다.

② 풍선이 터지지 않도록 하며 아이들끼리 부딪치지 않도록 한다.

■ 다르게 해봐요

손바닥으로 치기, 주먹으로 치기.

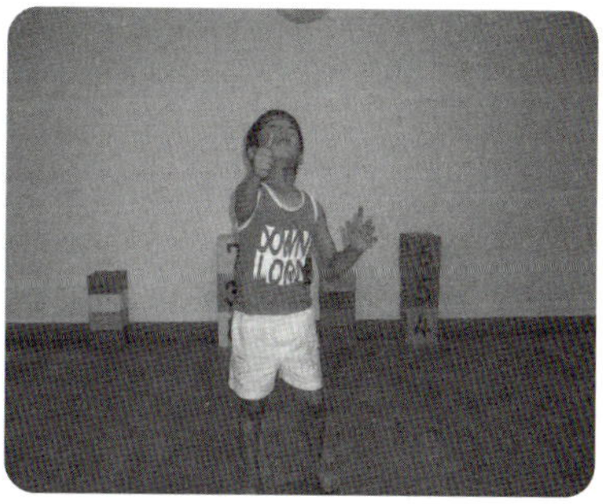

6_ 튼튼하게 자라자

[엎드렸다 일어나기]

■ 무엇이 튼튼해질까요?

근력, 근지구력 능력을 기른다.

■ 무엇을 사용할까요?

신체

■ 이렇게 해봐요

① 아이들이 차렷을 한다.

② 첫 번째 신호에 무릎을 굽히고 상체를 굽혀 발 앞에 두 손을 짚는다.

③ 두 번째 신호에 다리를 뒤로 뻗는다.

④ 세 번째 신호에 첫 번째 동작과 같이 한다.

⑤ 네 번째 신호에 차려 자세를 취하고 움직이지 않는다.

⑥ 위와 같은 동작을 5~10회 반복한다.

■ 이러면 안돼요

① 6, 7세 유아들은 정확한 동작이 가능하지만 5세 유아들은 그냥 엎드렸다 일어나는 동작으로 가능하다.

② 엎드릴 때 머리를 바닥에 부딪히지 않도록 주의를 준다.

■ 다르게 해봐요

엎드렸다 일어나면서 점프하기, 엎드려서 다리 폈다 모으기.

[앉아 두 다리 들고 오래 버티기]

■ 무엇이 튼튼해질까요?

근력, 근지구력 능력을 기른다.

■ 무엇을 사용할까요?

신체

■ 이렇게 해봐요

① 다리를 곧게 펴고 앉는다.

② 두 손은 뒤로하고 두 다리를 30cm 정도 높이 든다.

③ 10~30초 정도 오래 버틴다.

■ 이러면 안돼요

① 두 다리를 들 때 다리가 구부러지지 않도록 한다.

② 손이 움직이지 않도록 바닥에 붙이도록 한다.

■ 다르게 해봐요

앉아 두 다리 들고 글씨 쓰기, 앉아 두 다리 들고 위아래 움직이기, 앉아 두 다리 들고 좌우 엇갈리기.

누워 자전거 타기

■ 무엇이 튼튼해질까요?

근력, 근지구력을 기른다.

■ 무엇을 사용할까요?

신체

■ 이렇게 해봐요

① 자리에 눕는다.

② 두 다리를 높이 들고 팔은 앞으로 뻗는다.

③ 신호와 함께 누워서 자전거 타듯이 한쪽 다리는 구부리고 다른 한쪽 다리는 편다.

④ 10~20회 정도 반복한다.

■ 이러면 안돼요

① 자전거 타듯이 정확한 동작으로 하여야 하며, 따르릉~ 따르릉 노래를 부르면서 하는 것도 좋다.

② 한쪽 다리는 펴면서 다른 한쪽 다리는 구부리도록 정확한 시범을 보인다.

■ 다르게 해봐요

앉아 자전거 타기.

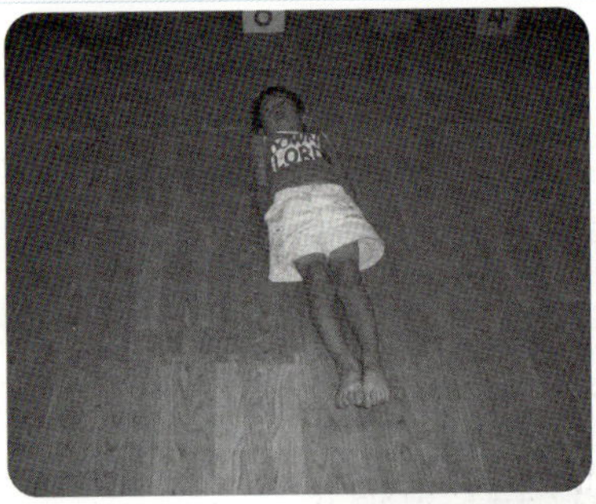

[윗몸 일으키기]

■ 무엇이 튼튼해질까요?

근력, 근지구력을 기른다.

■ 무엇을 사용할까요?

신체

■ 이렇게 해봐요

① 2인 1조로 나누어 한 명은 등을 바닥에 붙이고 눕는다.

② 무릎을 구부려 산을 만들고 손은 깍지를 껴서 머리 뒤에 붙인다.

③ 다른 한 명은 누운 아이 발등에 앉아 종아리를 잡는다.

④ 신호와 함께 누운 아이는 양 팔꿈치로 무릎을 찍고 원상태로 돌아간다.

⑤ 5~10회 정도 반복한다.

■ 이러면 안돼요

① 7세 아이들만 가능하다. 힘든 아이들은 선생님이 살짝살짝 올려 준다.

② 머리가 땅에 닿지 않도록 주의를 준다.

■ 다르게 해봐요

다리 펴고 윗몸 일으키기, 손으로 바지 잡고 윗몸 일으키기.

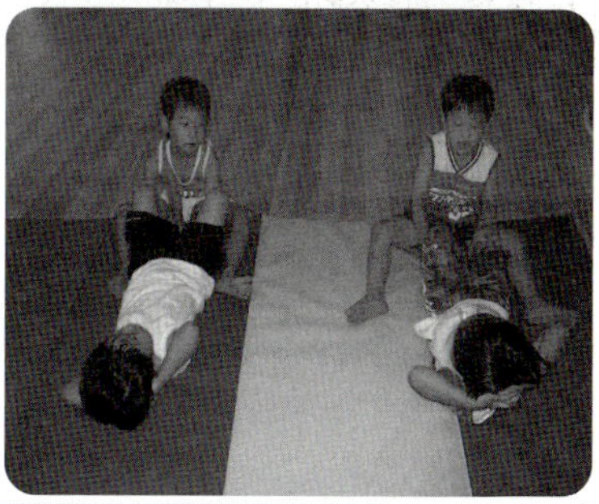

[무릎 대고 팔굽혀 펴기]

■ 무엇이 튼튼해질까요?

근력, 근지구력을 기른다.

■ 무엇을 사용할까요?

신체

■ 이렇게 해봐요

① 무릎을 꿇고 팔을 편 채 두 손은 바닥을 짚는다.

② 신호와 함께 엉덩이는 움직이지 말고 팔만 구부려 밑으로 내려갔다 올라온다.

③ 5~10회 정도 반복한다.

■ 이러면 안돼요

① 엉덩이가 움직이지 않도록 주의를 주며 6, 7세 아이들에게 교육시킨다.

② 얼굴이 땅에 닿지 않도록 주의를 준다.

■ 다르게 해봐요

벽 대고 팔굽혀 펴기, 의자 짚고 팔굽혀 펴기.

[벽 대고 물구나무 서기]

■ 무엇이 튼튼해질까요?

근력, 근지구력을 기른다.

■ 무엇을 사용할까요?

신체

■ 이렇게 해봐요

① 벽에 등을 대고 똑바로 서 있는다.

② 손은 벽에서 1m 정도 앞의 바닥을 짚는다.

③ 고개는 들고 팔에 힘을 주며 발은 한 발씩 한 발씩 벽에 높이 올린다.

④ 5~10초 정도 버틴다.

■ 이러면 안돼요

① 아이들이 머리를 다칠 위험이 있으므로 바닥이 푹신해야 안전하다.

② 물구나무서기 할 때 다리를 쭉 펴도록 교육한다.

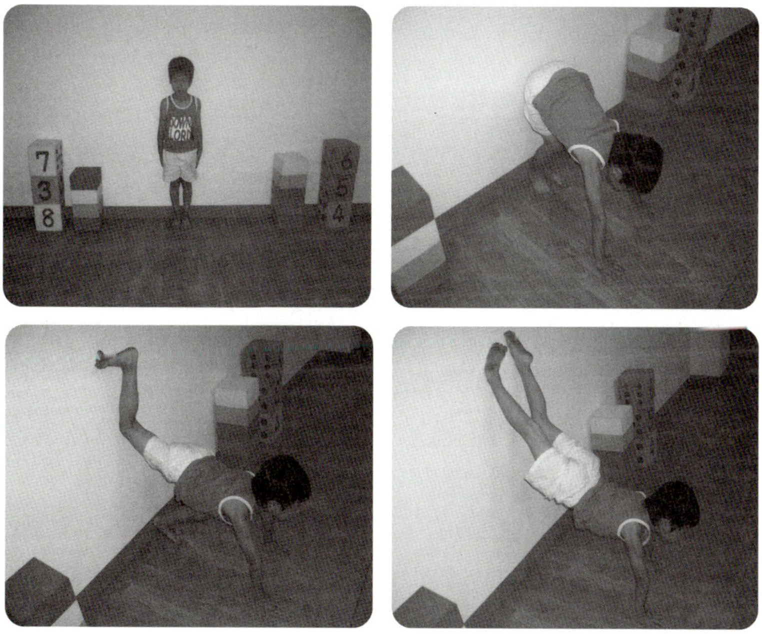

[무 뽑기]

■ 무엇이 튼튼해질까요?

근력, 근지구력 등을 기른다.

■ 무엇을 사용할까요?

신체

■ 이렇게 해봐요

① 무 팀 , 농부 팀을 정한다.

② 무 팀 앉아서 다리를 쭉 펴고 옆에 있는 아이와 팔짱을 껴서 무로 변신한다.

③ 농부 팀은 10m 거리에 농부 아저씨로 변신한다.

④ 신호와 함께 농부 아저씨는 무한테 달려가 발목을 잡고 농부 아저씨 집까지 무를 끌고 온다.

■ 이러면 안돼요

① 발목을 잡지 않고 바지를 잡을 경우 자칫 옷이 벗겨질 위험이 있으니 조심하여야 한다.

② 무를 끌고 올 때 넘어지지 않도록 주의한다.

③ 무로 변신한 아이들은 발을 움직이지 않도록 한다.

■ 다르게 해봐요

썰매 타기.

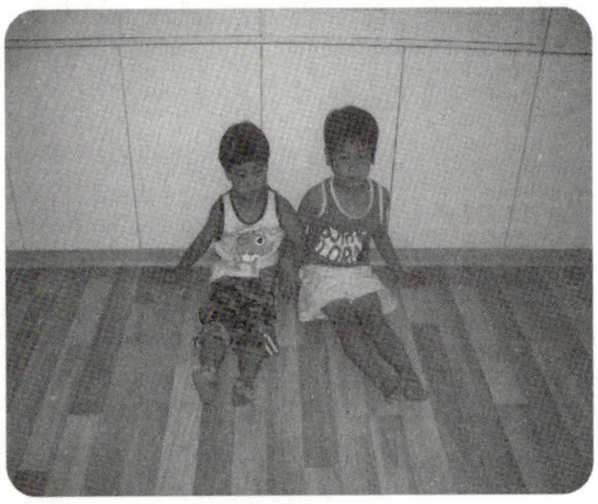

[바위 굴리기]

■ 무엇이 튼튼해질까요?

근력, 근지구력 등을 기른다.

■ 무엇을 사용할까요?

신체

■ 이렇게 해봐요

① 2인 1조 짝을 이룬다.

② 바위로 변신하는 아이는 둥글게 엎드려서 손으로 얼굴을 가리고 움직이면 안 된다는 상황 설정을 한다.

③ 신호와 함께 다른 아이는 목표 지점까지 바위를 밀거나 데굴데굴 굴린다.

■ 이러면 안돼요

① 반팔 반바지를 입고 바위 굴리기를 할 경우 살과 바닥 간의 마찰로 인해 상해의 위험이 있으니 긴팔 긴바지를 입고 운동을 하는 것이 좋다.

② 바위끼리 부딪치지 않도록 주의한다.

■ 다르게 해봐요

통나무 굴리기.

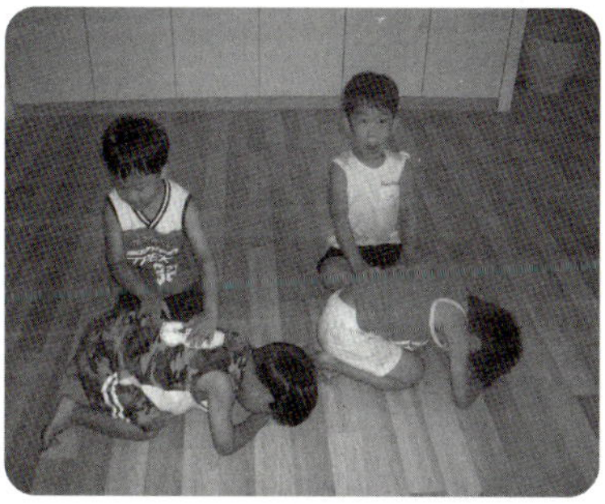

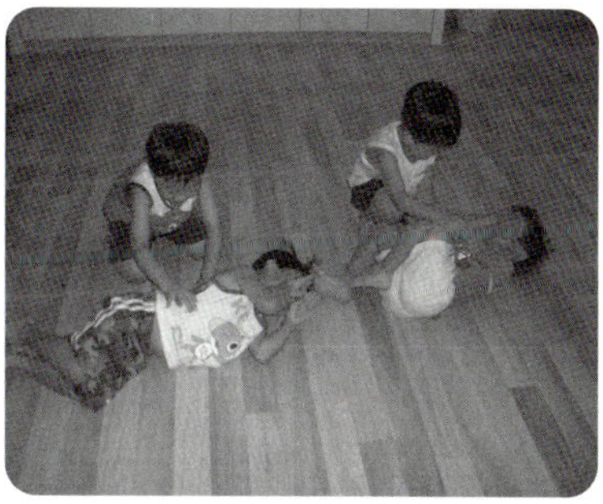

[친구 높이 들기]

■ 무엇이 튼튼해질까요?

근력, 근지구력 등을 기른다.

■ 무엇을 사용할까요?

신체

■ 이렇게 해봐요

① 2인 1조 짝을 이룬다.

② 가위 바위 보를 하여 이긴 아이는 진 아이를 포옹한다.

③ 이긴 아이는 다리를 약간 구부려 신호와 함께 진 아이를 번쩍 든다.

④ 5~10초 정도 들고 다시 교대로 한다.

■ 이러면 안돼요

① 몸무게가 비슷한 아이들로 짝을 이루어야 하며 포옹을 하여 번쩍 들 때 넘어지지 않도록 주의를 주어야 한다.

② 넘어지지 않도록 주의를 준다.

■ 다르게 해봐요

물건 번쩍 들기.

[달팽이 만들기]

■ 무엇이 튼튼해질까요?

근력, 근지구력 등을 기른다.

■ 무엇을 사용할까요?

신체

■ 이렇게 해봐요

① 2인 1조 짝을 이룬다.

② 가위 바위 보를 하여 이긴 아이는 달팽이로 변신하여 바닥에 엎드리고 진 아이는 달팽이 집으로 변신하여 이긴 아이 위에 엎드린다.

③ 신호와 함께 목표 지점까지 영차영차 기어서 간 후 교대로 한다.

■ 이러면 안돼요

몸무게가 비슷한 아이들로 짝을 이루어야 한다.

■ 다르게 해봐요

거북이 만들기, 말 타기.

[앉았다 일어나기]

■ 무엇이 튼튼해질까요?

근력, 근지구력, 사회성 등을 기른다.

■ 무엇을 사용할까요?

신체

■ 이렇게 해봐요

① 두 팔은 팔짱을 한다.

② 신호와 함께 허리를 쭉 펴고 자리에 앉는다. 이때 엉덩이는 바닥에 닿지 않는다.

③ 5~10회 반복한다.

■ 이러면 안돼요

엉덩이가 바닥에 닿지 않도록 주의를 한다.

■ 다르게 해봐요

2인 앉았다 일어나기, 여럿이 앉았다 일어나기.

[앉아서 노 젓기]

■ 무엇이 튼튼해질까요?

근력, 근지구력 등을 기른다.

■ 무엇을 사용할까요?

신체

■ 이렇게 해봐요

① 바닥에 다리를 쭉 펴고 앉는다.

② 바닥은 바다이고 다리는 배이고 팔은 노라는 상황 설정을 한다.

③ 신호와 함께 다리는 움직이지 말고 손바닥을 바닥에 짚고 목표 지점까지 앞으로 간다.

④ 돌아올 때는 뒤로 돌아온다.

■ 이러면 안돼요

다리를 구부리면서 앞으로 가면 운동 효과가 감소되므로 6, 7세 아이들에게는 다리를 펼 수 있도록 한다.

■ 다르게 해봐요

엎드려 노 젓기.

[투명의자에 앉기]

■ 무엇이 튼튼해질까요?

근력, 근지구력 등을 기른다.

■ 무엇을 사용할까요?

신체

■ 이렇게 해봐요

① 차려 자세로 서 있는다.

② 바로 뒤에 투명한 의자가 있다는 상황 설정을 한다.

③ 신호와 함께 투명한 의자에 앉는다.

④ 팔은 앞으로 나란히를 하거나 팔짱을 한다.

⑤ 5~20초 정도 유지한다.

■ 이러면 안돼요

손이 다리에 닿지 않도록 한다.

■ 다르게 해봐요

벽 대고 투명의자에 앉기.

[물개걸음 걷기]

■ 무엇이 튼튼해질까요?

근력, 근지구력 등을 기른다.

■ 무엇을 사용할까요?

신체

■ 이렇게 해봐요

① 바닥에 엎드린다.

② 물개라는 상황 설정과 함께 팔을 곧게 펴서 머리를 높이 든다.

③ 신호와 함께 팔만 이용하여 목표 지점까지 앞으로 간다.

■ 이러면 안돼요

엉덩이를 들면 운동 효과가 감소한다.

■ 다르게 해봐요

물개 박수 치기.

[친구 떼어내기]

■ 무엇이 튼튼해질까요?

근력, 근지구력 등을 기른다.

■ 무엇을 사용할까요?

신체

■ 이렇게 해봐요

① 짝과 마주 보고 눕는다.

② 짝끼리 서로 포옹을 한다.

③ 이때 다른 두 명의 아이는 포옹한 아이들을 떼어낸다.

■ 이러면 안돼요

포옹한 아이를 떼어내는 아이들은 손톱으로 긁을 위험이 있으므로 주의를 시켜야 한다.

[매트 당기기]

■ 무엇이 튼튼해질까요?

근력, 근지구력, 사회성 등을 기른다.

■ 무엇을 사용할까요?

매트

■ 이렇게 해봐요

① 매트를 바닥에 놓는다.

② 호랑이 팀, 사자 팀을 정하여 호랑이 팀 3~5명은 매트의 끝부분을 잡고 사자 팀도 반대편 매트 끝부분을 잡는다.

③ 신호와 함께 줄다리기처럼 매트를 뒤로 영차영차 힘차게 당긴다.

■ 이러면 안돼요

힘이 비슷한 아이들끼리 하여야 하며, 매트를 순간적으로 놓치면 뒤로 넘어져 상해의 위험이 있으므로 주의해야 한다.

■ 다르게 해봐요

매트 썰매, 선생님과 매트 당기기.

[매트 밀기]

■ 무엇이 튼튼해질까요?

근력, 근지구력, 사회성 등을 기른다.

■ 무엇을 사용할까요?

매트

■ 이렇게 해봐요

① 매트를 가로로 세운다.

② 호랑이 팀, 사자 팀을 정하여 호랑이 팀 3~5명은 매트를 손바닥으로 짚고 사자 팀도 반대편에서 매트를 손바닥으로 짚는다.

③ 신호와 함께 영차영차 앞으로 민다.

■ 이러면 안돼요

힘이 비슷한 아이들끼리 하여야 하며, 선생님은 매트를 끝에서 잡고 힘의 균형을 조율하여 준다.

■ 다르게 해봐요

선생님과 매트 밀기.

[날으는 양탄자]

■ 무엇이 튼튼해질까요?

근력, 근지구력, 사회성 등을 기른다.

■ 무엇을 사용할까요?

매트

■ 이렇게 해봐요

① 매트를 바닥에 놓아 둔다.

② 4명의 아이들이 양쪽 매트 모서리에 선다.

③ 신호와 함께 매트를 번쩍 들고 목표 지점까지 앞으로 간다.

■ 이러면 안돼요

아이들의 키가 비슷하여야 하며, 앞뒤 공간이 좁으면 넘어질 위험이 있다.

[유니바 팔굽혀 펴기]

■ 무엇이 튼튼해질까요?

근력, 근지구력 등의 능력을 기른다.

■ 무엇을 사용할까요?

유니바

■ 이렇게 해봐요

① 유니바를 두 줄로 놓는다.

② 무릎을 꿇고 팔을 편 채 두 손은 유니바를 잡는다.

③ 신호와 함께 팔만 구부려 밑으로 내려갔다 올라온다.

④ 5~10회 정도 한다.

■ 이러면 안돼요

엉덩이가 내려가지 않도록 인지시켜 준다.

■ 다르게 해봐요

무릎 꿇고 팔굽혀 펴기, 벽 대고 팔굽혀 펴기.

[유니바 윗몸 일으키기]

■ 무엇이 튼튼해질까요?

근력, 근지구력 등의 능력을 기른다.

■ 무엇을 사용할까요?

유니바

■ 이렇게 해봐요

① 짝과 마주 보고 선다.

② 유니바를 비닥에 가로로 놓고 한 명의 아이는 발을 유니바 안에 넣으며 무릎을 구부려 눕고 손가락은 뒷머리에 깍지를 한다.

③ 다른 아이는 유니바가 움직이지 않도록 꼭 잡는다.

④ 신호와 함께 누운 아이는 양 팔꿈치로 무릎을 찍고 다시 눕는다.

⑤ 5~10회 반복한다.

■ 이러면 안돼요

7세 아이들만 가능하므로 힘든 아이들은 선생님이 살짝살짝 올려 준다.

■ 다르게 해봐요

윗몸 일으키기, 다리 펴고 윗몸 일으키기.

[유니바 당기기]

■ 무엇이 튼튼해질까요?

근력, 근지구력 등의 능력을 기른다.

■ 무엇을 사용할까요?

유니바

■ 이렇게 해봐요

① 짝과 마주 보고 선다.

② 유니바 한 개를 바닥에 놓고 짝이 서로 유니바 끝을 잡는다.

③ 신호와 함께 유니바를 줄다리기처럼 뒤로 당긴다.

■ 이러면 안돼요

힘이 서로 비슷한 아이끼리 하여야 하며, 넘어지지 않도록 주의를 준다.

■ 다르게 해봐요

줄다리기, 매트 당기기, 둘이서 당기기.

7_ 신나게 달리자

[5단 달리기]

■ 무엇이 튼튼해질까요?

근력, 심폐지구력의 능력을 기른다.

■ 무엇을 사용할까요?

신체

■ 이렇게 해봐요

① 선생님을 바라보고 선다.

② 신호와 함께 제자리 달리기를 한다.

③ 1단부터 5단까지 점진적으로 빠르게 뛰도록 한다.

■ 이러면 안돼요

아이들이 각 단계의 속도에 맞게 뛰도록 지도하며, 강약 조절을 통해 속도감을 익혀 주는 것도 좋다.

■ 다르게 해봐요

나이 달리기.

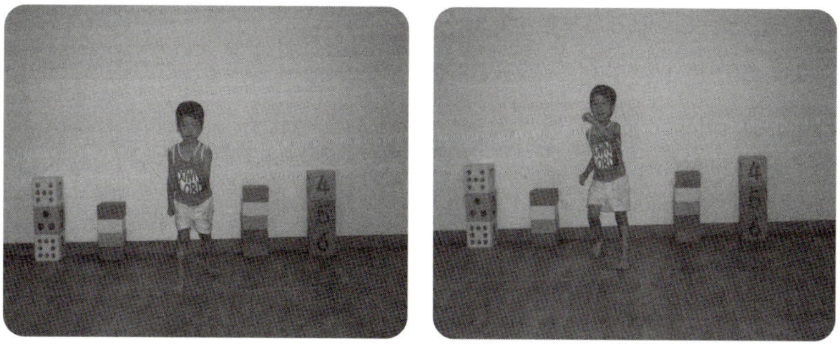

혼자서 앞으로 달리기

■ 무엇이 튼튼해질까요?

근력, 순발력, 민첩성, 협응력 등의 능력을 기른다.

■ 무엇을 사용할까요?

신체

■ 이렇게 해봐요

① 1줄 기차를 만들어 선다.

② 신호와 함께 앞으로 달려 벽을 짚고 돌아온다.

③ 5~10회 반복을 한다.

■ 이러면 안돼요

5, 6세 아이들은 너무 많은 횟수 반복을 시키지 않는다. 아이들의 체력에 따라서 강도와 빈도를 맞추어 시행한다.

■ 다르게 해봐요

2인 손잡고 달리기, 혼자서 뒤로 달리기, 옆으로 달리기.

[비행기 날기]

■ 무엇이 튼튼해질까요?

심폐지구력, 민첩성 등의 능력을 기른다.

■ 무엇을 사용할까요?

신체

■ 이렇게 해봐요

① 아이들을 1줄 기차로 세운다.

② 선생님이 비행기 날개를 하고 맨 앞에 선다. 아이들도 비행기 날개를 한다.

③ 선생님이 윙 소리를 내고 날아가면 아이들은 줄을 따라서 비행기 소리를 내면서 선생님과 같은 모양으로 따라온다.

■ 이러면 안돼요

앞의 친구를 밀지 않도록 주의를 준다.

■ 다르게 해봐요

전투기 날기.

[꼬리 잡기]

■ 무엇이 튼튼해질까요?

근력, 심폐지구력, 순발력, 민첩성, 사회성 등의 능력을 기른다.

■ 무엇을 사용할까요?

휴지, 신문지

■ 이렇게 해봐요

① 아이들에게 휴지나 풍선을 이용해서 꼬리를 달아 준다.

② 서로 상대방의 꼬리를 잡도록 설명하고 꼬리를 빼앗긴 친구들은 자기 자리에 앉도록 한다.

③ 신호와 함께 꼬리 잡기를 시작한다.

■ 이러면 안돼요

아이들이 신체를 부딪쳐서 하는 게임인 만큼 안전사고에 유의해야 한다. 특히 5, 6세의 아이들에게는 세심한 주의를 요한다.

■ 다르게 해봐요

선생님 잡기, 친구들 잡기.

[앉아서 앞으로 걷기]

■ 무엇이 튼튼해질까요?

민첩성, 근력, 근지구력 등을 기른다.

■ 무엇을 사용할까요?

신체

■ 이렇게 해봐요

① 오리 걸음처럼 앉는다.

② 신호와 함께 팔을 힘자게 흔들며 앞으로 걷는다.

■ 이러면 안돼요

앉아서 걸어갈 때 아이들이 중간에 일어서는 일이 없도록 한다.

■ 다르게 해봐요

앉아서 일어나 뒤로 달리기, 앉아서 일어나 옆으로 달리기.

[앉았다 일어나서 달리기]

■ 무엇이 튼튼해질까요?

순발력, 민첩성, 근력, 근지구력 등을 기른다.

■ 무엇을 사용할까요?

신체

■ 이렇게 해봐요

① 아빠 다리를 하고 바닥에 앉는다.

② 선생님의 신호에 따라 아이들이 일어나 달리도록 한다.

■ 이러면 안돼요

앉아있다 일어날 때 아이들이 넘어지지 않도록 일어나는 방법을 설명해 준다.

■ 다르게 해봐요

엎드렸다 일어나 달리기, 누웠다 일어나 달리기.

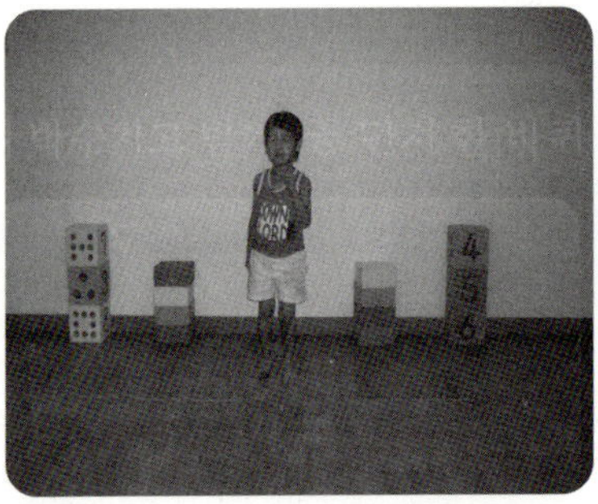

[매트 위에서 무릎으로 빨리 달리기]

■ 무엇이 튼튼해질까요?

근력, 순발력, 민첩성의 능력을 기른다.

■ 무엇을 사용할까요?

매트

■ 이렇게 해봐요

① 매트 위에 한 명씩 나와 무릎을 꿇고 앉는다.

② 선생님이 신호를 보내면 무릎으로 빨리 앞으로 전진한다.

③ 매트 끝에 도착하면 일어나 자기 자리에 가서 앉도록 한다.

■ 이러면 안돼요

매트가 끝나는 지점을 넘어가지 않도록 주의를 준다.

8_ 재빠르게 움직이자

[신호 따라 발 바꾸기]

■ 무엇이 튼튼해질까요?

순발력, 민첩성 등을 기른다.

■ 무엇을 사용할까요?

신체

■ 이렇게 해봐요

① 아이들은 발을 엇갈려 서 있게 한다.

② 선생님은 발 바꾸는 것에 대한 시범을 보여 준다.

③ 선생님의 신호에 맞춰 발을 재빠르게 바꾸도록 한다.

■ 이러면 안돼요

아이들이 다리를 바꿀 때 다리가 서로 부딪쳐서 넘어지지 않게 주의를 준다.

[달려가다 멈추기]

■ 무엇이 튼튼해질까요?

근력, 순발력, 민첩성 등의 능력을 기른다.

■ 무엇을 사용할까요?

신체

■ 이렇게 해봐요

① 선생님의 신호에 맞춰 앞으로 달려간다.

② 아이들이 달려가면 선생님은 중간 정도 지점에서 신호를 한 번 더 준다.

③ 아이들은 달려가다 선생님의 신호를 들으면 제자리에 멈춘다.

■ 이러면 안돼요

아이들이 달려가다 멈출 때 제어가 안 되어 넘어질 수 있으므로 주의를 준다.

■ 다르게 해봐요

달려가다 앉기, 달려가다 눕기, 달려가다 엎드리기, 달려가다 한쪽 다리 들기, 달려가다 점프하기.

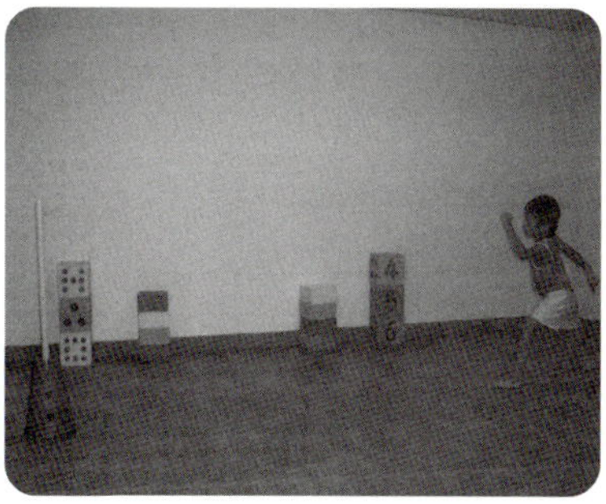

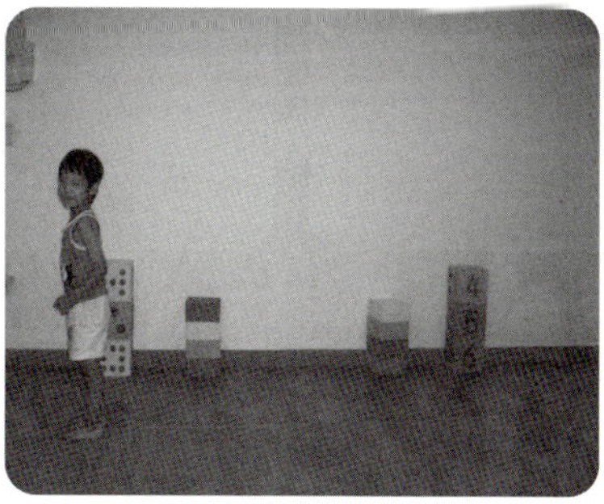

[지그재그 앞으로 달리기]

■ 무엇이 튼튼해질까요?

근력, 순발력, 민첩성, 조정력 등의 능력을 기른다.

■ 무엇을 사용할까요?

콘

■ 이렇게 해봐요

① 선생님이 먼저 아이들에게 지그재그로 달리는 시범을 보여 준다.

② 처음에는 선생님을 따라서 지그재그 달리기를 해 본다.

③ 순서에 맞춰 2명씩 선생님의 신호에 맞춰서 자유롭게 지그재그로 달려서 반환점을 돌아온다.

■ 이러면 안돼요

지그재그로 달리기를 하기 때문에 아이들이 서로 충돌할 수 있으므로 주의를 요한다.

[앞으로 달리다가 뒤로 달리기]

■ 무엇이 튼튼해질까요?

근력, 순발력, 민첩성, 조정력 등의 능력을 기른다.

■ 무엇을 사용할까요?

신체

■ 이렇게 해봐요

① 아이들을 정렬시킨다.

② 선생님은 앞으로 달리다가 뒤로 달리기에 대한 시범을 아이들에게 보여 준다.

③ 선생님의 신호에 맞춰 앞으로 달리다가 다시 선생님의 신호가 있으면 아이들은 뒤로 돌아서 달린다.

■ 이러면 안돼요

앞으로 몰리는 아이들이 너무 많으면 다칠 위험이 있으니 5~10명 정도가 적당하다.

[무릎 꿇고 일어나기]

■ 무엇이 튼튼해질까요?

순발력, 민첩성 등의 능력을 기른다.

■ 무엇을 사용할까요?

매트

■ 이렇게 해봐요

① 매트를 바닥에 놓는다.

② 아이들은 무릎을 꿇고 앉아 선생님의 신호를 기다린다.

③ 선생님이 신호를 보내면 아이들은 점프를 하면서 일어난다.

■ 이러면 안돼요

5, 6세 유아는 아직 순발력이 부족하므로 7세 유아를 대상으로 하는 것이 좋다.

■ 다르게 해봐요

앉았다 빨리 일어나기.

[평균대 좌우로 뛰기]

■ 무엇이 튼튼해질까요?

순발력, 민첩성, 근력, 공간 활용 능력 등의 능력을 기른다.

■ 무엇을 사용할까요?

평균대

■ 이렇게 해봐요

① 평균대를 양손으로 짚는다.

② 짚은 손과 양발의 탄력을 이용하여 오른쪽 왼쪽으로 뛴다.

■ 이러면 안돼요

발이 평균대에 걸려 넘어지지 않도록 주의한다.

■ 다르게 해봐요

평균대 앞으로 뛰기, 평균대 손 짚고 좌우로 뛰기.

[유니바 옮기기]

■ 무엇이 튼튼해질까요?

근력, 민첩성, 순발력 등의 능력을 기른다.

■ 무엇을 사용할까요?

유니바

■ 이렇게 해봐요

① 유니바를 출발선에 놓는다.

② 선생님의 신호와 함께 앞에 있는 유니바를 들고 가서 표시 지점에 놓고 표시 지점에 놓인 유니바를 다시 출발선에 가져다 놓는다.

③ 유니바를 놓고 턴하는 것을 선생님은 시범을 통해 아이들에게 가르쳐 준다.

■ 이러면 안돼요

유니바를 가지고 뛸 때 넘어지면 위험하므로 유니바를 정확히 드는 법을 가르쳐 준다.

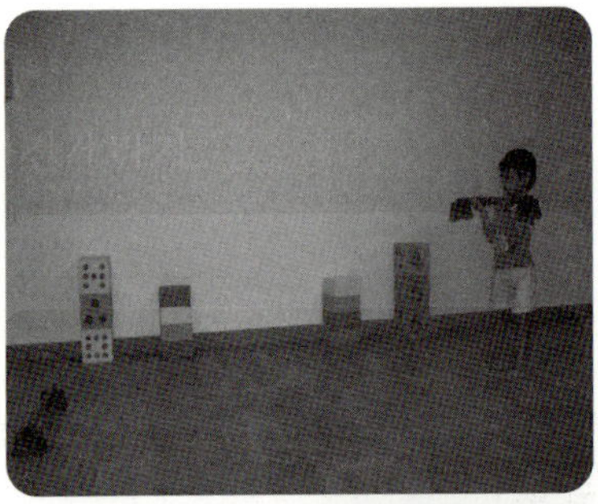

9_ 몸을 쭉쭉 늘려 주자

[서서 팔 위로 올리기]

■ 무엇이 튼튼해질까요?

유연성 능력을 기른다.

■ 무엇을 사용할까요?

신체

■ 이렇게 해봐요

① 일어서서 양 발을 모아 척추를 바로 세운다.

② 팔을 높이 들어 깍지를 끼고 손바닥이 하늘로 향하게 한다.

③ 뒷발을 서서히 들고 하늘로 올라간다는 상상을 하게 한다.

④ 약 5초간 고정한다.

■ 이러면 안돼요

발바닥이 지면에서 떨어지지 않도록 주의시킨다. 몸이 휘지 않고 똑바로 위로 올려야 한다.

[서서 팔 모아 옆으로 굽히기]

■ 무엇이 튼튼해질까요?

유연성 능력을 기른다.

■ 무엇을 사용할까요?

신체

■ 이렇게 해봐요

① 일어서서 양 발을 모아 척추를 바로 세운다.

② 팔을 높이 들어 깍지를 끼고 손바닥이 하늘로 향하게 한다.

③ 상체를 왼쪽으로 서서히 숙인다.

④ 아랫배와 옆구리에 신경을 쓰며 약 5초간 고정한다.

⑤ 서서히 원위치 한다.

⑥ 반대편도 똑같이 한다.

■ 이러면 안돼요

무릎을 구부리지 않고 너무 급하게 내려가지 않는다.

■ 다르게 해봐요

서서 한 팔로 옆으로 굽히기.

[서서 팔 모아 밑으로 굽히기]

■ 무엇이 튼튼해질까요?

유연성 능력을 기른다.

■ 무엇을 사용할까요?

신체

■ 이렇게 해봐요

① 서서 양 발을 붙이고 무릎을 편다.

② 허리를 서서히 굽힌다.

③ 두 손은 위에서 아래로 서서히 내려간다.

④ 두 손은 발등을 잡고 머리를 숙인다.

⑤ 약 5초간 고정한다.

■ 이러면 안돼요

① 무릎을 굽히지 않는다.

② 빨리 내려가면 허리에 무리를 줄 수 있음에 유의하고, 스트레칭 후에는 충분히 다리를 풀어 주는 것이 좋다.

■ 다르게 해봐요

서서 팔 뒤로 모아 앞으로 굽히기.

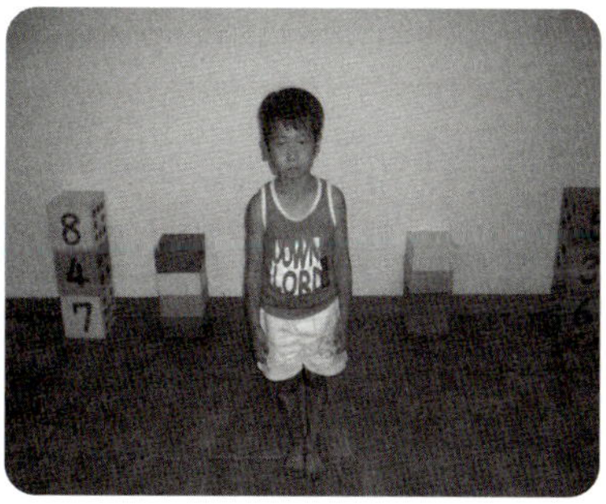

「앉아 무릎 펴고 앞으로 굽히기」

■ 무엇이 튼튼해질까요?

유연성 능력을 기른다.

■ 무엇을 사용할까요?

신체

■ 이렇게 해봐요

① 앉아서 무릎을 펴고 앉는다.

② 두 손을 모아 다리로 서서히 내려간다.

③ 두 손으로 발을 잡고 약 5초간 고정한다.

④ 서서히 원위치 한다.

■ 이러면 안돼요

무릎을 구부리지 않게 하고 너무 급하게 내려가지 않는다.

■ 다르게 해봐요

앉아 발바닥 잡고 높이 들어 무릎 펴기.

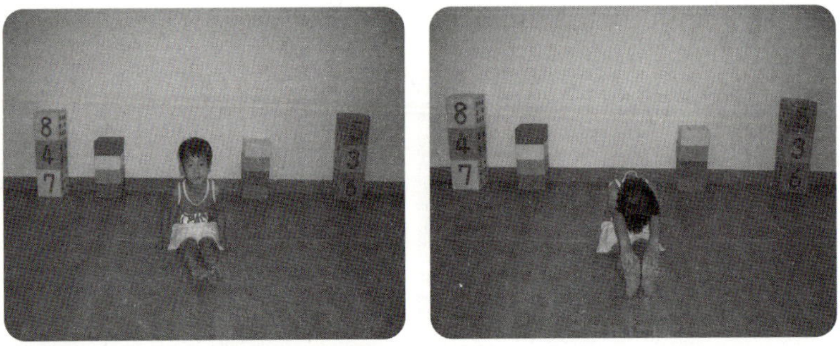

[앉아 다리 벌려 좌우 굽히기]

■ 무엇이 튼튼해질까요?

유연성 능력을 기른다.

■ 무엇을 사용할까요?

신체

■ 이렇게 해봐요

① 앉아서 무릎을 편 후 다리를 벌린다.

② 두 손은 위에서 다리로 서서히 내려간다.

③ 두 손으로 발을 잡고 약 5초간 고정한다.

④ 서서히 원위치 한다.

⑤ 반대편도 똑같이 한다.

■ 이러면 안돼요

무릎을 구부리지 않고 너무 급하게 내려가지 않는다.

■ 다르게 해봐요

앉아 다리 벌려 앞으로 굽히기.

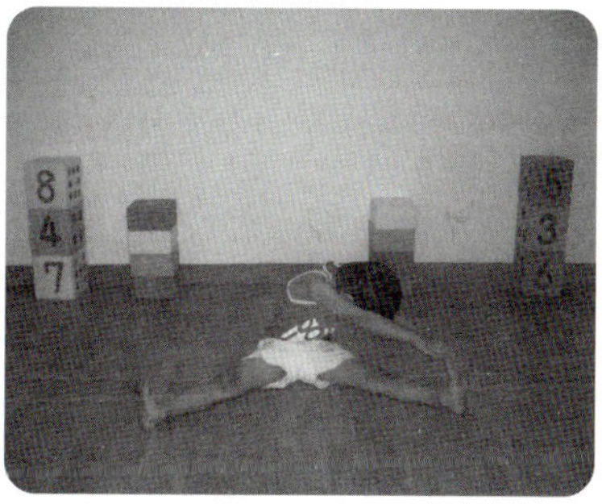

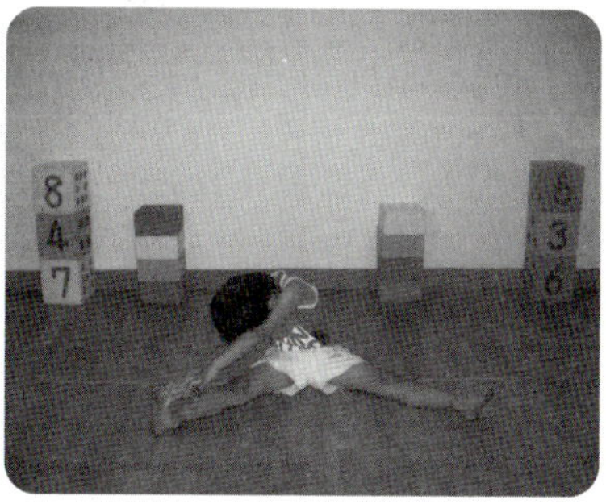

[어깨 눌러 주기]

■ 무엇이 튼튼해질까요?

유연성 능력을 기른다.

■ 무엇을 사용할까요?

신체

■ 이렇게 해봐요

① 고양이 자세를 잡는다.

② 팔은 어깨 넓이로 하고 팔과 어깨가 일직선이 되도록 쭉 펴 준다.

③ 어깨를 펴 준 상태에서 5초간 정지한다.

■ 이러면 안돼요

허리와 다리가 직각이 되도록 한다.

등 뒤에서 손잡기

■ 무엇이 튼튼해질까요?

유연성 능력을 기른다.

■ 무엇을 사용할까요?

신체

■ 이렇게 해봐요

① 선 자세에서 손을 뒤로 보내어 등 뒤에서 손을 잡는다.

② 잡은 손을 쭉 펴서 위로 올려 5초간 멈춘다.

③ 다시 손을 내려 놓는다.

■ 이러면 안돼요

어깨에 무리를 주지 않는 상태까지만 편다.

■ 다르게 해봐요

등 뒤로 손 잡고 허리 숙이기.

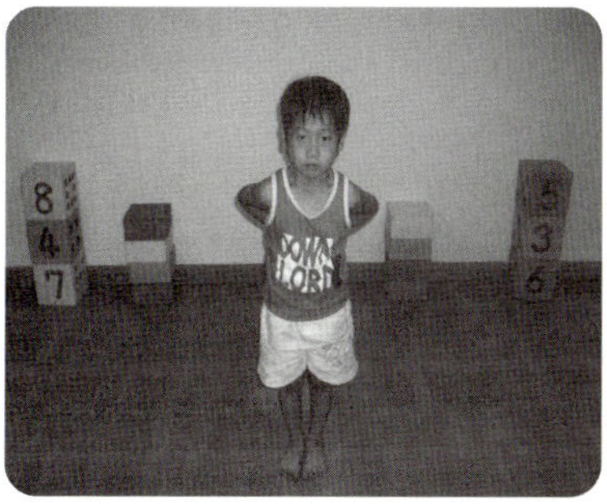

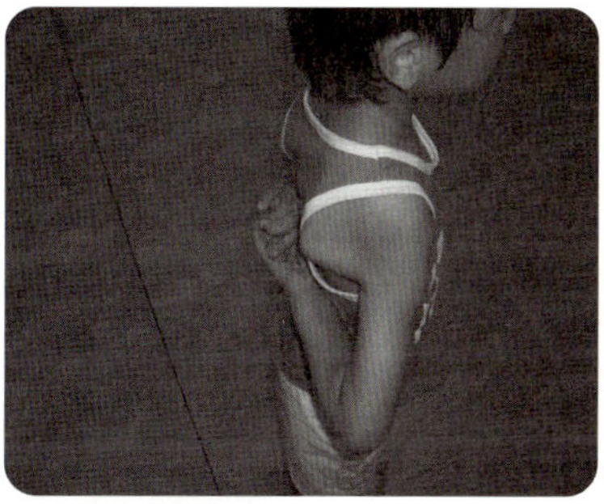

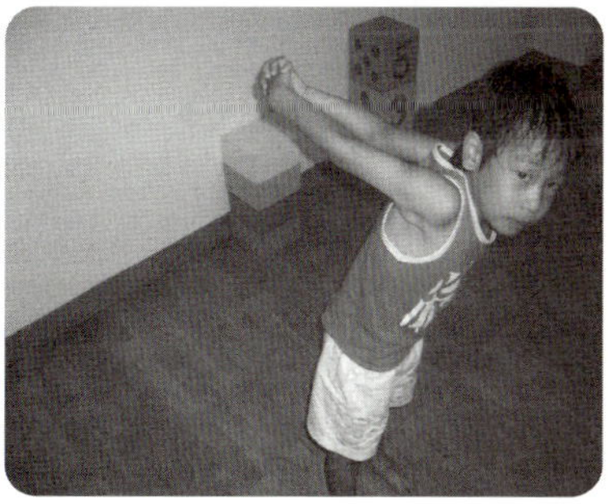

[머리 뒤로 발끝 닿기]

■ 무엇이 튼튼해질까요?

유연성 능력을 기른다.

■ 무엇을 사용할까요?

신체

■ 이렇게 해봐요

① 등을 바닥에 대고 반듯이 눕는다.

② 배에 힘을 주고 다리는 바닥에서 직각으로 들어올린다.

③ 양손은 허리를 받치고 다리는 머리 뒤로 넘긴다.

④ 발끝이 바닥에 닿게 하여 약 5초간 멈춘 후 원위치로 돌아온다.

■ 이러면 안돼요

처음부터 너무 무리하지 않게 하고, 무릎을 구부리지 않도록 주의시킨다.

[무릎 꿇고 몸 뒤로 내리기]

■ 무엇이 튼튼해질까요?

유연성 능력을 기른다.

■ 무엇을 사용할까요?

신체

■ 이렇게 해봐요

① 무릎을 꿇고 앉게 한다.

② 무릎을 꿇은 상태에서 뒤로 몸을 젖혀 손이 바닥에 닿게 한다.

③ 5초간 기다렸다가 다시 앞으로 온다.

■ 이러면 안돼요

목을 다칠 수가 있으므로 아이들을 보조해 주는 것도 좋다.

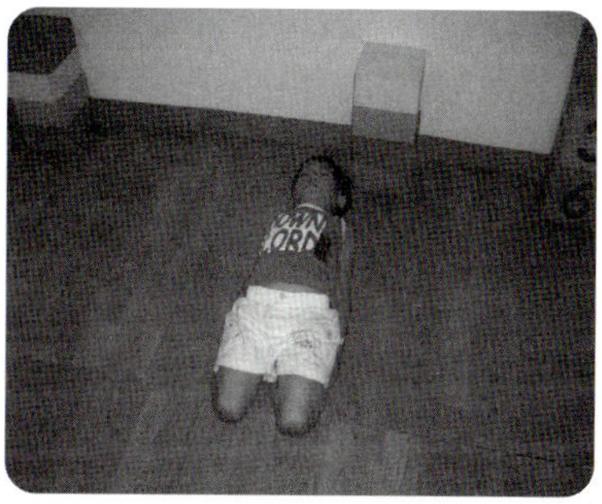

[슈퍼맨 날기]

■ 무엇이 튼튼해질까요?

유연성 능력을 기른다.

■ 무엇을 사용할까요?

신체

■ 이렇게 해봐요

① 바닥에 팔과 다리를 쭉 펴고 엎드린다.

② 신호와 함께 배만 땅에 닿고 슈퍼맨처럼 머리, 팔, 다리를 높이 든다.

③ 5~10초 정도 유지한다.

■ 이러면 안돼

팔과 다리를 구부리면 안 된다.

■ 다르게 해봐요

스카이 다이빙.

[오뚜기]

■ 무엇이 튼튼해질까요?

유연성, 평형성, 복근 등의 능력을 기른다.

■ 무엇을 사용할까요?

신체

■ 이렇게 해봐요

① 등을 바닥에 붙이고 무릎을 가슴에 닿도록 굽혀 두 손으로 끌어안는다.

② 신호와 함께 오뚜기처럼 앞뒤로 흔드는 것을 반복한다.

③ 5회를 하고 15초 정도 쉬었다가 다시 5회 실시한다.

■ 이러면 안돼요

목을 너무 깊이 숙여서 목에 무리가 가지 않도록 주의해야 하며, 딱딱한 바닥은 상해의 위험이 있다.

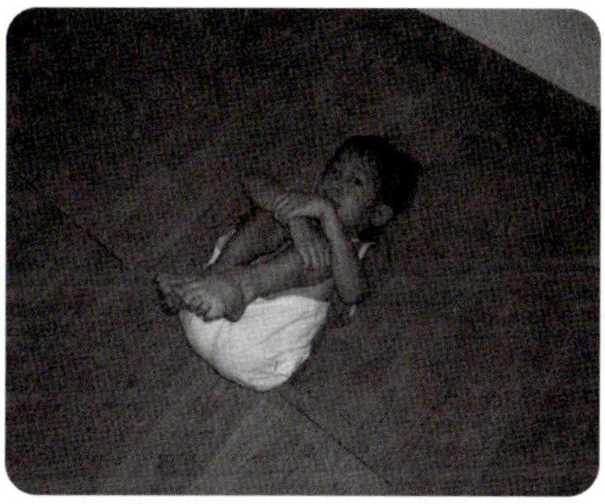

[무지개 만들기]

■ 무엇이 튼튼해질까요?

유연성, 배 근력의 능력을 기른다.

■ 무엇을 사용할까요?

신체

■ 이렇게 해봐요

① 등을 바닥에 대고 편안히 눕고 양쪽 다리를 약간 벌려 무릎을 세운다.

② 양쪽 손을 귀 옆에 놓는다.

③ 손가락은 아래로 향하고 손등은 어깨 쪽으로 오게 한다.

④ 신호와 함께 엉덩이와 어깨에 힘을 주어 들어올리며 얼굴을 뒤로 젖힌다.

⑤ 5~10초 동안 유지한다.

■ 이러면 안돼요

허리에 무리가 갈 수 있으니 준비 운동을 충분히 해 주고, 차츰 시간을 늘려간다.

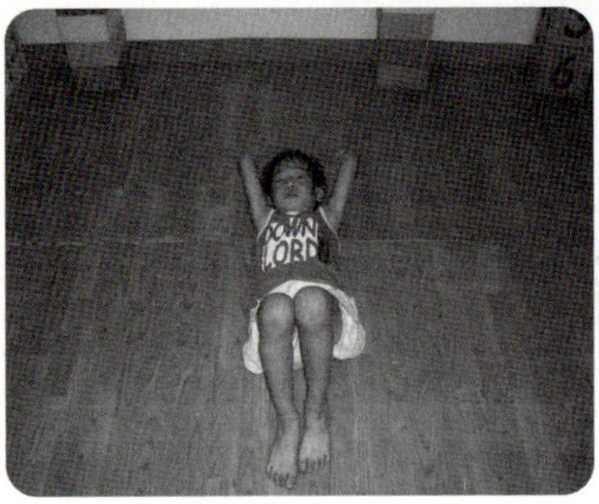

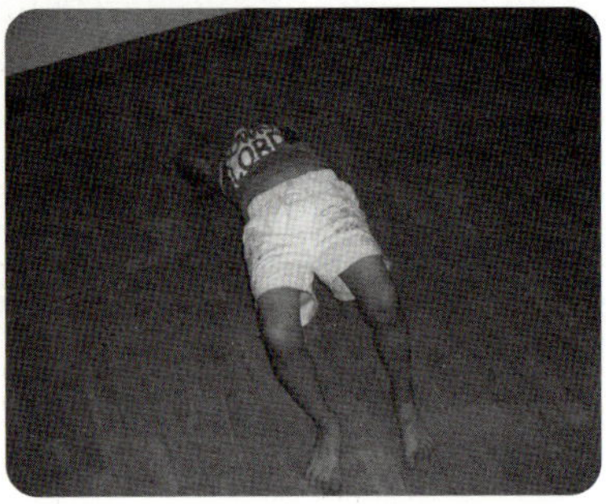

[전화 걸기]

■ 무엇이 튼튼해질까요?

유연성 능력을 기른다.

■ 무엇을 사용할까요?

신체

■ 이렇게 해봐요

① 앉은 자세에서 아빠 다리로 앉는다.

② 선생님은 발바닥 전화기를 설명한 후 발바닥으로 전화를 받자고 한다.

③ 발바닥 전화기를 귀에 가져가서 전화를 건다.

④ 5초간 정지한 후 다시 반대편의 발로 전화를 건다.

■ 이러면 안돼요

다리를 들어올릴 때 아이들이 한쪽으로 넘어질 수 있으므로 아이들을 보조해 준다.

[미끄럼 만들기]

■ 무엇이 튼튼해질까요?

유연성, 복근의 능력을 기른다.

■ 무엇을 사용할까요?

신체

■ 이렇게 해봐요

① 등이 바닥에 닿도록 반듯이 눕는다.

② 무릎은 세우고 발바닥은 바닥에 닿도록 한다.

③ 두 손은 바닥에 내려놓고 엉덩이를 서서히 들어올린다.

④ 약 5초 정도 고정하고 원위치 한다.

■ 이러면 안돼요

엉덩이가 땅에 닿지 않도록 주의시킨다.

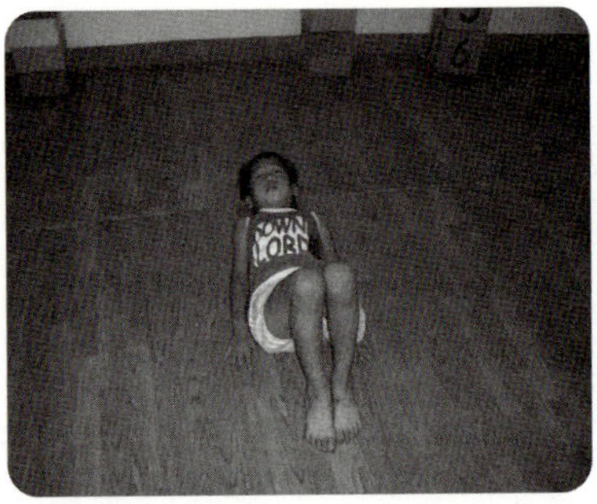

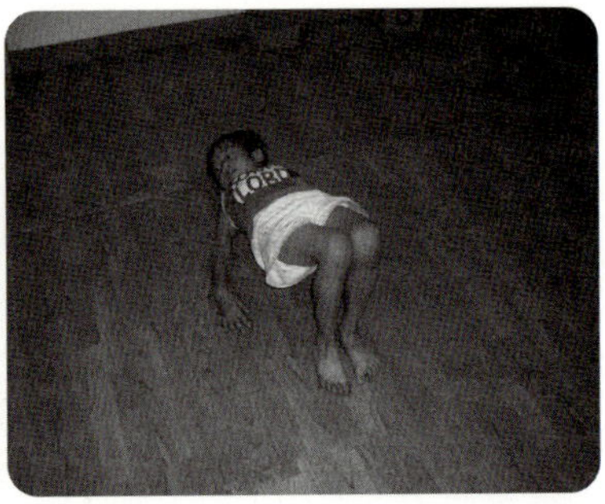

[머리 뒤로 코잡기]

■ 무엇이 튼튼해질까요?

유연성 능력을 기른다.

■ 무엇을 사용할까요?

신체

■ 이렇게 해봐요

① 바닥에 앉게 한다.

② 팔을 귀 뒤로 넘겨 반대편 귀를 지나 코를 잡게 한다.

③ 코를 잡고 5초간 멈춘 뒤 다시 제자리로 돌아온다.

④ 반대로도 한다.

■ 이러면 안돼요

팔이 머리 뒤로 빠질 수 있으므로 정확한 동작의 시범을 보여 준다.

[유니바 들고 위로 높이 올리기]

■ 무엇이 튼튼해질까요?

유연성, 근력 능력을 기른다.

■ 무엇을 사용할까요?

유니바

■ 이렇게 해봐요

① 다리를 붙이고 유니바를 들고 선다.

② 유니바를 든 상태에서 팔을 앞으로 뻗은 다음 위로 만세 자세를 만든다.

③ 발끝으로 서면서 몸을 쭉 펴 준다.

④ 5초간 정지해 준다.

■ 이러면 안돼요

균형을 잡지 못하는 아이들이 있으므로 선생님이 옆에서 보조해 주면 더욱 좋다.

「 유니바 들고 옆구리 늘려 주기 」

■ 무엇이 튼튼해질까요?

유연성 능력을 기른다.

■ 무엇을 사용할까요?

유니바

■ 이렇게 해봐요

① 유니바를 들고 다리를 어깨 넓이로 벌리고 선다.

② 유니바를 머리 위로 들고 쭉 편 자세를 만든다.

③ 유니바를 든 상태에서 좌측으로 굽힌다.

④ 5초간 정지하였다가 다른 방향으로 굽힌다.

■ 이러면 안돼요

팔과 다리가 구부려지지 않도록 한다.

chapter 6

영 · 유아 건강과 영양 관리

Ⅰ. 영·유아 건강 관리

1_ 영·유아 건강 관리의 개념 및 필요성

유아체육 현장에서는 수업 중이나 수업 이외의 시간에 안전사고가 발생할 가능성이 곳곳에 존재하고 있다. 교사의 순간적인 부주의로 인한 유아의 상해는 자칫 평생을 장애 속에서 생활하게 하는 불행을 초래하게 된다. 특히 유아기에는 자기조절 능력과 상황에 대한 인식이 부족하기 때문에 어느 시기보다도 더 안전사고에 노출되기 쉽다.

모든 위험이나 사고로부터 유아를 보호하는 일은 부모와 교사의 최우선적인 임무이고 이런 위험성을 예방하기 위해서는 사고 발생 후의 대책이나 처리보다는 사고를 사전에 대처하는 방법이 더 중요하다고 본다. 그러기 위해서는 유아가 스스로 몸을 지키고 유지할 수 있는 안전에 대한 바른 습관과 태도를 길러 주는 일이 강조되어야 할 것이며, 안전과 관련된 지식과 태도 및 행동을 할 수 있게 도와주는 내용 등을 포함시켜야 한다. 이런 교육을 통해서 유아는 일상생활에 필요한 건강을 유지하게 되고 사고로부터 예방할 수 있는 지식을 습득할 수 있다. 그리고 안전에 대한 의식은 단기보다는 장기적으로 형성되기 때문에 어린 시절부터 체계적인 안전교육을 실시하는 것이 매우 중요하다고 본다. 이런 교육은 안전에 대한 지식이나 태도, 기능에 지속적으로 영향을 미칠 수 있다는 점에서 유아 안전교육의 중요성이 강조되고 있다.

따라서 안전 관리는 학생의 보호와 안전을 위해서 실행되어야 하는 체육 교사의 필수적인 임무이며 책임이라 할 수 있다. 만약, 운동 중에 충돌이나 충격에 의하여 일시적으로 호흡이 정지되거나 심장이 멈추었을 때 인공호흡이나 심장마사지를 실시하여 생명에 지장이 없도록 해야 하고, 유아가 체육활동 중에 부상을 입었을 때 적절한 조치를 취할 수 있는 능력이 있어야 한다. 신속한 조치가 이루어지지 않으면 유아의 생명을 잃게 할 수도 있으며 상처가 악화되어 더 큰 부상으로 확대될 수도 있다. 체육활동에 참가하는 유아의 생명은 체육 교사의 구조 능력과 응급처치 여부에 좌우될 수 있으므로 유아체육활동의 안전한 진행을 위하여 응급처치에 대한 지식은 체육 지도자라면 누구나 기본적으로 알고 있어야 하는 매우 중요한 요인이다.

2_ 영 · 유아 건강에 미치는 요인

영 · 유아의 건강에 영향을 주는 요인은 다양하고 범위가 크지만 유전적 요인과 환경적 요인으로 나눌 수 있다.

1) 유전적 요인

유전적 요인은 인간의 특성과 건강 상태를 결정해 주는 매우 중요한 역할을 하며, 건강한 신체적인 면과 건전한 정신적인 지능을 갖게 하는 기초적인 요인이다.

2) 환경적 요인

환경적 요인은 신체, 정신, 행동 양식에 영향을 주게 되며, 개인이 갖고 있는 성향을 변화시켜 주고 잠재력을 현실화시켜 준다. 긍정적인 환경은 유아의 발육과 발달에 좋은 영향을 주지만, 부정적인 환경은 그것들을 방해하는 역할을 하게 된다.

II. 영 · 유아 영양 관리

1_ 영 · 유아 영양의 개념

영양(nutrition)이란, "생물이 생명을 유지, 성장, 장기나 조직의 정상적인 기능의 유지, 에너지 생산 등을 위해서 음식물을 이용하는 과정(WHO 정의)" 이라고 정의내릴 수 있다. 영양은 인체가 외부로부터 음식물의 영양소를 섭취하고 이를 대사하여 신체활동 또는 생명유지에 필요한 에너지를 얻고, 인체 구성 성분을 이용하여 몸의 기능을 유지하고 증진하는 것이다.

영 · 유아 영양이 성인과 다른 점은 성인의 경우에는 건강 유지와 활동을 위한 영양의 보급만으로 충분하지만, 영 · 유아는 충분한 영양을 공급함으로써 현재의 건강유지는 물론 성장, 발육, 체력 발달 및 양성 그리고 지능 발달을 도모해야 한다.

2_ 영 · 유아 영양의 중요성

1) 영양과 성장

1~6세까지의 성장은 생후 1년간보다 완만하게 진행되고, 3세~6세까지의 미취학 어린이는 어린 영아보다 신장과 체중의 성장이 더 느리다. 이 시기에는 성인과 비교하여 변동 범위가 넓어서 영양면에도 큰 차이를 보인다. 1년 동안의 평균 체중 증가는 1.8~2.25kg 정도이며, 생후 2년 정도부터는 출생 시보다 체중의 4배가 된다. 출생시의 신장은 4년째의 2배 정도가 되며, 청년기까지는 평균적으로 약 5cm 정도의 증가를 보인다.

2) 영양과 지능 발달

정신 발달은 뇌의 구조와 기능에 깊은 관계를 갖고 있다. 인간의 뇌는 간뇌라고 불리는 부분으로서 인간의 본능을 관장하는 영역이 있고, 또 다른 부분인 대뇌피질에는 140억에 달하는 상당히 많은 수의 뇌세포가 존재하고 있다.

신생아는 출생 시 머리 부분이 몸 전체에 비해 크다. 두뇌와 중추 신경계는 태아기와 신생아 초기에 급격히 성장하게 되고, 만 6개월이 되면 두뇌의 세포수가 최고에 이르게 된다. 많은 학자들의 보고에 의하면, 만 4세가 되면 두뇌의 90%가 형성되는데, 두뇌 신경세포의 형성과 기능에 중요한 영양소의 공급이 필요한 시기로, 정상적인 정신 발달은 영양과 관련 있다는 것이다.

영 · 유아 시기에 단백질과 열량 부족은 두뇌 구조와 기능에 변화를 가져오며, 심한 영양불량은 뇌성분의 구조적 변화를 주게 되어 뇌세포 수 및 크기의 감소, 그리고 DNA 단백질 및 자질 함량에 변화를 일으킨다고 한다.

3_ 영 · 유아 영양의 특성

1) 영 · 유아 영양 권장

● 열량

영 · 유아 시기는 성장이 매우 빠른 시기이며, 열량과 영양소의 요구량이 크게 증가한다. 1~3세 어린이의 1일 권장량은 1,200kcal이고, 4~6세의 어린이는 1,500kcal의 열량 섭취가 권장되고 있다.

● 단백질

끊임없는 세포의 신진대사와 발육에 꼭 필요한 영양소로서 양뿐만 아니라 질에 대해서도 고려하여야 한다. 소요 단백질량은 적어도 1/3~1/4은 동물성 단백질을 섭취해야 하는데, 1~3세까지는 총 단백질의 2/3~4/5, 4세 이후에는 1/2~2/3를 섭취하는 것이 좋다. 양적으로는 1~3세에는 1일 35g, 4~6세에는 40g을 권장하고 있다.

● 지방

열량원으로 필요할 뿐만 아니라 염류의 대사에도 중요한 관계가 있다. 소요량에 대해서는 확정된 수치는 없으나, 우리나라에서는 열량으로서 함수탄소보다 밥 이외에 지방분(동물성, 식물성)을 충분히 섭취하도록 하고 있다.

- 함수탄소

열량원으로 이용되며 소요 칼로리의 40%는 적어도 함수탄소에서 공급받는다. 영 · 유아에게는 체중 1kg당 12g, 일반 성인의 경우에는 약 10g이 필요하다.

- 비타민

각종 비타민은 직접 발육촉진 작용을 하는 것 외에 여러 가지 영양소의 대사에도 관계가 있기 때문에 영 · 유아의 발육에는 중요한 요인이 된다. 또 비타민은 신체 구성성분으로서 생리기능의 조절을 하기 때문에 균형이 잡힌 식사, 신선한 과일과 채소를 섭취하는 것이 매우 중요하다.

- 칼슘

만 1세~10세 사이에는 지속적으로 성장이 일어나며, 체중당 칼슘 필요량은 성인의 경우 1kg당 20~40mg 정도이고, 1~3세에는 500mg, 4~6세에는 600mg이다.

- 철분

1~3세에는 1일 15mg, 4~6세에는 10mg이 권장량이다.

- 수분

수분 필요량은 100~120ml/kg이지만, 더운 여름인 경우에는 4배 정도의 물을 마신다. 유아기 때는 표현이 가능하므로 탈수의 위험성이 없지만 심한 구토, 설사, 발열 시에는 탈수증이 일어나기 쉬우므로 각별히 조심해야 한다.

2) 영 · 유아에게 필요한 식품

- 유아에게 적당한 식품 - 우유

우유는 영 · 유아 시기에 가장 중요한 식품으로 칼슘과 인 그리고 단백질, 비타민 A · B 등을 공급해 주는 역할을 하고 있다. 또한 우유는 물과 같이 아이들이 쉽게 접할 수 있고 음료나 아이스크림, 빵 종류 등에 의해서도 공급받을 수 있는 식품이다.

〈표 6-1〉 유아의 1일 식품 구성안

(단위 : g)

연령	우유	달걀	어류 육류	대두	녹황색 채소 감귤류	기타 채소 과일	곡류	감자류	설탕	유지류
1~3세	300	30	60	10	50	50	130	50	10~30	10
3~5세	300	30	70	15	70	70	220	60	10~30	15
6~8세	200	40	80	20	100	100	280	80	20~40	20

*자료 출처 : 조양자 · 서용선 · 정승교 · 조영임. 『아동건강교육』, 형설 출판사, 1995.

3) 영 · 유아의 식사 계획

- 식사 계획시 주의점

- 식사 시간은 유아의 식사량, 생활 리듬에 따라 정해 놓고 규칙적으로 실천하는 것이 좋고, 식사 시간이 불규칙적일 경우에는 편식 등을 불러일으킬 수 있다.
- 식사 시에는 다른 곳에 집중하지 않고 안정된 분위기를 만들어 줌으로써 식사에 대해 흥미를 갖게 한다.
- 아이들이 식사를 거부할 경우 강요하지 말아야 하며, 식사에 대한 태도를 조금씩 교정해 주면서 이해하는 자세와 자립심을 길러 주는 것이 좋다.

- 식단 계획

- 식품에 대한 권장량과 5가지 기초 식품군을 기본으로 영양소의 균형을 유지시켜 준다.
- 아이들이 먹기 편하고 기호에 맞도록 연령과 발육 단계를 기본으로 하여 조리 방법과 음식을 선택한다.
- 자극성이 있는 식품은 되도록이면 피하고 인스턴트 식품보다는 자연식품을 이용한다.
- 1일 3회의 식사만으로는 충분한 영양 섭취가 부족하기 때문에 1~2회의 간식으로 이를 보충해 준다.

〈표 6-2〉 1~3세 유아의 식단

아침	간식	점심	간식	저녁	간식
오렌지즙 프렌치 토스트 우유	우유	당근죽 고기파이 구운 사과	우유 쿠키	밥, 시금치국 생선찜 크림 친 당근	우유
포도즙 팬 케이크 우유	우유	국수와 토마토 소스 생오이	카스타드	밥, 완두크림수프 다진 고기구이 생당근	우유
토마토즙 우유죽 알찜	우유	밥 크로켓 생야채	아이스크림	밥, 토마토 수프 크림 친 야채, 생선구이, 과일	
사과즙 계란찜 토스트, 우유	우유	국수와 고기소스, 당근샐러드, 감자 으깬 것	고구마 푸딩	완두콩밥, 무국 고기두부, 찜 시금치나물	우유
오렌지즙 스크램블에그 머핀, 우유	우유	장국 죽 버터에 볶은 야채 사과	바나나 카스타드	밤밥, 당근수프 생선크로켓 생야채 무침	우유
토마토즙 반숙한 계란 토스트 우유	우유	간 샌드위치 완두 스프 과일샐러드 감자 으깬 것	당근 푸딩	보리밥 생선 완자국 당근 삶은 것 과일	
사과즙 오믈렛 오트밀	우유	생선, 치즈소스 국수 오이 초절임	크래커	흰밥, 두부국 크림 친 야채 과일	우유

*자료 출처 : 이기열 · 김형수 · 문수재 · 손경희 · 이양자. 『어린이의 영양』, 연세대학교 출판부, 1986.

〈표 6-3〉 4~6세 유아의 식단

아 침	간 식	점 심	간 식	저 녁	간 식
오렌지즙 토스트, 알찜 우유	우유 크래커	국수장국 생선튀김 김치	카스타드	보리밥, 호박찌개 쇠고기 전 김치	우유
토마토즙 팬 케이크 스크램블에그 우유	우유	김초밥 된장국 오이 초절임	호박 카스타드	완두 수프 햄버거스테이크, 빵 감자 으깬 것 생야채	
사과즙 프렌치토스트 우유죽	우유	국수와 고기소스 감자 으깬 것 야채 샐러드	사과 쿠키	콩밥, 시금치국 생선조림 김구이, 김치	우유
포도즙 야채 오믈렛 머핀, 우유	우유	새우밥 당근 건포도	고구마 푸딩	차조밥, 콩나물국 고기구이 크림 친 야채 깍두기	
오렌지즙 반숙란 토스트, 우유	사과 1개	간 샌드위치 과일 샐러드 우유	오트밀 쿠키 2개	보리밥 양배추국 생선찜, 콩나물	
토마토즙 스크램블에그 우유죽	바나나 우유	생선과 국수 치즈 소스, 생야채 (오이, 당근)	스폰지 케이크 2쪽	야채밥 계란국 과일 샐러드	
생과일 구운 계란 오트밀 우유	쿠키 2개	비빔밥 무국 김치	당근푸딩	완두콩 밥 생선찌개 야채볶음 김구이, 김치	우유

*자료 출처 : 이기열 · 김형수 · 문수재 · 손경희 · 이양자. 『어린이의 영양』, 연세대학교 출판부, 1986.

chapter 7

영 · 유아 응급처치

Ⅰ. 응급처치의 개념

1_ 응급처치의 정의

응급처치(first aid)란 일상생활 또는 체육활동 중에 불의의 상해를 입거나 급격한 증상을 유발하는 질병에 걸렸을 때, 즉각 적절하게 대처하여 방치해 두면 잃게 될 인명을 간호하고 악화되어 가는 증상을 경감시키며, 의사가 도착할 때까지 적절하고 현명한 최선의 일시적 처치를 하는 것을 말한다.

2_ 응급처치의 목적

생명을 구하고 상처 악화를 예방하며 감염에 대해 저항력을 유지시키는 데 있다.

3_ 응급처치의 특성

- **한계성** - 의사가 아니기 때문에 무리한 처치 행위는 위험하며, 본인이 알고 있는 응급처치 지식 내에서만 도와주어야 한다.
- **시한성** - 병원에 도착할 때까지 또는 의료반이 도착할 때까지 시도해야 한다.

II. 기본 응급처치법

1_ 응급 상황 대처법

부상과 상해의 종류에 따라 응급처치 방법이 다르지만 일반적으로 통용되는 응급처치의 기본 원칙은 다음과 같다.

- 환자를 수평으로 눕히고 부상의 종류와 그 정도를 조사한다.
- 출혈이나 질식(일시적인 호흡 정지) 환자인 경우는 긴급을 요하므로 신속히 처치한다.
- 부상자 조사 시 가능한 한 움직이지 않게 한다.
- 부상자를 안심시키고 불안감을 갖지 않게 한다.
- 부상자에게 상처를 보이지 않게 한다.
- 되도록 손이나 손가락으로 환부를 만지지 않는다.
- 의식불명의 환자에게 물이나 음식 등을 주지 않는다.
- 가능한 한 환자를 움직이지 않게 한다.
- 들것으로 운반 시 환자의 발을 앞쪽으로 하고 운반한다.
- 체온유지를 위해 부상자를 적당한 것으로 덮어 주어 체온을 유지시켜 준다.

2_ 기본 심폐소생술

운동 중에 사고나 심장 발작 또는 의료적 응급 상황에서 기도가 막히거나, 환기 부족, 무호흡, 출혈, 맥박 손실과 뇌 손상으로 인해 사망하는 경우가 많다. 만약 심장과 호흡 정지 4분 이내에 심폐소생술을 시행받았거나, 8분 이내에 2차 소생 처치를 받은 경우에는 예후가 좋지만, 4~6분 후에도 혈액순환 회복이 안 되면 뇌 손상이 일어날 수 있고, 6분 후에 처치된 경우에는 뇌손상이 오는 것이 거의 확실시되므로 되도록이면 빨리 기본 심폐소생술을 시작하는 것이 좋다. 전자는 기구나 약재를 사용하지 않고 맨손으로 시행하는 것이며, 후자는 전문적인 훈련을 받은 의사, 간호사 등이 기구나 약물을 사용하여 보다 철저하고 효과적인 처치를 시행하는 것이다.

다음에서 언급되는 것은 전문적인 심폐소생술이 시도되기 전까지 활용할 수 있는 기본 심폐소생술이다. 심폐소생술은 기도 확보, 구강 대 구강(mouth to mouth)호흡법 또는 기타 인공호흡법 그리고 흉부압박법의 배합으로 이루어진다. 이 방법을 시행하면 심장이나 폐의 기능이 정지되었다 하더라도 뇌와 기타 중요 기관으로 최소한의 산소를 공급하여 생물학적 사망을 막을 수 있다. 심폐소생술의 ABC, 즉 기도 확보(Airway, A), 호흡(Breathing, B), 혈액순환(Circulation, C)은 반드시 알아 두어야 할 사항이다.

1) 호흡이나 심장의 정지를 확인하는 방법

심폐소생술 시행에 있어서 우선 알아야 할 것은 심폐 정지가 의심되는 사람의 상태를 파악하는 방법이다. 심폐가 정지되면 꼭 의식이 소실되므로 우선 의식 상태를 파악하는 것이 중요하다. 호흡은 환자의 입이나 코 부분에 직접 귀를 대고 확인하거나 흉부의 움직임을 보면서 확인할 수 있다. 맥박을 확인할 때에는 목 부위의 경동맥을 만져서 확인한다.

2) 기도 확보

(1) 두부 후굴 방법(Head tilt and Neck lift)

환자의 옆에서 목 밑을 들어올리면서 이마 부위를 지그시 누르는 방법으로, 혼자서 인공호흡을 시행할 때 주로 사용된다. 구강 대 구강 호흡법이나 구강 대 비강 호흡법 모두 시행할 수 있다.

(2) 하악 중앙부 거상법(Chin lift and Head tilt)

한 손으로 턱의 중앙부를 끌어당겨 기도를 확보하는 방법으로 한 손을 자유롭게 사용할 수 있으나 턱 끝부분만을 끌어당기지 않으면 혀 밑을 눌러 오히려 기도를 폐쇄시키는 경우가 있으므로 주의를 요한다.

(3) 하악 거상법(Jaw thrust)

기도 확보에 가장 확실하게 많이 사용되는 방법으로 하악각이 있는 양쪽 끝을 이용하므로 혀 밑 부분을 누르는 위험도 많다.

3) 인공호흡법

인공호흡에는 다음과 같은 두 가지 방법이 있다.

(1) 구강대 구강 호흡법(Mouth to Mouth)

우선 기도를 확보하기 위해 환자의 측면에서 한 손을 이용하여 목 뒤를 들어올리고 다른 한 손으로 코를 잡는다. 숨을 크게 들이마시고 시술자의 입을 크게 벌려서 환자의 입을 완전히 덮은 후 숨을 불어넣어 준다. 숨을 불어넣어 준 결과를 확인하기 위하여 반드시 환자의 가슴이 올라오는 것을 확인하여야 한다.

(2) 구강 대 비강 호흡법(Mouth to Nose)

호흡 원리는 위의 방법과 같고 환자의 코로 숨을 불어넣어 주는 방법이다. 코로 공기가 들어갈 수 있도록 환자의 턱을 당겨서 입을 닫아 준 상태에서 숨을 불어넣고 숨을 내쉴 때에는 입을 열어 주어야 하는 차이가 있다.

4) 심장압박법 - 심장마사지

인공호흡을 시행하면서 자주 경동맥의 맥박 유무를 확인해야 하고 경동맥이 뛰지 않으면 심장미사지를 시행해야 한다. 흉골의 상하운동으로 심장에 영향을 주어 혈액순환이 이루어지므로 흉골 아래쪽을 눌렀다 놓았다 한다. 심장마사지는 반드시 딱딱한 바닥에서 시행하여야 한다. 횟수에 있어서 최근의 경향은 분당 80회 이상이며 분당 횟수가 많을수록 좋다고 보고하고 있다.

(1) 기본 심폐소생술 실시

거의 대부분의 경우에 있어 심장과 폐의 정지가 동시에 오게 되며, 어느 한쪽에서 시작되어도 곧이어 다른 한쪽마저 모두 정지되므로 인공호흡과 심장마사지를 함께 시행하게 된다. 혼자서 소생술을 시행하는 경우와 두 사람이 시행하는 경우가 있는데 여기서는 혼자서 시행하는 경우를 설명하도록 하겠다.

환자의 의식 상태를 빨리 확인하고 주위에 도움을 청해야 한다. 환자의 상태를 5~10초 이내에 확인하고 환자를 바로 눕힌다. 기도 확보를 한 후 호흡과 경동맥 맥박을 확인하고 3~5초 동안 강하고 빠르게 인공호흡법을 시행한다. 인공호흡 직후에 경동맥을 만져 보고 맥박이 없으면 심장마사지를 시행한다.

먼저 가슴을 한차례 20~30cm 높이에서 주먹으로 세게 때려 준 후 마사지를 시작하는 것이 좋다. 왜냐하면 대개 갑작스런 심장정지 직후에는 심장 내 전기작용이 남아 있어 부정맥이 있는 경우가 많고 이러한 경우에 충격 효과를 줄 수 있다. 마사지를 할 때에는 큰 소리로 횟수를 세면서 시행하는 것이 좋으며, 15회를 마사지한 후에는 인공호흡을 2회 시행한다. 즉 15:2의 비율로 다른 구조할 사람이 나타날 때까지 계속해서 반복한다. 환자가 움직이거나 소리를 내면 즉시 소생술을 중단하고 호흡과 경동맥을 확인하여야 한다.

(2) 소아의 심폐소생술

소아의 심장 정지는 흔하지 않으나 숨길이 막히거나 호흡이 약해지는 경우가 자주 발생한다. 큰 아이의 심폐소생술은 성인과 거의 같은 방법으로 압박을 조금 약하게 하고 좀 더 자주 압박을 가하도록 하며, 작은 아이나 유아의 심폐소생술은 다른 방법으로 시행한다.

● 환자의 호흡 사정법

턱을 약간 위로 들어올려 주고 머리를 젖혀서 숨길이 막히지 않게 하며 머리를 약간 받쳐 주면 된다. 그런 자세에서 호흡을 보고 듣고 느껴 보도록 한다. 작은 베개를 소아의 등 뒤에 넣으면 환자의 머리를 약간 뒤로 젖힐 수 있다.

*소아의 숨길의 이물질을 제거할 때도 목 뒤까지 손가락으로 건드려서는 안 되는데 이는 감염으로 기도 주위가 부어 있는 상태라면 숨길을 완전히 막아 버리는 결과를 가져올 수 있기 때문이다.

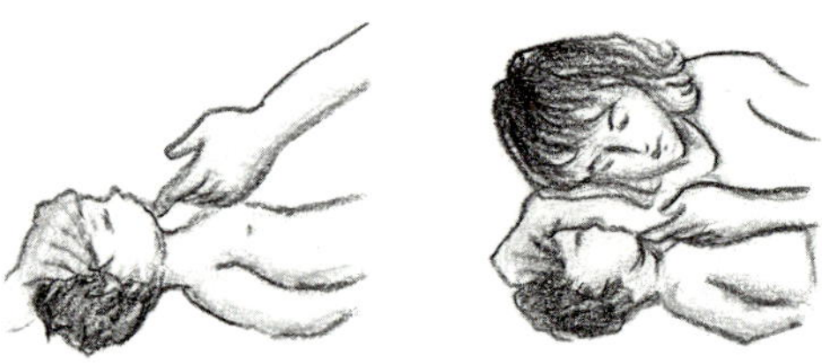

● 소아의 순환 평가

소아는 목동맥을 만지기가 어려우므로 상완 동맥의 맥박을 만지는 것이 좋다. 상완 동맥은 상완 안쪽에 어깨와 팔꿈치 사이에서 만져지는데, 인지와 중지를 사용해서 상완부의 안쪽을 가볍게 눌러 보면 촉지된다. 엄지손가락을 상완의 바깥쪽에 함께 대면 촉지가 더욱 잘 되며, 5초 이상 맥박이 없으면 맥박이 없다고 판정한다.

● 소아의 인공호흡법

소아의 인공호흡은 구강 대 구상-비강법을 사용하며, 성인이나 큰 아이의 2배 정도 횟수로 인공호흡을 시행하여야 한다. 소아의 입과 코를 동시에 시술자의 입에 밀착시키고 환자의 가슴이 올라오는 것이 보일 때까지 불어넣는다. 가슴이 내려오는 것을 확인하고 이런 방법으로 분당 20번씩 인공호흡을 한다.

● 흉부압박법

영아에서 맥박이 만져지지 않거나 분당 60회 이하이면 흉골의 하반 1/2부위에 압박을 시작한다. 학령기 소아의 흉부압박은 성인의 방법과 같다. 학령기 전 소아나 체구가 작은 소아는 다음과 같이 방법을 변경시켜서 시행한다. 맥박이 없는 환자에게는 인공호흡과 함께 흉부압박을 시행해야 하는 것을 명심하여야 한다.

환아를 딱딱한 바닥에 눕히고 압박 부위를 정확히 알기 위해서 양측의 유두가 만나는 가상선을 그리고 그 선의 중심에 2개 손가락의 끝을 올려놓는다. 분당 100회로 1.5~2.5cm의 압박을 시행한다. 인공호흡과 병행하기 위해서 1회 인공호흡에 5회의 흉부압박을 시행한다. 흉부압박법을 참조하여 성인과 같은 방법으로 압박 부위를 찾는다. 한 손을 사용해서 분당 100회 2.5~3.5cm 정도 깊이로 압박을 한다. 인공호흡과 병행하기 위해시 1회 인공호흡에 5회의 흉부압박을 시행한다.

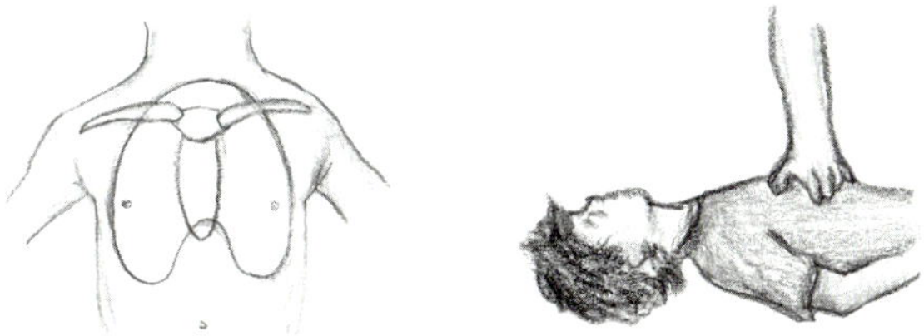

5) 소생술

산소 등 우리 몸에 필수적인 에너지원이 혈류를 따라 우리 몸의 각 세포로 전달되어 생존에 필요한 에너지로 전환되어야 생존이 가능하다. 특히 우리 몸의 모든 기능을 조절하는 능력을 가진 뇌는 항상 산소 공급이 필요하며, 만약 3~4분 이상 산소 공급이 중단될 경우 뇌 기능이 손상되기 시작하며 의식이 없어지고 호흡과 맥박이 중단되어 사망하게 된다.

(1) 생존의 기본 조건(The A B C If life)

산소가 뇌에 도달하기 위해서는 다음 3가지가 필수적이다. 몸으로 산소가 들어가기 위해서는 기도가 개방되어야 하고, 산소가 폐의 혈류에 녹아 들어가기 위해 호흡이 유지되어야 한다. 산소를 뇌 등의 우리 몸 모든 부위에 보내기 위해서는 혈액순환이 잘 이루어져야 한다.

● 소생술 원칙

생명유지를 위해서 뇌의 산소 공급이 항상 유지되어야 하며 산소는 혈류를 통해서 각 조직에 전달된다. 혈류는 심장 박동으로 유지되는데 심장정지를 즉각 처치하지 않으면 사망에 이르게 된다. 심장정지 시에는 제세동기라는 기계로 박동을 재개시키는 방법이 가장 흔하며, 심장정지 환자의 다음 3가지 조건을 만족시키면 생존 가능성이 높아진다.

- 인공호흡과 심장마사지로 뇌로 공급되는 산화 혈액의 양을 유지한다(심폐소생술 및 심장마사지).
- 제세동을 즉시 시행한다.
- 환자를 전문적인 치료를 받을 수 있도록 즉각 병원으로 후송한다.

환자를 제세동기가 갖추어진 구급차까지 후송하여야 심폐소생술을 즉각 시행할 수 있으며 소생술은 항상 같은 순서로 진행한다.

● 심장정지

소생술 순서 고리(연결 순서가 잘 유지되면 소생의 가능성이 가장 높아진다)

- 빨리 구조 요청 : 신속한 제세동을 위하여 빨리 신고한다.
- 초기 심폐소생술 : 구조대가 도착할 때까지 최대한 생명이 유지되도록 한다.
- 신속한 제세동 : 심장 박동 재개를 위하여 신속히 시행한다.
- 신속한 전문 치료 : 환자 상태의 안정을 꾀한다.

● 응급처치

어떤 상황에서도 세 가지 중요한 단계를 거쳐야 한다.

- 위험한 상황은 없나 찾아 본다
- 어떤 위험도 제거한다
- 환자를 검사한다.

무의식 상태인 환자는 항상 먼저 보아야 하며 소생술이 비록 필요하지 않을지라도 환자가 숨을 쉴 수 있나는 것을 확인하기 위해 즉각 주의해서 보아야 한다. 그리고 손상에 대한 검사나 치료를 시작해야 하고, 필요하다면 도움을 요청한다. 만약 환자가 심장정지 상태가 아니고 잠시 놔두어도 괜찮다면 도움을 청하도록 한다.

(2) 유아 소생술

성인과 마찬가지로 소아에서도 3~4분 이상의 심장정지는 뇌의 저산소증을 야기하여 영구적인 뇌 손상을 일으킬 수 있으므로 성인과 같은 인명 구조술이 필요하다. 다만, 유 · 소아에서는 신체의 크기가 작고 생리 작용에 약간의 차이가 있으므로 성인과 똑같은 인명 구조술을 적용할 수는 없다. 성인에서 심폐정지는 주로 심장 질환에 의한 심장정지가 원인이 되는 경우가 많으나 유 · 소아에서는 선천성 결함을 제외하고는 주로 호흡정지에 의한 산소 결핍의 결과로 심장이 정지된다. 소아 환자의 심폐정지를 유발할 수 있는 특정 원인에는 이물질 흡입, 익수, 상기도 감염, 두경부 손상, 급성 중독, 급성 영아사망 증후군(SIDS)에 의한 질식이다. 특히 유아들의 경우 이물질에 의한 기도 폐쇄의 경우가 많으며, 심장정지 시 성인의 경우보다 훨씬 소생율이 높기 때문에 신속한 소생술을 통해서 생명을 구할 수 있다.

① 유 · 소아에 대한 응급처치 시 유의 사항

응급처치 시 유 · 소아의 반응은 나이에 따라 다소 다르지만 가장 일차적인 반응은 본능적인 공포심이다. 즉, 부모로부터의 분리에 대한 공포, 낯익은 가정으로 돌아올 수 없다는 공포, 통증에 대한 공포, 미지에 대한 공포 등이 그것이다. 따라서 구급대원은 유 · 소아를 다루는 경우 공포심을 유발하지 않도록 하는 것이 무엇보다 중요하다고 할 수 있다.

● 행동 관찰

신체검사 못지않게 행동 관찰도 중요하게 취급되어야 한다. 소아의 경우 대부분은 신체검사 도중 환자(환아)를 다루기가 힘들어지고 자연스러운 신체검사를 기대하기가 힘들다. 따라서 ABC에 문제가 없을 경우의 노출 검사 시 성인과는 반대로 "사지에서부터 몸통 쪽으로" 실시함으로써 구급대원에 대한 경계심을 줄일 수 있고, 여건이 허락한다면 소아의 움직임을 떨어져서 관찰하는 것도 한 방법이라 할 수 있다.

● 기도 유지 및 척추 고정

소아의 경우 기도의 확보 및 유지를 위한 체위의 결정이 매우 중요하며, 조금이라도 외상의 의심이 가는 환자의 경우 척추를 고정하는 것을 잊지 말아야 한다.

● 호흡

소아의 경우 복부의 관찰에 특히 주의해야 한다. 근조직의 완전한 발육이 이루어지지 않아 상흉부의 움직임을 관찰하기 힘든 데 반해 복부는 횡경막의 운동과 함께 움직이기 때문이다(8세 이하의 소아들은 대부분 복부를 통해 호흡을 하게 된다). 만약 코가 폐쇄되어 있다면 입을 개방해 준다(신생아의 경우 코를 통해서만 호흡이 이루어질 수 있다). 호흡수가 정상 범위와 다를 경우 원인을 찾는 것이 중요하며 응급처치도 적절하게 이루어져야 한다.

- 영아(Infant) : 분당 30~60회
- 1~3세 : 분당 20~30회
- 10~12세 : 분당 12~30회

호흡음의 평가는 매우 중요하며 액와선(겨드랑이) 부근에서 호흡음을 청진하는 방법이 주로 이용된다.

● 순환(Circulation)

유아의 경우 상완동맥의 맥박 촉진을 통해 순환을 평가할 수 있으며, 학동기의 소아들은 경동맥과 요골동맥 촉진을 통해 순환을 평가할 수도 있다. 말초 부위의 관류(혈액순환)를 평가하기 위해 모세혈관 재충혈 시간을 체크할 수도 있으며, 피부색 측정을 통해 순환 상태를 평가할 수도 있다.

- 의식 수준(Level of consciousness) 평가

의식 수준은 뇌의 관류 상태를 평가하는 방법이다. 유아들에게 있어서 의식 수준 평가는 쉽지 않으며, 유아들의 행위를 주시함으로써 의식을 평가하도록 한다(원인을 알 수 없는 기면 증상, 극도의 초조 증상, 과민 반응, 정신 착란, 호전적인 면 등을 보일 경우에는 의식 수준이 정상이 아님을 나타내는 것이다).

- 출혈과 쇼크(Bleeding/Shock)

출혈, 과다체액 손실, 탈수증의 증상을 평가하여 쇼크에 대비한다(평가법은 주로 피부색, 모세혈관 재충혈 등을 이용). 피부의 팽만도, 눈물의 양, 입의 건조 여부, 소변 양의 감소 여부를 평가하여 출혈과 관련된 쇼크에 대비할 수도 있다.

- 혈압(Blood pressure)

소아들에게 있어 혈압을 측정하는 것은 쉽지 않으며 재측정할 경우 정확하지 않을 수도 있다. 왜냐하면 소아들의 경우 심각한 상태(부상 등)하에서도 혈압의 변화가 매우 느리게 진행되기 때문이다.

- 소아들의 표준 수축기 혈압 측정법 : 80+(나이×2)
- 소아들의 표준 이완기 혈압 측정법 : 수축기 혈압×2/3

- 온도(체온)

유 · 소아들은 피하지방과 시상 하부가 성인에 비해 덜 발달되어 있기 때문에 온도의 변화에 보다 민감하게 반응한다.

- 기타 신경 검사

- 사지의 운동이 다양하게 이루어지는지 확인한다.
- 자극 또는 촉진에 나타나는 반응을 관찰한다.
- 동공 반응을 확인한다.

② 유아 기본소생술

어린 아이들에게 있어 심장정지의 가장 큰 원인은 호흡 정지이다.

● 일반적인 기도 유지와 산소 투여법

손에 의한 기도 확보법과 경구 기도기를 이용한 기도 확보는 무의식 소아의 기도 확보를 위해 반드시 사용되어야 할 기도 확보법이다. 유 · 소아의 기도 확보에 가장 적합한 자세는 중립 또는 스니핑(Sniffing, 중립에서 약간 신전된 자세)자세이다. 어린 아이의 후두는 돌출되어 있기 때문에 중립 자세를 유지하기 위해서는 등의 윗부분 또는 목 아래의 몸통 부위에 천, 수건 등을 이용하여 덧대기를 해 주어야만 한다. 무호흡 소아에 대한 환기 시도는 포켓마스크 또는 BVM을 이용하여 실시하며, 호흡을 하고 있더라도 너무 느리거나(분당 12회 미만) 또는 지나치게 빠르고(분당 30회 이상), 얕은 호흡을 하는 경우에도 위와 같이 환기 보조를 해 주어야 한다. 소아에 대한 산소 투여는 입 또는 코에 직접적으로 이루어져서는 안 되고 어느 정도 거리를 두어야 한다(차가운 산소를 코나 입, 얼굴 등 미주 신경이 분포되어 있는 부분에 직접적으로 투여할 경우 자극에 의해 호흡의 정지 또는 심장 박동을 저하시킬 수 있기 때문이다).

● 이물질(Foreign Body)에 의한 기도 폐쇄

- 아이들에게 있어 기도 폐쇄는 가장 흔한 생명위협의 응급 상황이라 할 수 있다.
- 아이가 평소와 다른 행동을 보이고 있다면 이물질에 의한 기도의 부분 폐쇄를 의심하여야 한다.
- 아이가 바르게 앉아야만 호흡을 할 수 있거나, 유연(침이 심하게 흐르는 증상)이 나타날 경우 역시 이물질에 의한 기도의 부분 폐쇄를 의심할 수 있다.
- 완전한 기도 폐쇄의 징후가 나타나지 않는 한 현 상태로 호흡을 계속할 수 있도록 해야 하며, 절대로 입 안에 손가락을 넣는 등의 다른 행위로 호흡을 방해하는 일이 없도록 한다.
- 고농도의 산소를 공급할 때에는 미주 신경에 장애가 발생하지 않도록 얼굴로부터 약간의 거리를 두어야 한다.
- 기도가 완전히 폐쇄되어 환자가 의식이 없거나 호흡을 전혀 할 수 없는 경우에는 하임리히법을 실시해 준다.

● 심폐소생술(CPR)

의식이 없는 환자의 기도를 유지하는 법은 성인과 같지만 심한 경부의 신전은 오히려 기도를 폐쇄시킬 수 있으므로 목과 머리를 일직선으로 유지하고 하악을 들어올려주는 것이 좋다. 흉부압박을 할 때 1세~8세 사이의 소아에게는 한 손바닥만을 이용하여 분당 약 100회 정도의 속도로 2.5~3cm 정도 압박되도록 하고 간이나 비장의 손상에 주의한다. 1세 미만의 영아인 경우는 검지와 중지의 끝만을 이용하여 약 1.5~2.5cm 정도로 압박하며 분당 100회 이상 시행한다.

3_ 운동 손상시의 처치

손상에 대한 처치로는 그것이 경미한 것이든 심각한 것이든 간에 휴식(rest), 얼음찜질(ice), 압박(compression) 그리고 거양법(elevation) R. I. C. E가 사용되고 있다.

1) 휴식(Rest)

손상을 입은 부위가 회복될 때까지는 72시간 이상의 휴식을 취해 줘야 한다. 완전히 회복되기 전에 운동을 다시 시작한다면 재발할 가능성이 크다.

2) 얼음 찜질(Ice)

손상 부위에 즉시 얼음 찜질을 하도록 하며, 종이컵에 물을 채워 얼린 후 종이를 벗겨내고 얼음덩이를 부위에 대고 문지를 수 있다. 발목 염좌와 같은 경우에는 2~3개의 얼음 주머니로 주위를 감싸도록 한다. 이때는 적당한 크기의 부서진 얼음이나 네모난 얼음 조각을 이용하여 적어도 20분 동안은 얼음 찜질을 하도록 한다(지나친 얼음 찜질로 피부가 얼지 않도록 주의한다). 얼음 찜질 중 손상 부위의 통증이 5~10분간 계속될 수 있으나 10분이 지나면 통증은 무감각해지고, 표피조직의 혈액 흐름을 감소시킴으로써 통증을 완화시킨다. 이러한 얼음 찜질은 부기, 염증을 가라앉히고 조직 손상을 완화시킨다. 손상 후 24시간 동안은 얼음 찜질을 2~4시간마다 하기를 권장하고 있다.

3) 압박(Compression)

손상 부위에 얼음 찜질을 할 수 없을 때에는 상처 부위가 크게 붓는 것을 방지하기 위하여 탄력성 있는 붕대로 감싸도록 하며, 감쌀 때에는 꼭 맞게 하되 혈액순환이 방해되지 않을 만큼 감싸도록 한다. 상처 부위에 경련이 일어나기 시작하는 것은 압박 붕대를 너무 단단히 맨 경우이며, 이때에는 압박 붕대를 떼어내고 다시 느슨하게 감도록 한다. 주의 사항은 압박 붕대를 한 채로 잠들지 않도록 유의해야 한다.

4) 거양법(Elevation)

상처 부위를 심장의 위치보다 더 높이 들어올리도록 하며 이 방법은 부기를 억제할 수 있다. 발목이나 무릎을 다친 대부분의 사람들은 잠자리에 들 때 상처 부위를 베개 위에 올려놓는다. 그러나 잠자는 동안 몸을 움직임으로 인해 거양이 잘 되지 않을 수 있다. 이때에는 잠자리 아래에다 3~4권의 책을 넣어 두는 것도 좋다.

4_ 응급처치를 시작하기 전에 주의 사항

어느 누구도 언제 어디서 돌발 사고의 질환에 의해 생명이 위험에 빠질지 알지 못한다. 갑자기 위급한 환자가 생기면 주위 사람과 상호 협력하여 생명을 구하지 않으면 안 된다. 이런 경우를 대비해서 적절한 응급처치 요령을 숙지해 두면 응급 환자 발생 시 응급처치를 선행함으로써 환자 상태의 악화 방지와 생명을 유지시키기 위한 최선의 조치를 취할 수 있다.

1) 스스로 돌보기

응급처치를 할 때 실수를 하거나 위험한 행동을 초래할 수 있기 때문에 스스로 안전을 도모할 수 있어야 한다. 원칙에서 벗어난 행동으로 인하여 구조자 자신이 다치거나 위험에 빠질 수 있기 때문이다. 그리고 인공호흡 시에는 바이러스나, 간염 등에 주의해야 한다.

2) 확신과 자신감을 가지고 처치를 한다

모든 환자는 확실하고 안전하다는 느낌을 받기 원하기 때문에 확신을 가지고 틀림이 없다는 분위기를 만들면 더욱 좋은 효과를 얻을 수 있다.

- 믿음을 준다
- 환자를 검사하거나 처치하는 동안 모든 것을 설명한다.
  - 지금부터 무엇을 할 것인지를 설명하고, 할 수 있는 한 환자의 두려움에 대해 자세하게 설명하고 잘 모르는 일은 잘 모른다고 정확하게 대답한다.
  - 처치가 끝났더라도 환자에게 다시 한 번 확인하여 가까운 친척이나 친구를 찾아 상황 설명을 해 준다.
  - 소생이 불가능한 환자는 그대로 혼자 있게 하지 말고 계속 말을 걸며 손을 잡아 주면서 환자에게 마음의 안정을 준다.
- 아이를 처치할 시에는 어린 아이들은 너무 예민해서 뭔가 불확실한 것은 바로 알아채기 때문에 다치거나 아픈 아이들을 상대로 얘기할 때는 우선 부모나 가까운 친척과 얘기하는 모습을 보여 주어서 믿음을 주도록 한다. 부모나 친척이 당신 말을 믿으면 아이들도 당신 말을 믿고 따르게 한다.
- 어린 아이라도 무슨 일이 일어났는지, 당신이 지금부터 무슨 일을 하려는지를 간단한 설명으로 이해시키는 것이 중요하다. 그럴 때는 마주 보고 얘기해야 하며 뒤쪽이나 머리 위에서 얘기하는 일이 없도록 주의한다. 또한 아이를 부모나 친척에게서 떼어 놓지 말고 두려움을 없애고 안정할 수 있도록 도와준다.

3) 응급 상황 발생시 행동 지침

최초의 응급처치는 환자의 인적 사항이나 주변 상황이 파악되기 전에 시작해야 하는 경우가 많다. 구조자가 현장에 가서 응급 조치를 성공적으로 수행할 수 있도록 사고 주변을 안전하게 관리하는 것은 환자의 생명유지와 후유증 방지를 위한 응급 조치와 전문의료 만큼이나 매우 중요한 일이다.

5_ 유형별 응급처치법

● 칼에 베인 상처

- 치료를 하는 사람은 비누 등으로 잘 씻는다.
- 상처 부위에 흙이나 기름 등이 묻어 있을 때는 흐르는 수돗물이나 비누로 잘 씻어 낸다.
- 옥시풀(과산화수소) 등의 소독액으로 소독 후 청결한 거즈를 대고, 지혈을 위해 붕대 등으로 좀 세게 감는다.
- 끝부분을 좀 남겨 두어 가끔씩 피부 색깔을 살펴본다.

● 손(발)가락이 잘린 경우

- 119에 빠르게 신고한다.
- 상처에 거즈 등의 청결한 천을 두툼하게 대고 압박해서 지혈한다.
- 절단된 손(발)가락은 잘 씻어 청결한 천에 싼 후 젖지 않도록 비닐 주머니에 넣어 얼음에 재워서 운반한다.

● 찰과상

➲ 가정에서 치료

- 칼에 베인 상처와 같은 요령으로 치료한다.

➲ 병원에서의 치료가 필요한 경우

- 이튿날이 되어도 통증이 가시지 않거나 고름이 나올 경우
- 많이 부어서 통증이 심하고 타박, 피하 출혈, 골절 등 합병증이 우려될 경우
- 길, 논, 밭 같은 곳에서 흙투성이가 되어 상처를 입었을 경우(파상풍에 감염되어 사망하는 경우도 있음)
- 상처(진피) 속에 흙이나 모래가 들어가서 자청(상처로 인해 문신처럼 남는 상처) 우려가 있을 경우

● 자상의 처치

➲ 가시

- 손을 씻고 소독한 족집게 같은 것으로 뽑아 낸다.

- 뽑기 힘들 때는 소독한 구멍 뚫린 동전 같은 것을 대고 누르듯 하면 잘 빠진다.

➲ 낚싯바늘

- 낚싯바늘을 바늘 끝 쪽으로 밀어내어 끝을 노출시킨 후 뿌리 부분을 절단기 같은 것으로 잘라 내고 나서 뽑아 낸다.

➲ 녹슨 못

- 응급 조치를 한 후 조속히 의사의 진찰을 받아 파상풍 주사를 맞는 등 예방 조치를 하여야 한다.

➲ 생손(발)톱이 벗겨졌을 경우

- 억지로 떼어 내지 않는다.
- 충분히 식히고 소독한 후에 손(발)톱을 원래대로 되돌려 놓은 후 붕대를 감아 둔다.

화상(햇볕에 탔을 경우)

➲ 화상의 정도

- 1도 화상 : 열이나 뜨거운 물에 닿아 피부가 붉어진 상태, 수포는 생기지 않는다.
- 2도 화상 : 물집이 생긴 상태
- 3도 화상 : 피부 조직이 파괴된 상태로 건조되면 마른 가죽처럼 되면서 갈색이나 회색으로 변색된다.

➲ 처리법

- 즉시 화상 부분을 물로 식힌다.
- 옷을 입은 상태에서 열탕을 뒤집어썼을 경우 벗기지 말고 옷 위로 냉각시킨다.
- 냉각시킨 다음에는 청결한 거즈로 환부를 덮는다.
- 벗기기 힘든 의복은 가위로 자른다.
- 물집은 터뜨리지 말고 그대로 둔다.

옷에 불이 붙었을 경우

- 곧바로 땅바닥이나 마루에 누워 구르면서 끈다.
- 머리카락에 불이 붙었을 경우에는 젖은 타올이나 옷가지 등을 머리에서부터 뒤집어 쓴다.

● 어깨가 빠졌을 경우

- 아이를 앉게 하고 팔은 가슴을 지나 반대쪽으로 하며 편한 위치로 있게 한다.
- 삼각건이나 결대를 이용해 목에 건다.
- 가슴과 팔 사이에 부드러운 패드를 넣어 준다.
- 뼈를 다시 집어넣으려고 하지 말고, 마취가 필요할 수 있으므로 아무것도 먹지 않도록 한다.
- 아이를 앉은 자세로 병원으로 이송시킨다.

● 락스를 마셨을 때

- 우유나 달걀을 먹어서 희석 또는 분해시킨다.
- 마신 시간, 양, 중독물이 담겨 있던 용기, 구토물을 아이와 함께 병원으로 가져가도록 한다.

※ 절대로 구토시켜서는 안 되는 경우

- 의식이 혼미하거나 혼수상태의 환자
- 경련 환자
- 임산부
- 심장 발작 가능성이 있거나 심장 질환의 병력이 있는 환자
- 부식성 물질(강산, 강알칼리를 먹은 경우 : 양잿물, 락스 등) 섭취 시
- 석유 제품(등유, 가솔린, 라이터 기름, 가구 광택제) 섭취 시
- 요오드, 질산은 섭취 시

※ 주의 사항

약물 중독 시에는 중독 원인, 시간, 양을 확인하고 중독물이 담겨 있던 용기나 구토물을 환자와 함께 병원에 가져가도록 한다.

● 전기 감전 시

- 감전자를 직접 만지면 안 되며 우선 플러그나 휴즈 상자에서 전기를 단절시켜야 한다.
- 단절이 어려우면 잘 마른 막대나 절연체를 사용하여 감전자를 떼어놓는다.
- 바로 응급 구조 요청을 하고 호흡 여부를 확인한다.

- 숨이 약하거나 멈췄을 때 기도를 열어 주되 수초 후에도 호흡을 하지 않을 때에는 즉시 인공호흡을 시작한다.
- 구급대가 올 때까지 감전자의 몸을 담요 등으로 덮어 따뜻하게 해 주고 편안하게 눕혀 놓는다.

● 다쳐서 치아가 빠졌을 경우

- 치아가 빠졌을 경우 다시 심을 수 있게(특히 영구치의 경우) 보관하는 것이 중요하다.
- 빠진 치아가 혹시 바깥으로 나와서 오물 등이 묻게 되면 흐르는 물에 살짝 닦는다. 닦을 때 치아를 잃어버리지 않도록 조심한다.
- 빠진 치아를 그 자리에 부드럽게 놓아 둔다.
- 병원으로 가는 동안에도 될 수 있으면 빠진 자리에 놓고 가는 것이 좋다.
- 빠진 자리에 그대로 놓을 수가 없으면 적어도 입 속에서 뺨 쪽이나 혀 밑에 놓은 상태로 병원에 가야 한다. 빠진 이를 삼키지 않게 조심해야 하며, 만약 삼킬 위험이 있는 어린이라면 침을 모아 그 속에 넣거나 물이 있는 통에 넣어 가지고 간다.

● 일사병과 열사병 처치

➲ 원인

- 일사병 : 더운 여름날 햇볕에 오랫동안 서 있다가 쓰러지는 경우
- 열사병 : 더운 여름날 자동차 안에 어린이만 남겨 놓고 문을 잠궈 놓아 체내열 조절이 안 되는 경우 ⇒ 사망할 수도 있음.

➲ 증상

- 일사병 : 오심, 두통을 동반한 현기증.
  피부가 차가우며, 창백하고 축축하다.
  의식이 분명하고 체온은 정상이거나 2~3℃ 정도 상승.
- 열사병 : 뜨겁고 붉게 상기된 피부와 힘없는 맥박.
  신체 내부 온도가 44℃ 정도로 상승.
  의식이 분명하지 못하고 체온이 몹시 높음.

응급처치

- 일사병 : 서늘한 곳으로 옮기고 똑바로 눕힌다.
  의복을 헐렁하게 늦춰 준다.
  물이나 식염수를 마시게 한다.
  체온이 40℃ 이상이면 119에 즉시 신고한다.
- 열사병 : 즉시 119에 신고한다.
  찬 물수건으로 몸을 씻어 주든가 찬물에 몸을 담그게 하여 구강 내 체온을 30℃ 정도로 낮춘다.
  선풍기나 에어컨으로 주위를 차게 만든다.
  젖은 얇은 홑이불로 환자 몸을 덮고 찬바람을 쏘여 주기도 한다.
  체온을 가끔씩 체크해서 너무 식히지 않도록 주의한다.

목에 이물질로 인한 질식

땅콩, 사탕, 장난감, 동전 등 이물질이 기도에 걸렸을 경우

의식이 있는 상태(하임리히법)

- 환자를 세우고 뒤로부터 갈비뼈 밑에 양팔을 두르고 두 손을 환자의 배꼽 위 부위에 잡고서 안쪽으로 세게 당겨 주기를 몇 차례 실시한다.

무의식 상태(하임리히법)

- 한 팔꿈치를 환자의 배꼽과 흉골 하단에 놓고 다른 손을 먼저 손 위에 바꿔 얹는다. 구조자의 어깨가 환자의 배 바로 위에 있도록 앞으로 몸을 이동하고 환자의 머리를 향해 빠르게 위쪽으로 눌러 민다.

등 치기(영아나 30개월 미만)

- 아이의 등을 치기, 견갑골 사이의 등을 5번 빠르고 세게 때린다.
  ⇒ 위의 방법으로도 기도가 막혀 있다면 손으로 밀기(흉부압박). 아이의 가슴을 손가락으로 빠른 속도로 네 번 위쪽으로 눌러 민다.

등 치기(30개월 이상)

- 손으로 견갑골 사이의 척추를 5번 빠르고 세게 때린다.
  ⇒ 위의 방법으로도 기도가 막혀 있다면 복부 타격법(아이를 세우거나 앉히고, 한 손을 주먹을 쥐고 주먹의 엄지 쪽을 아이의 흉골 하단과 배꼽 중간의 복부에

위치한 다음 다른 손을 주먹 위에 얹고 아이의 배를 빠르게 위로 향해 밀 것).

- 입 속의 이물질이 육안으로 관찰될 때에는 손가락으로 제거한다.
- 숨을 쉬지 않으면 즉시 인공호흡을 실시한다.

물에 빠졌을 경우

일반적 고려 사항

- 익사는 물을 폐 속으로 들이마셔서 산소가 폐나 혈관으로 들어오지 못하게 됨으로 발생한다. 산소가 없으면 뇌, 심장, 폐, 간 등이 모두 죽는다.
- 익사는 영아나 유아, 소아들의 사고사의 주요 원인 중 하나이다.
  - · 영아나 유아의 익사는 흔히 아이를 혼자 목욕탕에 두었을 경우 자주 일어난다.
  - · 소아인 경우의 익사는 수영장에서의 사고나 호수나 바다에서의 사고에 기인하며, 아이들을 절대로 혼자서 수영하도록 내버려 두어서는 안 된다.

응급처치법

- 만일 익사 사고가 수영장이나 호수 또는 바다에서 발생했으면 인공호흡을 물 속에서 시작해야 한다.
- 만일 익사 사고가 추락이나 머리의 타박상에서 일어났다면 환자를 목뼈가 부러진 경추 골절 환자처럼 취급해야 한다.
  - · 아이의 머리를 어떤 방향으로라도 움직이지 말고 그의 목도 움직이지 말아야 한다(만일 가능하면 아이를 나무판이나 다리미판 같은 납작하고 넓은 물건 위에 얹어서 물에서 옮겨야 한다. 만일 납작하고 넓은 물건이 없으면 아이를 물에서 옮길 동안 머리가 움직이지 않도록 해야 한다).
- 비록 목뼈가 부러졌다고 의심이 갈지라도 인공호흡을 계속해야 한다.
- 도움을 요청하고 만일 맥박이 없을 경우에는 아이를 물에서 끌어낸 다음 인공호흡과 함께 흉부압박을 시작해야 한다.
- 다른 사람에게 준의료인, 구조대 또는 앰뷸런스를 부르도록 요청한다. 만일 심폐 인공호흡이 심장을 다시 움직이게 하고 아이가 호흡을 다시 하게 되더라도 아이를 혼자 내버려 두지 말아야 한다. 아이의 심장과 호흡이 다시 멈출지도 모르니 항상 주의해야 한다.

● 산소 부족(저산소증)

➲ 일반적 고려 사항

- 저산소증은 혈관에 산소가 감소되거나 부족한 상태며, 심장, 폐, 기타 다른 중요 기관에 의해 받아들여지는 산소의 양이 감소된다.
- 일반적 원인 : 폐렴, 위막성 후두염(크루프), 천식, 부분적으로 호흡을 방해하는 목이나 기도에 걸린 이물질, 허탈 상태의 폐, 늑골의 골절로 폐에 구멍을 낸 상태, 머리 부상, 뇌감염, 경련, 저혈당, 목뼈가 부러진 상태(경추 골절), 탈수, 심장마비, 출혈(과다 출혈)

➲ 징후와 증상

- 입술과 피부의 창백함(색증)
- 지나치게 졸림, 두통
- 호흡 곤란과 피곤
- 맥박수의 증가

➲ 응급처치법

- 만일 산소 부족이 머리나 목의 부상으로 왔을 때는 아이를 움직이지 않도록 하고 목이나 입 안에 이물질이 들어 있는지의 여부를 구부러뜨린 검지손가락을 사용하여 확인해야 한다.
- 만일 저산소증이 경련이나 저혈당에서 온 것이라면 아이의 상기도(입과 목)에 이물질이 없는가를 확인하고 아이를 옆으로 눕혀야 한다.
- 저산소증이 다른 조건으로 발생했다면 아이를 앉혀서 폐를 확장시키도록 해야 한다.
- 아이를 따뜻하고 편안하게 해야 한다.
- 계속해서 아이를 관찰하고 만일 아이의 호흡이 중단되면 구강 대 구강 호흡을 하고, 맥박과 호흡이 없으면 구원을 요청하고, 아이를 딱딱한 바닥에 눕히고 심폐인공호흡(CPR)을 시작해야 한다.
- 다른 사람에게 준의료인이나 구조대 혹은 앰뷸런스를 부르도록 지시해야 한다.
- 응급 진료소까지 아이와 동행해야 한다.

● 기침을 할 경우, 고열이 있을 경우

➲ 기침을 할 경우

- 기침, 고열, 몸을 떨 때(폐렴, 기관지염 의심)는 충분히 보온해 주고 안정되게 해

준다. 방에 습기를 만들어 줘 기도가 건조해지는 것을 방지한다. 열이 있는 경우에는 발한으로 수분이 손실될 수 있으므로 탈수에 주의한다.

- 거렁거렁하면서 괴로워하는 경우(기관지 천식을 의심)는 반가좌위 자세로 해준다. 앞으로 기대게 해도 좋으며, 창을 열고 공기를 환기시키면 기분이 편해진다.
- 갑자기 기침을 하고 호흡이 곤란해지는 경우(기도에 이물질이 들어갔음을 의심)는 환자를 앞으로 기울이고 처치자의 손바닥으로 등을 세게 두드려 이물질을 토하게 한다. 뒤에서 껴안는 자세로 배와 상복부를 급히 죄어도 좋다. 소아에게는 배를 안고 머리를 밑으로 향하게 하여 등을 두드려 준다.

➲ 고열이 있을 경우

- 조용히 눕힌다.
  먼저 안정을 취하게 한다. 추위나 오한이 있다고 말할 때에는 보온기로 덥혀 주어도 좋다.
- 체온을 잰다.
  체온계의 수온 부분을 겨드랑이 밑에 댄다. 입 안에 댈 때에는 혀 밑에 경사지게 넣고 혀로 덮는다.
- 다른 증상이 있는지를 관찰한다.
  안정을 취하게 한다. 추위나 오한이 있다고 말할 때에는 보온기로 덮어 주어도 좋다.
- 이마를 차게 해 준다.
  38℃ 이상의 발열이 있는 경우에도 환자가 기분이 좋다고 하면 얼음 주머니를 대 주어도 좋다.
- 땀으로 젖은 옷을 갈아입힌다.
  고열 뒤 땀으로 전신이 흠뻑 젖게 된다. 이때에는 마른 수건으로 닦아 주고 옷을 갈아입힌다.
- 보리차를 먹인다.
  열이 계속되어 갈증을 느낄 때에는 보리차나 냉수를 마시게 한다.

➲ 토했을 경우(객혈, 토혈, 구토)

\- 폐출혈(객혈) -

- 얼굴을 옆으로 보게 눕힌다.
  객혈 시 가장 위험한 것은 질식이다. 얼굴을 옆으로 향하게 하고 아래 턱을 약간 앞으로 나오게 해 주면 좋다.

- 출혈 부위를 위로 한다.

만약 출혈 부위를 알고 자기 스스로가 피를 토해 내고 싶다면 출혈 쪽을 위로 하고 댈 것을 넣어 허리를 높게 하여 토해 낸다.

- 가슴을 얼음 주머니로 차게 해 준다.

출혈 쪽을 알고 있거나 그쪽을 모른다면 심장이나 흉부 상부에 얼음 주머니를 대면 진정 효과가 있다.

- 출혈이 계속될 경우

출혈이 멈추지 않아 질식할 경우에는 위험하므로 엎드리게 하는 것도 좋은 방법이다.

- 위장 출혈(토혈) -

- 머리를 낮게 하여 안정되게 한다.

호흡하기 편하게 옷을 느슨하게 한 후 머리를 낮게 해 주고 적당히 보온해서 쇼크를 예방한다.

- 얼굴을 옆으로 향하게 한다.

지속되면 얼굴을 옆으로 보게 하여 토한 것이 기관지로 흘러들어가지 않도록 방지한다.

- 위를 얼음 주머니로 식혀 준다.

위장 주위를 차갑게 해 주면 어느 정도 기분이 안정된다. 얼음 주머니는 무겁지 않게 한다.

- 시기를 보아 입가심을 해 준다.

구취는 구토를 유발하고 구토 시 다른 출혈을 일으키는 원인이 될 수 있으므로 입가심을 해 준다.

- 토했을 때(구토) -

- 옆으로 눕힌다.

옷을 느슨하게 해 주고 옆으로 눕힌 후 토한 것에 의하여 기도가 막히지 않도록 한다.

- 뇌출혈이 있을 때에는 머리를 높인다.

원인에 따라서 적절한 체위를 해 줄 필요가 있고, 뇌출혈일 때에는 상반신을 약간 높게 해 준다.

- 토사물을 닦아 낸다.
  인지에 손수건을 말아 토사물을 닦아 내고 입 주위와 코 안의 토사물도 깨끗이 닦아 낸다.
- 입가심을 해 준다.
  의식이 있으면 시기를 보아 입가심을 해 주어 환자가 불쾌감을 덜 느끼게 해 준다.
- 다른 증상의 유무를 잘 관찰한다.
  식사와의 관계, 발열, 복통과 설사, 두통, 의식과 호흡 상태 등 구토 이외의 상태에도 주목한다.
- 갈증을 호소할 때
  얼음 조각을 입 안에 넣어 주면 환자의 기분이 안정을 찾게 된다.
- 토사물을 의사에게 보인다.
  토사물은 보존하여 의사에게 보이는데 환자 눈에 띄지 않게 하고, 토한 횟수와 모습도 보고한다.

붕대를 감는 법(삼각건 사용법)

머리

- 머리(삼각건) : 천을 3cm 가량 접어서 얼굴 중앙에 대고 끝을 뒷머리에 교차시켜 이마 중앙에서 묶는다. 끝머리는 뒷머리 천에 끼워 넣는다.
- 머리(스피드 붕대) : 한쪽 끝을 묶기 위하여 찢어 두고 머리에 씌운 후 거꾸로 하여 씌워 묶는다.

귀와 턱, 가슴

- 뺨과 귀와 턱(삼각건) : 상처 부위에 삼각건을 갖다 대고 양끝을 턱과 머리 위에 두르고 나서 상처 난 반대쪽 귀 위에서 교차시킨 다음 상처 난 귀 위에서 묶는다.
- 어깨와 가슴 : 가슴을 감고 어깨를 감는다.

삼각건

- 팔을 매어 거는 법(삼각건) : 한 팔꿈치에 삼각건의 정점이 오도록 대고 양끝을 목 뒤에서 묶는다. 삼각건의 정점은 안쪽으로 끌어 당겨 자루 모양이 되게 한다.

팔꿈치, 손, 발

- 어깨-팔꿈치-무릎-발뒤꿈치(사각대)
- 손과 발(삼각건)

⮊ 팔

- 환행대(정확히 중복하여 감을 때 사용) : 처음 감을 때 끝을 약간 내고 감고 두 번째 감을 경우에는 그 위를 누르면 풀기 어렵다.
- 사행대(부목으로 고정시킬 때) : 처음 감은 사행대에 붕대가 포개지지 않도록 하여 나선 모양으로 감아 올리고 감아 내린다.
- 나선대 : 처음 감은 환행대에서 어느 정도씩 포개지도록 하면서 나선 모양으로 감아 올리고 감아 내린다.
- 절전대 : 넓적다리나 정강이 등과 같이 굵기가 다른 곳에 사용한다.
- 구심 8자대(무릎관절 밑에 환행대를 수회 감고 관절부를 중심으로 정확히 중복하여 감을 때 사용) : 처음 감을 때 끝을 약간 내고 감고 두 번째 감을 때에는 그 위를 누르면 풀기 어렵다.
- 사행대(부목으로 고정시킬 때 사용) : 처음 감은 사행대에 붕대가 포개지지 않도록 하여 나선 모양으로 감아 올리고 내린다.

⮊ 발

- 맥수대(보리이삭 같이 생겼다는 의미) : 환행대로 시작하여 발꿈치 부위를 중심으로 1번씩 교차시키면서 감는다.

⮊ 손가락, 손바닥

- 환행대와 나선대 사용 : 손목에 환행대를 감고 비스듬히 손가락으로 옮겨 나선대를 감는다.
- 맥수대 응용 : 환행대로 시작하여 다음에 엄지손가락에서 교차시키면서 감는다.
- 손가락의 스피드 붕대 : 손가락 3배 길이의 붕대를 부속기로 씌우고 부속기만을 사용하여 붕대를 뒤집으면서 끝을 묶는다.
- 손바닥 : 손목에 환행대를 감고 다음에 손바닥을 감아 다시 손목으로 되돌아온다.

● 가정에서 간호할 때

⮊ 간호 시 주의할 점

- 의식 상태 : 환자가 어느 정도 안정되어 숙면을 취하게 되면 의식 상태를 파악하기 어렵기 때문에 숨 쉬는 모습이나 몸의 미묘한 움직임 등을 보고 판단한다. 의식 상태를 알기 위하여 무리하게 흔들어 깨우지 않도록 하고 만약 환자가 자연

스레 깨어나면 그때 기분을 물어 보고 눈의 표정을 보고 참고한다.

- 호흡 상태 : 호흡수와 깊이는 어떤가, 안정된 호흡인가를 보고 콧방울을 움직이거나 목이 곧거나 턱을 부자연스레 움직이는 것 같으면 주의 깊게 간호해야 한다.
- 맥의 상태 : 일정 시간마다 맥을 살펴보고 맥박수는 정상인지 팽팽하지는 않은지 때때로 맥이 없어지지는 않는지 등을 관찰한다.
- 안색 : 안색과 얼굴 표정을 살펴보는 것도 중요하며 만약 청색증이 있을 때에 그대로 집에 두는 것은 매우 위험하다.
- 체온 : 열이 매우 높으면 때에 따라 얼음 베개나 얼음 주머니를 사용하여 자주 바꾸어 준다. 손발이 찰 때에는 보온에 주의를 기울여야 한다.
- 전신을 보온시킨다 : 한기를 호소할 때에는 양 무릎과 몸 양측도 덮어 주고 기구가 없으면 병에 더운 물을 넣어 사용한다.

● 응급 환자를 운반하는 방법

들것을 사용하여 이용할 시 이동 방향에 환자의 다리가 오도록 하는데 그 이유는 뒤쪽의 사람이 환자의 상태를 파악하기 위함이다.

두통, 뇌출혈, 뇌졸중

머리가 아플 경우

- 안정되게 눕히고 의식이 있을 때에는 본인이 가장 편안해 하는 자세로 눕혀 준다.
- 이마를 차게 해 주면 심리적으로 편안하게 느끼게 된다.
- 구토를 할 경우에는 옆으로 눕히고 턱이 약간 앞으로 나오게 해 준다.

뇌빈혈이 있을 경우

- 뇌빈혈이 일어날 것 같을 시에는 머리를 낮게 하여 웅크리고 앉아 머리로 피가 많이 가게 한다.
- 발을 높게 하여 눕히거나 통풍이 잘 되는 곳에 눕히고 옷을 느슨하게 해 주며 담요로 덮어 주어 몸을 보온해 준다.

머리를 부딪혔거나 얼굴에 상처가 났을 경우

머리를 부딪쳤을 경우

- 눕힐 때 얼굴이 위로 향하게 하는 것이 기본이며 안정되게 해 주고 의식 상태가

어떤지 별다른 증상은 없는지 주의 깊게 살펴본다.

- 거즈를 사용하여 상처를 가볍게 압박하여 지혈시킨다.
- 두피하혈증이 있을 때에는 냉수를 적신 수건으로 차게 해 준다.
- 의식 장애가 있을 경우에는 어깨 밑에 베개를 넣어 머리를 뒤로 젖혀 호흡이 수월하게 되도록 해 준다.
- 오심, 구토가 있을 경우에는 얼굴을 옆으로 돌려 주어 턱이 앞으로 나오게 돌출시켜 주고 거즈를 처치자의 손가락에 말아 환자 입 안을 씻어 준다.
- 착란, 경련이 있을 경우에는 방을 어둡게 하여 외부에서 받는 자극을 될 수 있는 한 적게 해 준다.
- 고열이 있을 시에는 전문의에게 보이기까지 시간이 많이 걸릴 것 같으면 목 주위, 겨드랑이 밑, 넓적다리를 얼음 주머니로 차갑게 해 주는 것이 좋다.
- 피나 뇌척수액이 흘러내릴 때에는 그 쪽을 밑으로 하여 눕힌다.
- 환자를 운반할 때에는 머리와 목이 움직이지 않도록 고정시킨다.

➲ 얼굴에 상처가 났을 때

- 뺨에서 피가 날 경우에는 거즈를 사용하여 뺨의 안쪽을 틀어막아 압박하고, 입술, 혀, 귀 등에서 피가 날 시에는 거즈로 압박한다.
- 상처를 직접 압박하여도 계속 피가 날 경우에는 출혈 부위 인접 동맥(지혈점)을 손이나 손가락으로 강하게 눌러 지혈시킨다.

● 가스 중독(스모그, 일산화탄소)일 경우

➲ 광화학 스모그

- 환자를 깨끗한 실내에 옮기고 눈에 통증이 있다고 하면 수돗물이나 붕산수로 씻고 이어 붕산수로 습포한다. 목에 통증이 있다고 하면 미지근한 물이나 엽차, 묽은 식염수로 양치질이나 입가심을 해 준다.
- 조용히 눕혀 안정시키고 호흡이 곤란해지면 옷을 느슨하게 하여 기도를 확보한다.

➲ 일산화탄소 중독

- 가스가 새는 곳을 차단하고 창을 연다. 그냥 뛰어들지 말고 물로 적신 수건으로 입과 코를 막고 심호흡을 한 다음 들어간다. 곧바로 가스가 새는 곳을 차단하고 창을 열고 환기시킨다.

- 신선한 공기가 있는 곳으로 조용히 끌어내고 1초라도 빨리 신선한 공기를 들이마시게 하는 것이 무엇보다도 중요하다. 의식 장애 없고 두통만 있는 중독 초기에는 대체적으로 이 조치만으로도 회복되는데 될 수 있는 한 오래 안정을 취하게 한다.
- 신선한 공기가 있는 곳으로 운반했다면 필요에 따라 기도를 확보해야 하는데 이때 목 부분을 난폭하게 움직여서는 안 된다. 옷을 느슨하게 하여 호흡하기 편하게 해 주고 몸을 보온해 준다.
- 의식이 없고 호흡과 심박동이 있으면 혼수위를 취하게 하여 질식을 방지한다.
- 호흡이 약하거나 끊길 때에는 인공호흡을 실시하는데, 기도 확보를 위해 한 손으로 환자 코를 잡고 처치자가 숨을 충분히 들이쉰 다음 입을 크게 연다. 처치자의 입으로 환자 입 주위를 덮고 가슴이 가볍게 움직일 때까지 숨을 불어넣는다. 입을 떼어 환자 가슴이 내려가는지 확인하고 인공호흡 시 처음 수회는 약간 빠르게 실시한다.

눈에 상처나거나 이물질이 들어갔을 경우

눈을 찔렸을 경우

- 안정을 취하고 눈에 거즈를 가볍게 대고 양 눈에 포대한다.
- 공에 맞았을 때에는 깨끗한 거즈를 적셔서 눈에 대고 냉습포를 하여 안정시키고 타박 정도가 심하면 의사에게 보여야 한다.

눈에 약품이 들어간 경우

- 다량의 물로 씻어 낸다 : 화학약품 등의 액체가 눈에 들어갔을 때에는 무리하게 눈꺼풀을 열지 말고 그다지 세게 흐르지 않는 물로 곧바로 씻어 내린다. 이때 눈언저리에서 눈꼬리 쪽으로 물을 흘려 준다. 세척이 끝나면 거스나 천을 내고 반창고로 고정시켜 준다.
- 불똥, 뜨거운 기름이나 물이 눈에 들어갔을 때에는 수돗물로 충분히 눈을 차게 해 주어야 하고, 정도가 심하면 빨리 의사에게 보여야 한다.

눈에 먼지가 들어간 경우

- 물에 얼굴을 담그고 눈을 반복하여 깜빡거리고 절대로 뜨거운 물은 사용하지 않는다. 주전자에 물을 담아 천천히 흘리면서 눈을 깜빡거리게 해도 좋다.
- 물로 적신 면봉이나 거즈로 먼지를 닦아 낸다.

- 눈을 찔렸을 경우에는 이물질이 눈에 보인다 하더라도 거즈를 가볍게 대고 비록 한 눈만 찔렸을지라도 양 눈에 포댄다.

● 이통 · 귀 · 코에 이물질 및 비출혈이 있는 경우

➲ 귀가 아픈 경우

- 귀 안이 아플 때에는 귓불 주위를 차게 해 준다.
- 피가 날 때에는 밖에서 거즈로 덮어 주는데 귀 안으로 면이나 거즈를 밀어 넣는 것은 좋지 않다.

➲ 귀에 곤충이 들어갔을 경우

- 어두운 곳에서 손전등의 빛을 귀 가까이에 비추면 곤충이 스스로 나오는 경우가 있다. 그러나 깊숙이 들어가는 수도 있으므로 이 방법은 바람직하지 않고, 에테르나 알코올을 귀 안으로 넣어 곤충을 죽이거나 마취시킨 후 핀셋으로 빼낸다.

➲ 코에 이물질이 들어갔을 경우

- 한쪽 코를 막고 코푸는 요령으로 불어낸다. 이때 나오지 않는다고 해서 손가락을 사용해 빼내려고 하면 안 된다.

➲ 비출혈이 있을 경우

- 콧방울 약간 위쪽을 손가락으로 세게 쥐고 코피가 목으로 흐르지 않도록 턱을 당기고 입으로 숨쉬도록 한다. 가벼운 코피라면 콧방울을 쥐고 있는 것만으로도 멈추게 하는 효과가 있다.
- 탈지면을 거즈로 싸 코를 틀어막는다 : 탈지면을 가로세로 5cm 정도의 거즈로 싸고 가능하다면 그 표면에 지혈 연고나 붕산 연고를 발라 코에 틀어막는다.
- 다시 콧방울을 세게 쥔다 : 거즈로 틀어막은 후 콧방울의 약간 위쪽을 손가락으로 압박하도록 하고 틀어막은 거즈는 자주 갈지 말고 피가 멈출 때까지 그대로 둔다.
- 양 눈 사이를 차게 해 준다 : 피가 멈추지 않거나 피가 많이 날 경우에는 콧잔등에서 양 눈 사이에 걸쳐 냉수를 적신 수건이나 얼음 주머니로 차게 해 주고, 머리를 높게 하고 질식하지 않도록 얼굴을 모로 보게 하여 눕힌다.

chapter 8

행사 기획

Ⅰ. 행사의 의의

유아교육기관은 매일매일의 일과 외에 각 기관별 자체적으로 각종 기념일과 계절적인 특별 행사를 마련한다. 이러한 행사를 통해서 유아들로 하여금 즐거운 생활 경험을 풍부하게 하고, 공동체 의식을 가지도록 하며, 남을 이해하면서 바람직한 인간으로 성장하게 한다. 특히 행사는 유아교육기관의 매일의 일과와 함께 유아들의 전반적인 발달이 이루어지도록 세심한 계획을 수립하여야 한다. 또한 행사에 참여하는 학부모와의 교류에도 세심한 배려를 하여 유아교육기관과의 긴밀한 유대관계를 형성하여 원별 교육 활동에 대한 관심과 이해를 가질 수 있는 기회가 되도록 하여야 한다. 다음의 내용처럼 각급 유아교육기관에서는 다양한 행사들을 실시하나 여기서는 유아체육 지도자로서 최소한 알아야 할 행사인 운동회에 대해서 알아보기로 한다.

- 원내 행사
  - 신입 원아(학부모) 오리엔테이션, 입학식, 졸업(수료)식, 생일 축하, 개원일, 전시회, 부모 참여(참관) 수업, 학부모 면담, 발표회(재롱 잔치, 동화 구연, 동시 암송, 동요 부르기 등), 시장 놀이, 병원 놀이, 바자회, 싼타 잔치 등
- 원외 행사
  - 견학, 소풍, 운동회, 캠프 등

II. 바람직한 운동회

우리는 일반적으로 운동회를 말하면 초등학교 시절의 운동회를 연상한다. 아마도 모든 사람들이 초등학교 시절의 운동회는 잠못 이루게 만들면서 가슴을 설레게 만든 추억의 행사였으리라 본다. 특히, 초등학교 시절의 운동회가 더욱 추억 속에 남는 것은 학생들만의 행사가 아니라 모든 사람들이 참여하는 행사, 즉 부모님들도 학생과 함께 즐거운 마음으로 준비하여 운동장을 찾는 행사였기 때문에 더욱 기억에 남으리라 본다.

유아들은 운동회에 대한 기다림이 덜하다. 그러나 운동회 실시 전에 교실에서 운동회에 대한 이야기와 함께 각종 운동회에 대한 자료들을 볼 수 있다면 운동회는 유아들에게 기다려지는 행사가 될 수 있다. 그러나 무엇보다도 유아들에게 무리하게 무엇인가를 보여 주도록 강요해서는 안 된다. 운동회에서 학부모에게 보여 주기 위해 혹은 다른 교육기관을 의식하여 잘 하도록 너무 무리하게 연습을 시키면 운동회에 대한 기다림보다는 역효과가 나기 쉽다. 오히려 유아들의 행사는 유아답게 보여 주어야 가장 자연스럽다.

그리고 또 한 가지 유의점은 학부모를 고려한 계획 수립이 절대적으로 필요하다. 초등학교 운동회의 경우는 부모님이 바쁘면 혼자서도 행사에 참가하지만, 유아들의 경우 부모가 참가하지 못하면 유아들도 행사에 참가할 수 없는 특성을 가지고 있다. 따라서 유아교육기관에서는 운동회 기본 계획 수립 시 반드시 모든 가족들이 기다림 속에서 참가하도록 일정에 대한 배려를 하여야 한다. 즉, 운동회를 통해서 유아들의 다양한 활동을 실시하여 앞서의 목표를 달성하면서 학부모와 교육기관과의 긴밀한 관계를 구축하여 유아교육이 유아교육기관만의 노력으로 이루어지는 것이 아니라 학부모와 함께 하여야 한다는 것을 느끼고 결국은 모든 구성원이 유아들의 바람직한 성장을 위한 가족이 됨을 확인토록 하는 것이다.

Ⅲ. 운동회의 기본 기획

운동회를 마련하는 데 있어서 가장 중요한 것은 행사의 진행 방향과 내용에 대한 기본적인 목표가 있어야 하며 이러한 목표 달성을 위해서 어떠한 활동들이 전개되어야 하는지를 결정하여 각자의 역할 분담을 체계적으로 수립하는 것이다. 또한, 화려한 운동회보다는 교육 과정의 연장선에서 다양한 교육 활동을 직접 체험하는 교육적 효과를 위해 모든 교사가 함께 토의하며 친교적 기능 및 즐거움의 기능을 최대한 발휘할 수 있도록 준비하여야 한다.

▷ 운동회를 기획하는 기본적인 절차를 살펴보면 다음과 같다.

〈표 8-1〉

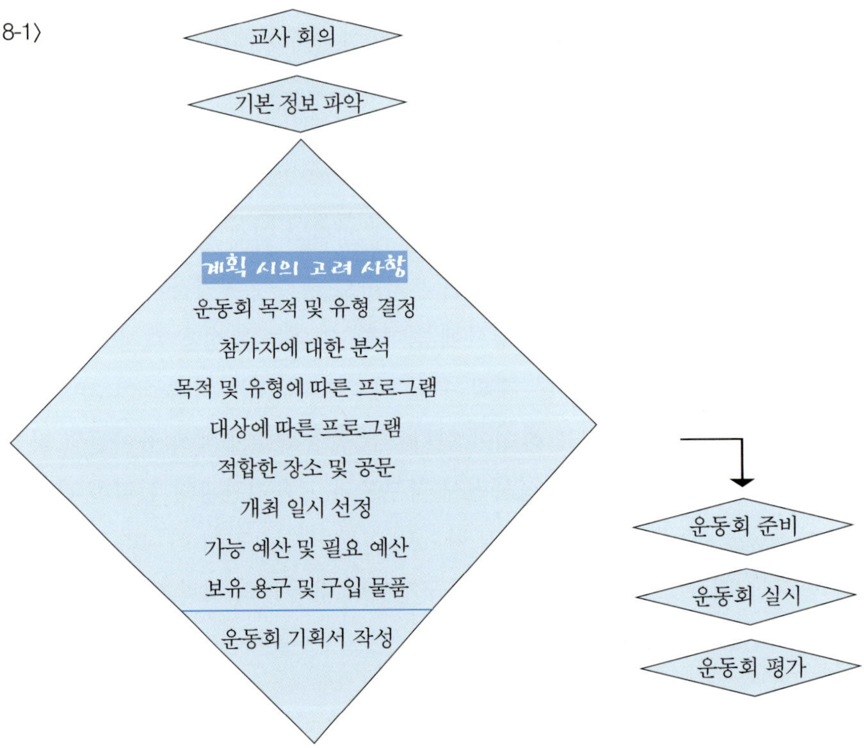

▷ 다음 도표는 운동회를 준비하는 간단한 흐름도라 할 수 있다.

〈표 8-2〉

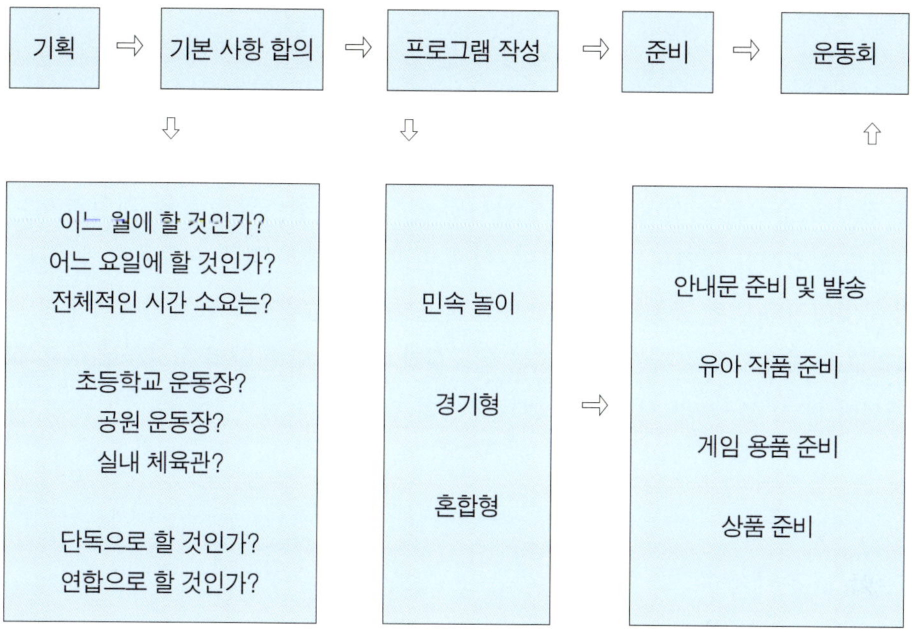

운동회를 기획하는 데 있어서 먼저는 참가하는 모든 구성원들의 합의를 도출하여 다양한 아이디어를 모으는 것이 중요하다. 특히 다양한 아이디어를 모으기 위해서는 자신의 의견만을 내세우기보다는 다른 사람의 의견을 존중하면서 전체적인 합의를 이끌어야 한다. 보다 좋은 아이디어를 발상하는 방법으로는 연간 스케줄법, 이벤트형으로부터의 발상, 모방과 사례 재구성법, 아이디어 뱅크 수집법, 브레인스토밍 등이 있다. 그러나 가장 중요한 것은 상대방을 존중하면서 보다 많은 사람들의 의견을 청취할 수 있어야 한다.

다음으로 기본 정보의 파악인데 이는 운동회에 관련된 여러 가지 조건들을 미리 알아두는 것이다. 시작 전 준비하는 과정에서 제반적인 상황의 변화가 따르게 마련이기 때문에 제반 조건에 대해서 세심하게 파악하고, 전년도 운동회의 평가 및 설문지를 참고해서 준비에 반영할 필요가 있다. 즉, 교육기관의 상황 파악으로는 연령별 인원 구성 및 가족의 참가 규모 여부, 운동회 실시 시기 및 장소 등의 제반적인 상황을 파악하고, 운동회를 위한 물적 조건의 파악으로는 운동회 장소의 구조와 교육기관과의 거리 및 관계 그리고 필요한 용구 등의 파악이다. 또한 인력에 대한 파악으로는 유아 인원 대비 및 팀 구성에 따른 지도 교사의 비율과 부족할 경우 보완 대책 및 행사 프로그램의 보조 진행 요원과 응원에 따른 인원 등을 전반적으로 파악한다.

마지막으로 운동회 실시 시점의 사회적 분위기를 충분히 고려하여야 한다. 운동회 계획 시 고려 사항으로는 우선 금번 운동회의 목표를 설정하여야 한다. 즉, 운동회를 평일 또는 토요일 오후 그리고 일요일 중 어느 요일에 할 것인가와 함께 프로그램의 내용을 경기형 운동회로 실시할 것인지 아니면 민속 놀이 한마당으로 할 것인지 아니면 혼합형으로 실시할 것인지를 계획하며, 이에 따라 유아들의 작품을 활용할 수 있는 부분이 무엇인지와 어떤 공동 작품을 전시할 것인지 등을 종합적으로 계획하여야 한다.

그리고 마지막으로 철저한 준비를 한 운동회라 하더라도 돌발적인 상황에 따른 대안을 세워야 한다. 즉, 우천 시에 대한 대비책 등과 같은 것이다.

IV. 일반적인 참고 사항

운동회를 실시함에 있어서 고려해야 할 일반적인 사항으로는 일시의 선택과 장소, 프로그램이다. 이러한 항목은 운동회를 실시하기 전에 가장 먼저 계획을 세워야 하는 부분으로, 지난 행사의 평가서와 다양한 경험과 교육기관 나름의 교육 목표에 맞추어서 현실성 있는 결정을 내려야 한다. 특히 장소가 참가 인원의 규모에 비하여 턱없이 크다든지 또는 작다든지 하면 행사 자체가 왜소해 보이는 경우나 허전해 보이는 경우가 발생할 수 있다. 따라서 총 참가 인원에 따른 규모의 적당화가 필요하다 하겠다.

1_ 일시

어떠한 행사든지 가장 먼저 고려할 사항은 일시의 선정이다. 교육기관에서 실시하는 행사의 일시로는 강우량이 적고 기온도 너무 높지 않은 5월 혹은 10월이 가장 많이 선호되고 있다. 각각의 장점으로는 5월의 경우 어린이날을 겸해서 실시할 수 있다는 장점을 가지나 아직 유아들이 교육기관에서의 적응이 완숙한 상태를 이루지 못하거나 12월의 원아 모집을 대비하기에는 너무 멀다는 단점 아닌 단점을 가지고 있다. 10월의 경우는 모든 교육기관이 공통적으로 선호하는 시기인만큼 남보다 서둘러 준비하는 것이 가장 중요하다. 특히 10월의 경우는 집안 나들이와 학부모들의 행사가 많은 관계로 인해 참가하지 못하는 경우도 발생할 수 있다는 사실을 명심하여야 한다. 그러나 10월의 경우는 유아들이 발달과 적응이 거의 완숙한 경지에 이르렀기 때문에 보다 재미있고 질서정연한 모습을 보여 주기에 적합하다.

그리고 5월과 10월 중 실시한다 하더라도 평일 오후에 실시하느냐, 토요일 오후에 실시하느냐와 일요일 혹은 공휴일 오전에 실시하느냐에 따른 결정을 해야 한다. 먼저 평일의 오후는 거의 대부분의 교육기관이 선호하지 않기 때문에 여기서는 부연 설명하지 않겠다. 다만 토요일 오후와 일요일 및 공휴일에 실시하는 방식이 가장 보편화되어 있으며, 토요일 오후의 경우는 다음날이 쉬는 날이기에 학부모님들이 부담을 덜 느끼며 참가할 수 있는 반면에 아빠들이 퇴근하고 참가해야 하기에 아빠의 참여가 늦게 이루어진다는 것이다. 또한 토요일 오후의 경우는 경우에 따라서 운동회 실시 뒤에 캠프파이어 또는 각종 발표회 등을 겸하는 방식이 가능하다. 그리고 일요일과 공휴일에 실시하는 운동회는 오전부터 모든 가족들이 참가하는 행사이기에 많은 가족의 참여를 이끌어낼 수 있다. 그러나 일요일의 경우는 종교적인 문제가 약간은 남아 있는 것이 현실적인 문제이다. 그리고 일요일에 하는 경우는 너무 늦게 끝나지 않도록 하여야 한다. 그날의 피곤함이 다음날까지 연장이 되어서는 곤란하기 때문이다. 이러한 연유로 많은 교육기관은 공휴일, 즉 국경일에 실시하고자 하는 교육기관이 많으며 이러한 경우는 다음에 지적하겠지만 장소를 먼저 신청하여야 한다.

2_ 장소

일반적으로 유아교육기관들이 운동회를 실시할 경우 사용하는 장소로는 주변의 초등학교 운동장을 사용하는 경우가 가장 많다. 먼저 장소에 대한 결정이 내려지면 먼저 원하는 일자에 운동장을 사용할 수 있는지에 대한 여부를 확인하고 가능하다면 공문을 작성하여 직접 찾아가서 협조를 요청하는 것이 좋다.

특히 협조 요청 시 교육기관 자체적으로 운동회를 준비하다 보면 사실 구비하기가 힘든 용품들이 있다. 그러한 용품에 대해서는 미리 초등학교의 협조를 구하는 것이 좋다. 즉, 줄다리기 줄 또는 라인기 등이며 학교 측에 책상과 의자에 대한 협조를 구하면 행사를 준비하는 데 있어서 보다 효율성을 기하리라 본다. 물론 학교 측에서는 관리상의 문제로 인하여 운동장 외에는 기타 다른 시설 및 용품에 대한 협조를 기피하는 경우도 있으므로 반드시 사전에 체크하여야 한다. 또한 행사 당일 일찍 준비를 하기 위해서는 차량이 들어갈 수 있도록 교문의 개방 시간을 미리 확인하고 전기 사용, 화장실 사용에 대해서도 철저하게 확인을 하여야 한다.

특히, 가장 중요한 사항은 행사 이후의 주변 청소이다. 행사 자체가 교육적 기능을 수행하기 때문에 모든 참가자들이 솔선수범해서 가져온 쓰레기를 모두 가져가고, 그래도 남은 쓰레기는 모두 수거해서 다음날 학교의 수업에 지장을 초래하지 않도록 하여야 한다.

그리고 10월 운동회를 실시하고자 하는 교육기관은 최소한 3개월 전에는 앞서의 공문을 접수하여야 한다. 왜냐하면 10월은 유아교육기관 말고도 많은 단체들이 경쟁적으로 학교 운동장을 사용하고자 하기 때문에 여름방학이 끝나면서 일찍 신청을 하는 것이 가장 안전하다.

3_ 프로그램

프로그램은 운동회를 실시하는 데 있어서 가장 중요한 실제 부분이다. 즉 프로그램은 앞서의 설명과 같이 전체 참가자의 규모와 구성 그리고 기대하는 교육적 기능에 대한 합의를 도출하고, 전반적인 프로그램의 성격을 민속놀이 한마당과 같은 전통 놀이를 중심으로 실시할 것인지 아니면 전형적인 운동회의 형태로 실시할 것인지 또는 두 형태를 혼합할 것인지에 대한 프로그램 성격에 대한 결정이 가장 우선시 된다. 그리고 운동회의 기능 중 하나가 교육적 기능을 수행하면서 모든 참가자에 대한 안배가 필요하기 때문에 되도록이면 모든 참가자들이 고루 참가하는 프로그램으로 지나친 승부보다는 끝까지 최선을 다하는 적극적인 모습을 아이들이 느끼도록 하여야 하겠다.

그러면 프로그램의 성격별 기본적인 유의 사항 및 진행 요령에 대해서 알아보도록 하겠다.

첫째, 민속놀이 한마당의 성격이다. 모든 참가자들이 우리 민족 고유의 민속놀이를 가족별로 즐기면서 부모와 아이들이 함께 참가하고 경험하는 교육적 기능을 얻고자 실시한다. 학부모들이 어렸을 적에 놀던 각종 민속놀이를 실시함으로써 학부모가 아이들에게 놀이에 대해 지도함과 동시에 가족이 함께 끊임없이 참가하는 장점을 가진다고 볼 수 있다. 이러한 프로그램을 하고자 할 경우에는 가장 중요한 안배가 바로 전체 참가 인원의 규모이다. 즉, 전체 참가 인원이 얼마냐에 따라서 고루 참가할 수 있는 포스트를 얼마나 만들고, 운영 방식을 자유로운 참가 방식으로 택할 것인지 아니면 조별로 차례로 이동하면서 실시하는 밀어내기 방식을 택할 것인지에 대해서 결정하여야 한다.

전자의 방식은 놀이와 놀이 사이에 충분한 공간을 두면서 만들어 주고 각 놀이마다 운영하는 선생님이 보다 적극적으로 참가를 권유하여 재미있게 진행하여야 한다. 후자의 경우는 놀이의 성격이 비슷한 놀이를 모둠으로 구성하여 각 모둠의 마당 이름을 만들고 모둠별로 이동하면서 다양한 놀이를 경험토록 하여야 한다. 또한 많은 참가를 위해서 참가표를 만들어 참가 시마다 확인 스티커를 받을 수 있도록 하는 방법도 있다. 그러나 이러한 민속놀이가 전체적인 행사의 분위기를 고조시키는 경우는 극히 드물다. 즉 전반적인 행사의 분위기는 평범하면서 차분하게 흐르는 행사라고 할 수 있다. 그러므로 분위기가 뜨지 않는다는 생각을 해서는 절대 안 된다.

또한 각 놀이 영역별 충분한 안내문의 준비와 함께 많은 지도 교사가 배치되어야 한다. 지도 교사는 각 영역별 진행을 담당하여 재미를 느끼도록 유도하여야 한다. 많은 학부모가 의외로 민속놀이의 방법을 모르기 때문에 지도 교사의 역할이 무엇보다도 중요하며, 대부분의 민속놀이는 유아들이 수행하기에는 약간 힘든 부분이 많기 때문에 민속놀이를 그대로 실시할 것이 아니라 약간 변형시켜서 유아들이 수행할 수 있는 단계로 만들어야 한다.

둘째, 경기형 운동회이다. 가장 전형적인 운동회의 유형으로 우리가 학교에 다닐 때의 운동회를 상상하면 된다. 그러나 이러한 운동회는 유치원 특성상 매년 다른 유형의 프로그램을 개발하여 실시하여야 한다. 유치원 원아들은 대개 한 유치원에 3~4년을 다니는 경우가 많기 때문에 매년 같은 프로그램을 실시하면 흥미도가 떨어지기 때문이다. 따라서 매년 주제를 달리하는 프로그램으로 구성하여야 모든 참가자들의 참가 의욕을 높일 수 있다 하겠다. 그러나 이러한 프로그램에서 결코 빠지기 힘든 프로그램은 항상 기본적으로 실시하여도 무방하다. 즉, 박 터트리기, 줄다리기, 릴레이 등은 운동회에서 빠질 수 없는 대표적인 프로그램이므로 매년 반복하여 실시하여도 참가자 전원이 즐길 수 있다. 하지만 이러한 기본 프로그램 역시 매년 일률적인 형식으로 하기보다는 약간씩 방식을 달리하는 방법을 사용한다면 더욱 효과적일 수 있다.

경기형 운동회라 하더라도 유아들의 운동회인 만큼 다음의 원칙은 꼭 지키는 것이 좋다. 유치원 운동회의 특성상 모든 가족에 대한 배려가 필요하다. 즉 유아를 중심으로 참가한 부모, 조부모, 형, 동생 모두를 배려하는 프로그램의 배치 및 운영은 가장 중요하다 하겠다. 가족 중심적인 프로그램과 보다 많은 사람들이 동시에 참가할 수 있는 프로그램이 좋다.

다음으로는 흥미성도 중요하지만 교육적인 효과를 항상 염두해 두어야 한다. 경기의 결과에만 몰두하기보다는 경기에 임하는 과정에서의 질서와 단합 그리고 적극성 및 준법성을 엄격하게 적용하여야 한다. 물론 너무 딱딱하게 적용하여 반발을 사지 않도록 유연성도 갖추어야 한다.

마지막으로는 프로그램의 적합성이다. 유아들의 발달 특성상 가능한 프로그램과 불가능한 프로그램에 대한 정확한 인식이 필요하다. 물론 여기에는 유아들에 대해서만 적합성 유무가 중요한 게 아니라 성인까지도 포함된다. 즉 부부가 하기에 적합한 프로그램 그리고 노부모가 하기에 적합한 프로그램에 대한 감안 역시 중요하다.

이상의 원칙을 지키면서 전체적인 운동회의 프로그램을 구상하여 계획을 세우고 추진하여야 한다. 그러나 운동회는 무엇보다도 신경을 많이 써야 하는 부분이 응원이라 할 수 있다. 단순하게 경기에만 임하다 보면 1인당 전체 경기에 약 3~4번 참가하는데 앉아서 보기에는 너무 지루하기 때문이다. 그리고 응원에 대한 분위기가 고조되면 운동회가 전체적으로 생동감 있는 행사가 되기 때문이다.

셋째, 혼합형 운동회이다. 이 운동회는 앞서의 민속놀이와 경기형을 혼합한 형태로, 실시의 유형은 오전에는 민속놀이를 실시하고 오후에는 대항 게임이라 하여 경기형을 실시하는 방법과 오전, 오후에는 경기형 게임을 실시하고 점심 시간을 많이 할애하여 민속놀이를 실시하는 방법이 있다. 이러한 혼합형의 운동회를 실시하고자 하는 경우는 사전 준비가 철저해야 함은 기본이며 신속하게 다음 시간대의 프로그램을 준비하여 실시하여야 한다. 즉 민속놀이의 경우는 앞서 설명한 것처럼 많은 소품이 동시에 들어간다. 그러기에 이러한 준비물을 신속하게 펼치고 수거하는 작업을 하여야 한다.

〈표 8-3〉 토요일 실시하는 운동회의 예

구분	시간	내용
1부 공식 행사	14:00~14:30	● 선수 입장 ● 국민 의례 ● 대회사 ● 성화 점화 ● 선수 선서 ● 율동(준비 체조) ● 퇴장
2부 행사	14:30~17:00	● 50M 달리기 ● 왕사탕 만들기 ● 큰 공 굴리기 ● 날으는 보트 ● 조부모님 게임 ● 파도타기 ● 초등학생 게임 ● 정상 탈환 ● 놋다리 밟기 ● 박 터트리기
3부 중식	17:00~17:40	● 맛있는 간식 ● 줄다리기 ● 계주
4부 행사	17:40~18:10	● 율동 ● 화이어 점화 및 폭죽 ● 율동 ● 폐회식 - 성적 발표 - 시상 - 폐회사 - 원가 제창 - 폐회 선언 - 해산

〈표 8-4〉 일요일 실시하는 경기형 프로그램

구분	시간	내용
1부 공식 행사	10:00~10:40	● 선수 입장 ● 국민 의례 ● 대회사 ● 성화 점화 ● 선수 선서 ● 율동(준비 체조) ● 퇴장
2부 행사	10:40~12:00	● 응원진 ● 50M 달리기 ● 길쌈 놀이 ● 후룸라이드 ● 장대릴레이 ● 박 터트리기
3부 중식	12:00~13:00	● 맛있는 점심 ● ○ · x 게임
4부 행사	13:00~16:00	● 율동 및 체조 ● 초등학생 장애물 경기 ● 큰 공 굴리기 ● 조부모님 게임 ● 세발자전거 대회 ● 북청물장수 ● 정상 탈환 ● 놋다리 밟기 ● 도깨비 뿔 ● 줄다리기 ● 계주
5부 폐회식	16:00~16:30	● 폐회 통고 ● 성적 발표 ● 시상 ● 폐회사 ● 원가 제창 ● 폐회 선언 ● 해산

〈표 8-5〉 혼합형 운동회

1부 공식 행사	10:00~10:40	• 선수 입장 • 국민 의례 • 대회사 • 성화 점화 • 선수 선서 • 율동(준비 체조) • 퇴장
2부 행사	10:40~12:00	• 응원전 • 50M 달리기 • 장애물 달리기(초등학생) • 놋다리 밟기 • 북청물장수 • 박 터트리기
3부 중식	12:00~13:00	• 맛있는 점심 • 민속놀이 긴 줄넘기, 비석 치기, 씨름, 사방치기, 굴렁쇠, 윷놀이, 제기차기, 투호, 딱지치기, 공기 놀이
4부 행사	13:00~16:00	• 후룸라이드 • 길쌈 놀이 • 도깨비 뿔 • 조부모님 게임 • 파도타기 • 큰 공굴리기 • 풍선 터트리기 • 줄다리기 • 계주 • 강강수월래
5부 폐회식	16:00~16:30	• 폐회 통고 • 성적 발표 • 시상 • 폐회사 • 원가 제창 • 폐회 선언 • 해산

부 록 1

게임 프로그램

1_ 게임의 의의

사람이 행복하고 만족스럽고 즐거운 생활을 영위해 나가기 위해 각자의 여가 생활을 보다 현명하게 조성해 나가는 요즘에 게임이나 스포츠는 많은 사람이 즐길 수 있는 활동이다. 특히 게임은 여러 모임이나 장소에 구애됨이 없이 언제, 어디서나 상대에 상관없이 규칙을 지키며 재미있게 다 같이 즐기는 것이다. 결국 게임은 훌륭한 전인교육을 이루는 한 부분이며 사람들의 일상생활에 활력을 만들어 주는 하나의 활력소라 할 수 있다.

2_ 게임의 분류

게임은 장소, 동작, 대상, 용구, 대형, 실질성, 목적에 의해 7가지로 분류할 수 있다.

- 장소에 의한 분류 - 실내, 실외, 차내, 무대, 테이블, 수중 등
- 동작에 의한 분류 - 정적, 동적
- 대상에 의한 분류 - 영 · 유아, 청소년, 청년, 성인(남, 여), 일반, 노인, 장애인, 개인, 환자, 커플, 팀, 단체 등
- 용구에 의한 분류 - 맨몸, 풍선, 공, 종이, 물, 컵, 주사위, 일반 도구 등
- 대형에 의한 분류 - 자유형, 횡대, 종대, 원, 이중 원, 릴레이, 특수 대형 등
- 실질상 분류 - 분위기, 인사, 음악, 관람, 요령, 학술적, 율동, 신체적, 경기적, 사회자 등
- 목적에 의한 분류 - 지적 발달, 감각 발달, 민속놀이, 신체 능력 발달, 인사 소개, 분위기 조성 등

3_ 게임의 지도 방법

- 게임을 하기 전에 노래로 분위기를 조성한다.
- 게임의 설명은 간단명료하게 한다(지나친 경어나 비어는 쓰지 않는다).
- 게임에 대한 연구와 사전 준비를 해 둔다(아무리 간단한 게임이라도 치밀한 사전

준비를 하고, 작은 것이나마 상품을 준비하면 매우 효과적이다).

- 게임에 있어서 방관자가 없도록 한다(규칙은 쉽고 항상 변화와 융통성을 유지하며, 벌칙 게임은 모욕감이 없고 부담이 없는 것으로 하고, 참가자 스스로가 소리를 낼 수 있는 게임부터 시작하면 좋다).
- 대상과 장소에 따라 종목을 선택한다.
- 게임의 종료를 적절하게 한다.
- 게임을 리듬화 한다(다음 게임과 연결되도록 게임의 물결을 만든다).
- 아무리 재미있는 게임이라도 반복하지 않는다.
- 게임을 하는 데 있어서 경쟁 행위보다 협조적으로 더불어 나가야 한다.
- 게임의 설명이나 진행이 잘 되지 않으면 다른 게임으로 빨리 전환한다.
- 게임을 하는 데 있어서 부정 행위는 절대로 인정하지 않는다.
- 예상되는 게임 수의 2배를 준비한다.

(전승훈, 『프로 레크리에이션』)

게임을 올바르고 교육적으로 지도할 때 게임의 가치가 있다.

4_ 게임의 변형

모든 게임은 카멜레온(Chameleon)과 같아서 어느 한 게임을 기본으로 하여 변형을 시키면 무수히 많은 게임이 만들어진다. 게임을 만드는 눈으로 모든 것을 바라보면 새로운 게임은 얼마든지 만들어 낼 수 있다.

1) 새로운 게임을 위한 생각할 점 10가지

- 이 게임은 어떤 점이 좋은가?
- 이 게임은 어떤 장소에 어울리는가?
- 이 게임은 어떤 대상에 맞는가?
- 이 게임은 어떤 문제점을 갖고 있는가?
- 이 게임은 어떤 개선점이 있는가?
- 이 게임은 어떤 도구가 적당한가?

- 이 게임은 어떤 시기에 적절한가?
- 이 게임은 어떤 방법으로 지도해야 하는가?
- 이 게임은 어떤 성격의 모임에 적합한가?
- 이 게임은 어떤 방법으로 변형시킬 수 있는가?

2) 변형을 위한 생각할 점 7가지

- 장소를 바꾼다면 어떻게 변형시켜야 하나?
- 대상이 바뀐다면 어떻게 변형시켜야 하나?
- 사용 도구를 바꾼다면 어떻게 변형시켜야 하나?
- 시기(계절, 낮, 밤)를 바꾼다면 어떻게 변형시켜야 하나?
- 지도 방법을 바꾼다면 어떻게 변형시켜야 하나?
- 모임의 성격이 다른 곳에서 진행한다면 어떻게 변형시켜야 하나?
- 다른 게임과 혼합(장점과 강점끼리)한다면 어떻게 변형시켜야 하나?

같은 게임도 지도 방법과 활용 방법에 따라 전혀 다른 분위기와 효과를 낸다.

5_ 프로그램 작성 및 진행 시 유의점

1) 프로그램 작성 시 유의점

- 참가자의 연령과 성별
- 흥미와 요구의 정도(참가자들의 기대를 정확히 파악)
- 구성 성격 : 지식 정도, 직업별, 직책별, 기술과 능력의 정도 등
- 인원
- 장소 : 크기, 시설, 명암, 실내, 실외 등
- 시간 : 계절, 낮과 밤, 시간의 길이 등
- 모임의 목적
- 행사의 종류와 성격 : 파티, 강습회, 야유회, 단합대회, 체육대회 등
- 유인물 : 악보, 행운권, 티켓, 순서지 등

- 게임에 필요한 도구나 시설 및 상품이나 기념품
- 진행 협조자 등 빠짐없이 검토한다.

2) 프로그램 진행 시 유의점

- 시간을 잘 지킨다.
- 지도자는 참가자들이 잘 보이는 위치와 지도자의 목소리가 잘 전달될 수 있는 위치를 선택한다(가까울수록 좋다).
- 참가자들을 집중시키는 방법을 연구하여 언성을 높이지 않고도 자연스럽게 프로그램에 들어가도록 한다(시작한 지 2~5분 안에).
- 레크리에이션의 순서나 내용은 참가자들에게 쉽고 익숙한 것부터 시작해서 차츰 어려운 것으로 간다.
- 게임의 설명은 되도록 간단 명료하게 하고 복잡한 게임은 몇 개의 부분으로 구분하여 지도한 후 전체 게임으로 발전시킨다.
- 프로그램 내용은 되도록 말로 설명하지 말고 시범으로 시작해서 저절로 게임에 들어가도록 힘써야 한다.
- 말은 보통 목소리로 쉽게 하도록 애쓰고, 구령은 구령식 구호보다는 부드러운 구호 활용이 좋다.
- 그때그때의 분위기를 빨리 파악하여 변경할 필요가 있을 때에는 자기의 고집을 버리고 곧바로 응용을 하거나 조절을 하여 공백 시간이 없게 프로그램을 이끌어 나간다.
- 순서와 순서, 게임과 게임의 연결 과정에 신경을 써서 대형 변경이 자연스럽게 이루어지도록 한다.
- 무엇보다도 지도자 자신이 프로그램에 열중하여야 한다.
- 빈 공간이 없게 하면(좌석) 집중력이 좋다.
- 프로그램 진행 중 빠지는 사람과 구경만 하는 사람 없이 모두가 참여할 수 있는 방법을 찾아 함께 참여하고, 특히 연로하거나 신체, 정신 장애인과 같이 문제가 있는 사람이 있나 살펴서 그들의 마음을 상하게 하지 않고 참여할 수 있도록 골고루 기회를 준다.
- 분위기와 기분, 감정 등의 흐름이 시작에서부터 끝날 때까지 무리가 없는 흐름이

되도록 노력한다.

- 순서마다 클라이맥스를 잘 파악하여 어디에서 끝나는 것이 효과적인가를 잘 판단한다.
- 프로그램 전체의 클라이맥스도 잘 포착하여 어디에서 끝나는 것이 효과적인지를 잘 판단한다(클라이맥스가 되면 마무리로 들어간다).
- 참가자를 빠짐없이 본다(시선을 벽, 천정 등 엉뚱한 것에 두지 않는다).
- 프로그램의 끝맺음을 잘하여 그 날의 즐거움과 의의를 가슴에 새기며 다음 과정에 들어가도록 지도한다.
- 웃는 얼굴은 프로그램 진행에 있어서 최대의 무기이다.
- 프로그램을 시작하면서 먼저 웃음을 유발한다.
- 모든 사람의 참여를 유도할 때는 옆 사람을 건드리게 한다.
- 파트너 게임을 할 때는 서로 육체적으로 접촉(skin ship)하게 한다.
- 대상들이 다음의 내용을 예측할 수 없게 진행한다(흥미 지속).
- 생각보다 게임이 흥겨워지면 다른 게임은 뒤로 미루더라도 그 게임에 시간을 더 할애하고, 그렇지 않으면 즉시 게임을 전환한다.

(전승훈, 『프로 레크리에이션 600』, 엘맨 미디어)

6_ 게임의 종류

[풍선 폭죽]

■ 무엇이 튼튼해질까요?

풍선 폭죽 놀이를 통하여 신체의 민첩성과 협동심을 길러 준다.

■ 무엇을 사용할까요?

풍선, 끈(고무줄)

■ 이렇게 해봐요

① 청, 백 그림으로 나눈 후 전원에게 풍선 2개와 50cm 정도의 끈 2개를 나누어 준다.

② 각자 풍선을 불어 양쪽 발에 나누어 준 끈을 이용해 묶는다.

③ 시작 신호와 함께 상대팀으로 뛰어가 상대팀의 풍선을 발로 밟아 터뜨린다.

④ 제한 시간이 되면 자기팀으로 돌아온다.

⑤ 터지지 않고 남아 있는 풍선이 많은 숫자로 승패를 정한다.

■ 이러면 안돼요

① 4팀일 경우 색깔이 다른 끈이나 풍선을 사용하여 4팀이 동시에 경기를 치른다.

② 풍선을 묶을 때는 빠지지 않도록 단단히 고정한다.

③ 정지하지 않고 계속해서 움직일 수 있도록 한다.

④ 그만이라는 신호에 바로 팀 위치로 돌아오도록 한다.

[캥거루 릴레이(1)]

■ 무엇이 튼튼해질까요?

캥거루 뜀뛰기를 통하여 하체의 근력 및 순발력을 향상시킨다.

■ 무엇을 사용할까요?

자루(팀 수 만큼), 반환점

■ 이렇게 해봐요

① 팀을 나누어 팀을 구성한다.

② 각 팀이 출발선에 한 줄로 서면 쌀자루나 밀가루 자루를 1개씩 나누어 준다.

③ 시작 신호와 함께 각 팀의 첫 번째 줄의 아이들은 자루 속으로 들어가 자루 입구를 두 손으로 잡고 깡충깡충 뛰면서 반환점을 돌아와 자루를 벗어 두 번째 아이에게 넘겨 준다.

④ 두 번째 아이들은 반환점을 돌아와 세 번째 선수에게 위와 동일한 방법으로 실시한다.

■ 이러면 안돼요

① 두 발로 정확히 모듬 발 뛰기를 하도록 한다.

② 승리에 집착해 넘어지지 않도록 지도한다.

③ 인원에 따라 팀당 자루를 2개씩 주면 다음 사람이 자루 안에 들어가 기다릴 수도 있다.

[캥거루 릴레이(2)]

■ 무엇이 튼튼해질까요?

신체의 협응성 및 조정력을 길러 준다.

■ 무엇을 사용할까요?

풍선, 블록, 책, 작은 인형, 반환점 등

■ 이렇게 해봐요

① 캥거루 릴레이(1)과 같이 진행한다.

② 자루 안에 들어가는 대신 준비물을 무릎과 무릎 사이에 끼운다.

③ 양손을 머리에 올리고 오리 걸음으로 반환점을 돌아온다.

■ 이러면 안돼요

① 다리 사이에 물건이 있으므로 떨어지지 않게 조심한다.

② 잘 떨어질 수 있으므로 떨어진 자리에서 다시 다리 사이에 끼울 수 있게 한다(떨어지면 감점인 것으로 설명한다).

[가마 릴레이]

■ 무엇이 튼튼해질까요?

팀원의 협동심을 길러 준다.

■ 무엇을 사용할까요?

반환점

■ 이렇게 해봐요

① 각 팀의 인원을 3의 배수가 되도록 구성한다.

② 각 팀마다 3사람이 1조가 되어 가마꾼 2사람은 서로 마주 보고 두 손을 엮어서 나머지 사람이 올라타도록 한다.

③ 시작 신호와 함께 가마꾼은 반환점을 돌아온다.

④ 팀 대항 릴레이 게임이다.

■ 이러면 안돼요

① 가마 만드는 과정을 정확하게 시범을 보인다.

② 가마를 내릴 때는 역순으로 해체하여 무너지지 않게 한다.

[종이컵 나르기]

■ 무엇이 튼튼해질까요?

신체 기관의 협응성을 길러 준다.

■ 무엇을 사용할까요?

종이컵, 빨대(나무젓가락)

■ 이렇게 해봐요

① 각 팀별로 한 줄로 줄을 서고, 모두가 빨대(젓가락)를 1개씩 입에 문다.

② 1번 사람은 하늘을 쳐다보고 종이컵 1개를 빨대에 꽂는다.

③ 시작 신호와 함께 빨대에 꽂혀 있는 종이컵을 옆 사람에게 전달하여 끝까지 먼저 종이컵을 전달한다.

④ 마지막 사람은 빨대에 종이컵을 꽂은 채로 앞으로 가지고 나온다.

■ 이러면 안돼요

① 손은 쓸 수 없고, 반드시 빨대로만 전달해야 한다.

② 종이컵을 많이 사용할 경우 정해진 시간 안에 많이 옮기는 팀이 이기는 것으로 한다.

③ 종이컵이 많으면 더 재미있게 진행할 수 있다.

[제한된 술래잡기]

■ 무엇이 튼튼해질까요?

신체의 민첩성과 상황 대처 능력을 길러 준다.

■ 무엇을 사용할까요?

실외 선을 표시할 막대(횟가루), 실내 선을 표시할 색 테이프

■ 이렇게 해봐요

① 바닥에 지름 5m 정도 되는 원을 그린다.

② 원을 " + " 모양으로 줄을 그어 4등분한다.

③ 4등분된 부채꼴 중심에 30~40cm 정도의 원을 각각 그린다.

④ 술래 한 사람을 정한다.

⑤ 시작 신호와 함께 술래는 잡으러 다니고 다른 사람은 도망다닌다.

⑥ 이 때 반드시 선을 밟고 다녀야 한다.

⑦ 지름이 30~40cm인 작은 원은 안전지대로 도망다니던 사람이 이곳으로 들어가면 술래가 잡지 못한다.

⑧ 안전지대에 있는 사람은 술래가 10까지 세기 전에 그곳에서 빠져나와야 한다. 열 셀 때까지 못 나오면 술래에게 잡히는 것이 된다.

■ 이러면 안돼요

① 모양은 반드시 원이 아니어도 된다.

② 인원이 많을 경우 원을 더 크게 하고 등분을 더 많이 한다.

[나에게로 오세요]

■ 무엇이 튼튼해질까요?

집중력과 민첩성을 길러 준다.

■ 무엇을 사용할까요?

의자

■ 이렇게 해봐요

① 전체 인원보다 1개가 부족하게 의자를 준비한다.

② 의자를 밖에서 앉을 수 있도록 원형으로 놓는다.

③ 의자 밖에서 일정한 방향으로 돌면서 노래를 한다.

④ 진행자의 신호를 듣고 의자에 빨리 앉는다.

⑤ 의자에 앉지 못한 사람은 탈락이 된다.

⑥ 반복하여 의자 숫자를 1개씩 줄이며 진행한다.

■ 이러면 안돼요

① 인원이 많거나 빨리 진행을 해야 할 경우 의자의 숫자를 많이씩 줄여도 된다.

② 노래하여 돌 때는 멈추지 않도록 한다.

[바구니 농구]

■ 무엇이 튼튼해질까요?

규칙을 이해하게 하고 협동심을 길러 준다.

■ 무엇을 사용할까요?

공, 바구니, 의자

■ 이렇게 해봐요

① 청백 2개 팀으로 나눈다.

② 양쪽 진영에 의자를 놓고 한 사람이 바구니를 들고 의자 위로 올라선다.

③ 시작 신호와 함께 농구 규칙에 준해서 경기를 시작한다.

④ 득점은 자기 팀 바구니에 공을 던져서 넣으면 된다.

⑤ 의자 위에 있는 사람은 의자 위에서만 있을 수 있으며 떨어지면 반칙이다.

■ 이러면 안돼요

① 바구니를 가지고 있는 사람이 의자 밑에서 받으면 무효이며 1점 감점한다.

② 인원이 많을 경우 공의 개수를 늘려도 무방하다.

[기차 놀이]

■ 무엇이 튼튼해질까요?

팀원의 협동심을 길러 준다.

■ 무엇을 사용할까요?

긴 끈, 반환점

■ 이렇게 해봐요

① 각 팀별 5명이 1조가 된다.

② 줄 양쪽을 묶어 그 안에 5명이 들어가 선다.

③ 출발 신호와 함께 5명이 발을 맞추어 반환점을 돌아와 다음 조에게 줄을 넘겨 준다.

■ 이러면 안돼요

① 넘어지지 않도록 주의를 준다.

② 5명이 아니어도 1개조가 가능하며 10명까지도 가능하다.

[이어지는 기차]

■ 무엇이 튼튼해질까요?

근력과 협동심을 길러 준다.

■ 무엇을 사용할까요?

반환점

■ 이렇게 해봐요

① 끈 없이 기차 놀이를 할 수 있는 게임이다.
② 팀별로 한 줄로 세운다.
③ 2번이 1번의 어깨에 손을 올리고 준비한다.
④ 출발과 함께 반환점을 돌아오며 1명씩 이어서 갔다 온다.
⑤ 횟수가 더할수록 1명씩 늘어난다.

■ 이러면 안돼요

① 손이 어깨에서 떨어지지 않게 한다.
② 출발자들의 발이 엇갈리지 않도록 구령을 붙인다.
③ 1번은 10회를 할 경우 10번을 왕복해야 하므로 앞선 주자들은 체력이 좋은 사람으로 정한다.

[징검다리 건너기]

■ 무엇이 튼튼해질까요?

협동심과 평형성을 길러 준다.

■ 무엇을 사용할까요?

벽돌, 방석, 색판, 반환점

■ 이렇게 해봐요

① 벽돌 블록이나 방석을 3개씩 준비한다.

② 2~3명이 1조가 되어 시작 신호와 함께 출발한다.

③ 징검다리는 한 사람만 건너고 나머지 사람은 징검다리를 계속 만들어 준다.

④ 반환점을 돌아오는 릴레이 경기이다.

■ 이러면 안돼요

① 건너는 사람이 다리에서 떨어지면 처음으로 되돌아가야 하므로 떨어지지 않도록 주의시킨다.

② 징검다리를 만드는 사람은 멈추지 않고 계속 만들 수 있게 한다.

③ 야외일 경우 색판이나 블록을 사용하고, 실내일 경우 방석을 사용하면 된다.

[이 줄은 내 줄]

■ 무엇이 튼튼해질까요?

협동성과 근력을 길러 준다.

■ 무엇을 사용할까요?

줄다리기 줄(홀수)

■ 이렇게 해봐요

① 줄다리기 줄 7개를(홀수) 중앙에 놓아 둔다.

② 진행자는 양 팀의 인원을 같이 하여 각 팀 앞에 한 줄로 세운다.

③ 출발 신호와 함께 양 선수가 달려가서 줄을 잡고 자기 팀 편으로 줄을 당겨서 오면 된다.

④ 줄은 홀수로 정해져 있으므로 1개를 더 많이 가져온 팀이 승리를 하는 것으로 한다.

■ 이러면 안돼요

① 줄을 자기 팀에 가져온 사람은 다른 줄을 다시 가져와도 된다.

② 진행자는 중앙에서 넘어지는 사람이 없는지 관찰하여 안전에 유의해야 한다.

4각 줄다리기

■ 무엇이 튼튼해질까요?

전신 근력을 길러 준다.

■ 무엇을 사용할까요?

줄다리기 줄, 공

■ 이렇게 해봐요

① 줄의 양쪽을 묶어 원형 줄을 만든다.

② 4명이 줄 안에 들어가 줄을 배에 대고 조금씩 당긴다.

③ 정사각형의 줄이 되면 준비하고 기다린다.

④ 시작과 함께 2m 앞에 있는 자기 공을 잡으러 간다.

■ 이러면 안돼요

① 1팀당 2명씩 들어가서 게임을 해도 무관하다.

② 4각이 아닌 3각형의 형태로 진행하여도 된다.

③ 실내일 경우는 양말을 벗어 미끄럼을 방지한다.

[독도 수비대]

■ 무엇이 튼튼해질까요?

팀원의 협동심을 길러 준다.

■ 무엇을 사용할까요?

신문지, 돗자리 등

■ 이렇게 해봐요

① 각 팀에 신문지나 돗자리를 한 장씩 나누어 준다.

② 신문지나 돗자리를 넓게 펴게 한 후 준비 자세를 취한다.

③ 시작 신호와 함께 신문지나 돗자리에 모든 팀원이 올라서게 한다.

④ 처음에는 넓어서 쉬우므로 계속해서 1/2씩 줄여 가며 실시한다.

■ 이러면 안돼요

① 팀원의 협동심을 보는 게임으로 시간을 철저히 잰다.

② 게임이 끝날 때마다 자리가 좁아지므로 팀원들끼리 올라가는 형태에 대해 의논할 시간을 주는 것이 좋다.

[들어가라 들어가]

■ 무엇이 튼튼해질까요?

거리와 공간에 대한 협응성을 길러 준다.

■ 무엇을 사용할까요?

볼풀 공(오자미), 상자, 바구니

■ 이렇게 해봐요

① 청, 백 2팀으로 나눈다.

② 양 팀은 일정한 간격을 두고 한 줄로 마주 선다.

③ 양 팀의 중간 지점에 상자나 바구니를 놓아 둔다.

④ 시작과 함께 정해진 자기 팀 상자나 바구니에 공을 던져 넣는다.

⑤ 제한 시간이 되면 멈추고 각 팀의 상자나 바구니에 공을 많이 넣은 팀이 승리를 하는 것으로 한다.

■ 이러면 안돼요

① 상자나 바구니는 크기가 같은 것으로 준비한다.

② 바구니나 상자에 넣지 않고 상대편을 맞추지 않게 한다.

③ 공이나 오자미는 한 손에 잡을 수 있는 크기로 준비한다.

[움직이는 바구니]

■ 무엇이 튼튼해질까요?

집중력과 공간 능력을 길러 준다.

■ 무엇을 사용할까요?

볼풀 공(오자미), 바구니

■ 이렇게 해봐요

① 청, 백 2팀으로 나눈다.

② 중앙선을 정해 놓고 한 줄로 서게 한다.

③ 보조자는 바구니를 어깨에 메고 반대편에 선다.

④ 시작과 함께 보조자는 바구니를 보이게 서서 일정한 속도로 계속 움직이게 한다.

⑤ 제한 시간 전에 움직이는 바구니에 공을 많이 넣으면 된다.

■ 이러면 안돼요

① 속도를 줄이지 않고 전 후, 좌 우로 움직이게 한다.

② 시간이 지날수록 빠르게 움직이게 한다.

[판 제기차기]

■ 무엇이 튼튼해질까요?

협동심과 조정력을 길러 준다.

■ 무엇을 사용할까요?

제기판, 끈, 제기

■ 이렇게 해봐요

① 사각형의 제기판 모퉁이에 끈을 연결시킨다.
② 제기판에 달린 끈을 4명이 하나씩 잡는다.
③ 진행자는 제기판 가운데에 제기를 올려놓는다.
④ 시작과 함께 끈을 잡아당겨 제기를 위로 올린다.
⑤ 떨어뜨리지 않고 많은 횟수를 올린 팀이 승리한다.

■ 이러면 안돼요

① 연습이 필요한 경기로 연습 후 진행을 한다.
② 제기판이 수평이 되어야 하므로 키가 비슷한 사람끼리 조를 이룬다.
③ 제기 대신 공이나 다른 가벼운 물건을 올려도 된다.
④ 제기판은 무겁지 않은 나무판이나 보자기를 사용하면 된다.

[공 전달하기]

■ 무엇이 튼튼해질까요?

협동성과 감각 기능을 향상시킨다.

■ 무엇을 사용할까요?

공

■ 이렇게 해봐요

① 각 팀을 한 줄로 나란히 세운다.

② 앞사람의 어깨에 손이 닿을 정도의 공간을 만들어 선다.

③ 진행자가 맨 앞사람에게 공을 주면 차례대로 공을 전달하여 맨 뒷사람이 공을 가지고 오게 한다.

④ 시작과 동시에 진행자의 요구대로 공을 뒤의 사람에게 전달한다.

■ 이러면 안돼요

① 공이 땅에 떨어지지 않게 한다.

② 전달의 방법은 진행자가 정해도 무방하다.

③ 머리 위로 전달, 다리 사이로 전달, 위 아래로 전달, 좌우로 전달 등.

[조심조심 달려요]

■ 무엇이 튼튼해질까요?

협동성과 조정력을 길러 준다.

■ 무엇을 사용할까요?

보자기, 공, 풍선, 반환점

■ 이렇게 해봐요

① 팀을 나누고 4명이 1조가 되게 한다.

② 4명 1조는 보자기를 팽팽하게 펴서 잡는다.

③ 진행자는 가벼운 공이나 풍선을 중앙에 올려놓는다.

④ 시작과 동시에 보자기가 구겨지지 않게 공을 가지고 반환점을 돌아온다.

■ 이러면 안돼요

① 4명 1조는 자기 쪽으로 보자기를 당겨 팽팽함을 유지하게 한다.

② 움직이는 속도를 일정하게 하여 공이 떨어지지 않게 한다.

③ 보자기로 공을 감싸고 달리면 실격이 된다.

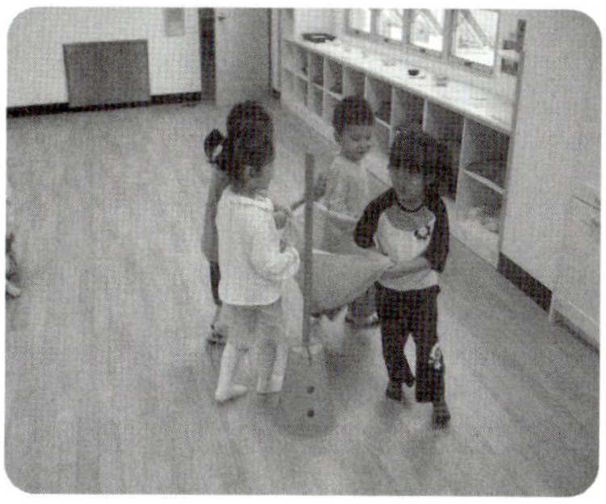

이삿짐 나르기

■ 무엇이 튼튼해질까요?

협동심을 길러 준다.

■ 무엇을 사용할까요?

실내 게임장

■ 이렇게 해봐요

① 양 팀이 서로 마주 보고 한 줄로 선다.
② 준비와 함께 모두 엎드려서 손을 가슴 밑으로 넣는다.
③ 진행자는 첫 번째 사람을 팀원들 등 위에 눕게 한다.
④ 시작과 함께 누워 있는 팀원들은 몸을 한쪽 방향으로 움직여 등 위의 자기 팀원을 앞쪽으로 이동시킨다.
⑤ 마지막 도착점까지 먼저 옮긴 팀이 승리한다.

■ 이러면 안돼요

① 절대 손을 사용하지 않게 한다.
② 몸은 한쪽 방향으로만 움직이게 한다.
③ 누워 있는 팀원들의 간격이 넓지 않게 한다.

[나 너 좋아해]

■ 무엇이 튼튼해질까요?

상호 유대를 강화시킨다.

■ 무엇을 사용할까요?

게임장

■ 이렇게 해봐요

① 모든 인원이 둥글게 원을 만들어 선다.

② 진행자의 지시에 따라 한쪽 방향으로 노래를 부르며 돈다.

③ 진행자의 신호와 함께 제시된 숫자의 사람끼리 모이면 된다.

④ 숫자를 채우지 못한 사람들은 탈락된다.

■ 이러면 안돼요

① 친한 사람끼리 모이지 않게 섞어 놓는다.

② 인원을 정확히 파악해 배수의 합으로 부른다.

③ 전체 인원이 홀수일 경우 합을 짝수로, 전체 인원이 짝수일 경우 합을 홀수로 부른다.

[색판 뒤집기]

■ 무엇이 튼튼해질까요?

협동성과 색에 대한 인지 능력을 향상시킨다.

■ 무엇을 사용할까요?

색판

■ 이렇게 해봐요

① 청, 백팀으로 나누어 마주 보고 선다.

② 양 팀 사이에 공간을 확보하고 그 공간에 색판을 놓는다.

③ 색판은 숫자가 같도록 내려놓고 준비한다.

④ 시작과 함께 자기 팀의 색깔이 위로 오도록 뒤집어 놓는다.

⑤ 종료와 함께 많은 색깔을 가진 팀이 승리한다.

■ 이러면 안돼요

① 모든 인원이 멈추지 않고 계속 움직이게 한다.

② 발로 밟고 있거나 모아서 들고 다니지 않게 한다.

③ 종료와 함께 일어서 자리로 돌아가게 한다.

[꼬리 붙이기]

■ 무엇이 튼튼해질까요?

상황에 대한 대처 능력을 향상시킨다.

■ 무엇을 사용할까요?

음악, 노래

■ 이렇게 해봐요

① 모든 인원이 자유롭게 서서 있는다.

② 노래와 함께 자유롭게 돌아다닌다.

③ 진행자의 신호와 함께 앞에 마주 선 사람과 가위, 바위, 보를 한다.

④ 진 사람은 이긴 사람의 꼬리가 되어 붙어 다닌다.

⑤ ③을 반복하면 나중에 기다란 2개 줄이 만들어진다.

⑥ 신호와 함께 마지막 2개 줄이 가위, 바위, 보를 하여 기다란 한 줄을 만든다.

■ 이러면 안돼요

① 벽이나 바깥쪽으로 도망 다니지 않게 한다.

② 멈추어 앞에 상대가 없으면 주위의 사람과 가위, 바위, 보를 하게 한다.

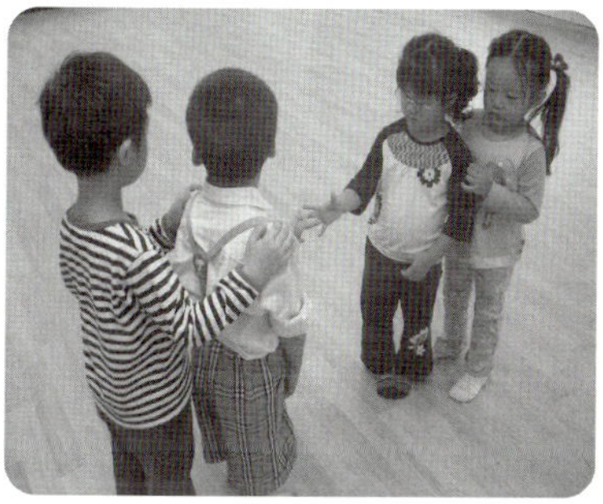

[지네 걸음]

■ 무엇이 튼튼해질까요?

협동성과 근력을 향상시킨다.

■ 무엇을 사용할까요?

실내 게임장

■ 이렇게 해봐요

① 양 팀으로 나누어 팀을 만든다.

② 정해진 인원 수만큼 나와서 어깨를 잡고 선다.

③ 준비와 함께 다리를 벌리고 앞사람과 밀착하여 앉는다.

④ 손은 앞사람의 겨드랑이 사이에 넣어 깍지 손을 한다.

⑤ 출발과 함께 엉덩이를 앞으로 밀고 다리를 잡아당겨 전진한다.

⑥ 정해진 지점까지 먼저 도착하면 승리한다.

■ 이러면 안돼요

① 구령과 함께 힘을 쓰도록 한다.

② 적은 인원에서 점차 많은 인원으로 진행한다.

③ 줄이 끊어지면 다시 이어지도록 앞에서 기다려주게 한다.

[달려라 3번]

■ 무엇이 튼튼해질까요?

집중력과 민첩성을 향상시킨다.

■ 무엇을 사용할까요?

의자나 방석

■ 이렇게 해봐요

① 팀을 두 팀으로 나누어 마주 보고 앉게 한다.

② 의자나 방석은 두 팀의 정중앙에 놓아 둔다.

③ 진행자는 앞에서부터 순서대로 고유번호를 지정해 준다.

④ 진행자가 "달려라 ○번" 이라고 얘기하면 번호에 해당되는 양 팀의 사람이 나와 먼저 의자나 방석을 차지하면 승리한다.

■ 이러면 안돼요

① 집중을 위해서 끝에까지 들리도록 한다.

② 다른 곳에 신경을 쓰거나 하는 사람은 일부러 호명을 해 집중시킨다.

부 록 2

지도계획안

체육교육 지도계획안 1

확인란	지도교사	실장	원장

<table>
<tr><td rowspan="2">유아교육 기관</td><td rowspan="2"></td><td>교 육 일</td><td>년 월 일</td><td>지도교사</td><td></td></tr>
<tr><td>교육차수</td><td>차</td><td>교육장소</td><td></td></tr>
<tr><td colspan="2">활동 영역</td><td colspan="4">질서란 무엇인가?</td></tr>
<tr><td colspan="2">활동 주안점</td><td colspan="4">선생님 소개와의 친근함을 느끼게 하며 질서에 관하여 교육한다.</td></tr>
<tr><td colspan="2" rowspan="2">구분 / 과정</td><td colspan="4">활동 내용</td></tr>
<tr><td colspan="2">유치반</td><td>유아반</td><td>영아반</td></tr>
<tr><td>준비 활동</td><td>준비 운동 및 스트레칭</td><td colspan="4">▷ 선생님과 인사하기
▷ 준비 체조(팔 → 목 → 허리 → 다리)
▷ 스트레칭 체조
· 다리 펴고 손가락 발끝 닿기(서서, 앉아서)
· 다리 벌리고 가슴 닿기(앉아서)
▷ 제자리 뛰기(가볍게 전신을 움직이면서)</td></tr>
<tr><td>중심 활동</td><td>전체 활동</td><td colspan="2">▷ 선생님 소개
▷ 바른 자세 익히기
▷ 시지협응력 테스트
▷ 벽 치고 한 줄 서기
▷ 벽 치고 두 줄 서기</td><td>▷ 선생님 소개
▷ 바른 자세 익히기
▷ 시지협응력 테스트
▷ 벽 치고 한 줄 서기
▷ 벽 치고 두 줄 서기</td><td>▷ 선생님 소개
▷ 바른 자세 익히기
▷ 시지협응력 테스트
▷ 벽 치고 한 줄 서기
▷ 벽 치고 두 줄 서기</td></tr>
<tr><td>정리 활동</td><td>전체 활동</td><td colspan="4">▷ 정렬하기
▷ 정리 스트레칭(팔 → 다리 → 허리)
▷ 수업에 관한 이야기하기
▷ 인사하기</td></tr>
</table>

체육교육 지도계획안 2

<table>
<tr><td rowspan="2">확
인
란</td><td>지도교사</td><td>실장</td><td>원장</td></tr>
<tr><td></td><td></td><td></td></tr>
</table>

<table>
<tr><td colspan="2">유아교육 기관</td><td></td><td>교 육 일</td><td>년 월 일</td><td>지도교사</td><td></td></tr>
<tr><td colspan="2"></td><td></td><td>교육차수</td><td>차</td><td>교육장소</td><td></td></tr>
<tr><td colspan="2">활동 영역</td><td colspan="5">인지 발달 능력</td></tr>
<tr><td colspan="2">활동 주안점</td><td colspan="5">생각할 수 있는 운동을 통하여 유아들의 인지 발달 능력을 기른다.</td></tr>
<tr><td colspan="2" rowspan="2">구분
과정</td><td colspan="5">활동 내용</td></tr>
<tr><td colspan="2">유치반</td><td colspan="2">유아반</td><td>영아반</td></tr>
<tr><td>준비 활동</td><td>준비 운동 및 스트레칭</td><td colspan="5">▷ 선생님과 인사하기
▷ 준비 체조(팔 → 목 → 허리 → 다리)
▷ 스트레칭 체조
· 다리 펴고 손가락 발끝 닿기(서서, 앉아서)
· 다리 벌리고 가슴 닿기(앉아서)
▷ 율동</td></tr>
<tr><td>중심 활동</td><td>전체 활동</td><td colspan="2">▷ 로켓트 발사
▷ 두 발 동물 변신하기
▷ 네 발 동물 변신하기
▷ 벽 치고 달려가 선생님 안아 주기</td><td colspan="2">▷ 로켓트 발사
▷ 두 발 동물 변신하기
▷ 네 발 동물 변신하기
▷ 벽 치고 달려가 선생님 안아 주기</td><td>▷ 로켓트 발사
▷ 두 발 동물 변신하기
▷ 네 발 동물 변신하기
▷ 벽 치고 달려가 선생님 안아 주기</td></tr>
<tr><td>정리 활동</td><td>전체 활동</td><td colspan="5">▷ 정렬하기
▷ 정리 스트레칭(팔 → 다리 → 허리)
▷ 수업에 관한 이야기하기
▷ 인사하기</td></tr>
</table>

체육교육 지도계획안 3

확인란	지도교사	실장	원장

<table>
<tr><td rowspan="2">유아교육 기관</td><td rowspan="2"></td><td>교 육 일</td><td>년 월 일</td><td>지도교사</td><td></td></tr>
<tr><td>교육차수</td><td>차</td><td>교육장소</td><td></td></tr>
<tr><td colspan="2">활동 영역</td><td colspan="4">씩씩이 달리기</td></tr>
<tr><td colspan="2">활동 주안점</td><td colspan="4">신나는 달리기를 통하여 근력, 근지구력을 기른다.</td></tr>
<tr><td colspan="2" rowspan="2">구분 / 과정</td><td colspan="4">활동 내용</td></tr>
<tr><td>유치반</td><td colspan="2">유아반</td><td>영아반</td></tr>
<tr><td>준비 활동</td><td>준비 운동 및 스트레칭</td><td colspan="4">▷ 선생님과 인사하기
▷ 준비 체조(팔 → 목 → 허리 → 다리)
▷ 스트레칭 체조
· 다리 펴고 손가락 발끝 닿기(서서, 앉아서)
· 다리 벌리고 가슴 닿기(앉아서)
▷ 제자리 뛰기</td></tr>
<tr><td>중심 활동</td><td>전체 활동</td><td>▷ 5단 달리기
▷ 달리다가 눕기
▷ 달리다가 엎드리기
▷ 달리다가 다리 들기
▷ 선생님 잡기</td><td colspan="2">▷ 5단 달리기
▷ 달리다가 눕기
▷ 달리다가 엎드리기
▷ 달리다가 다리 들기
▷ 선생님 잡기</td><td>▷ 5단 달리기
▷ 달리다가 눕기
▷ 달리다가 엎드리기
▷ 달리다가 다리 들기
▷ 선생님 잡기</td></tr>
<tr><td>정리 활동</td><td>전체 활동</td><td colspan="4">▷ 정렬하기
▷ 정리 스트레칭(팔 → 다리 → 허리)
▷ 수업에 관한 이야기하기
▷ 인사하기</td></tr>
</table>

체육교육 지도계획안 4

<table>
<tr><td rowspan="2">확
인
란</td><td>지도교사</td><td>실장</td><td>원장</td></tr>
<tr><td></td><td></td><td></td></tr>
</table>

<table>
<tr><td colspan="2" rowspan="2">유아교육
기관</td><td rowspan="2"></td><td>교 육 일</td><td>년 월 일</td><td>지도교사</td><td></td></tr>
<tr><td>교육차수</td><td>차</td><td>교육장소</td><td></td></tr>
<tr><td colspan="2">활동 영역</td><td colspan="5">기초운동감각 능력</td></tr>
<tr><td colspan="2">활동 주안점</td><td colspan="5">신나는 운동을 통하여 유아들의 기초적인 운동 능력을 기른다.</td></tr>
<tr><td colspan="2" rowspan="2">구분
과정</td><td colspan="5">활동 내용</td></tr>
<tr><td colspan="2">유치반</td><td colspan="2">유아반</td><td>영아반</td></tr>
<tr><td>준
비
활
동</td><td>준비 운동
및
스트레칭</td><td colspan="5">▷ 선생님과 인사하기
▷ 준비 체조(팔 → 목 → 허리 → 다리)
▷ 스트레칭 체조
· 다리 펴고 손가락 발끝 닿기(서서, 앉아서)
· 다리 벌리고 가슴 닿기(앉아서)
▷ 제자리 뛰기</td></tr>
<tr><td>중
심
활
동</td><td>전체 활동</td><td colspan="2">▷ 팔 벌려 뛰기
▷ 매트 손뼉 치기
▷ 매트 위에서 뛰기
▷ 전회 운동 3인, 4인</td><td colspan="2">▷ 팔 벌려 뛰기
▷ 매트 손뼉 치기
▷ 매트 위에서 뛰기
▷ 전회 운동 2, 3인</td><td>▷ 팔 벌려 뛰기
▷ 매트 손뼉 치기
▷ 매트 위에서 뛰기
▷ 전회 운동 1, 2인</td></tr>
<tr><td>정
리
활
동</td><td>전체 활동</td><td colspan="5">▷ 정렬하기
▷ 정리 스트레칭(팔 → 다리 → 허리)
▷ 수업에 관한 이야기하기
▷ 인사하기</td></tr>
</table>

체육교육 지도계획안 5

<table>
<tr><td rowspan="2">확
인
란</td><td>지도교사</td><td>실장</td><td>원장</td></tr>
<tr><td></td><td></td><td></td></tr>
</table>

<table>
<tr><td rowspan="2">유아교육
기관</td><td rowspan="2"></td><td>교 육 일</td><td>년 월 일</td><td>지도교사</td><td></td></tr>
<tr><td>교육차수</td><td>차</td><td>교육장소</td><td></td></tr>
</table>

<table>
<tr><td colspan="2">활동 영역</td><td colspan="3">거리감각 인지운동</td></tr>
<tr><td colspan="2">활동 주안점</td><td colspan="3">거리감각 인지운동을 통하여 넓이, 높이, 속도 감각을 익힌다.</td></tr>
<tr><td colspan="2" rowspan="2">구분 / 과정</td><td colspan="3">활동 내용</td></tr>
<tr><td>유치반</td><td>유아반</td><td>영아반</td></tr>
<tr><td>준비
활동</td><td>준비 운동
및
스트레칭</td><td colspan="3">▷ 선생님과 인사하기
▷ 준비 체조(팔 → 목 → 허리 → 다리)
▷ 스트레칭 체조
· 다리 펴고 손가락 발끝 닿기(서서, 앉아서)
· 다리 벌리고 가슴 닿기(앉아서)
▷ 제자리 뛰기(가볍게 전신을 움직이면서)</td></tr>
<tr><td>중심
활동</td><td>전체 활동</td><td>▷ 두 발모아 뛰기(앞, 뒤, 옆)
▷ 1단 유니바 뛰기(앞, 뒤, 옆)
▷ 2단 유니바 뛰기
▷ 3단 유니바 뛰기
▷ 4단 유니바 뛰기</td><td>▷ 두 발모아 뛰기(앞, 뒤, 옆)
▷ 1단 유니바 뛰기(앞, 뒤, 옆)
▷ 2단 유니바 뛰기
▷ 3단 유니바 뛰기</td><td>▷ 두 발모아 뛰기(앞, 뒤, 옆)
▷ 1단 유니바 뛰기(앞, 뒤, 옆)
▷ 2단 유니바 뛰기</td></tr>
<tr><td>정리
활동</td><td>전체 활동</td><td colspan="3">▷ 정렬하기
▷ 정리 스트레칭(팔 → 다리 → 허리)
▷ 수업에 관한 이야기하기
▷ 인사하기</td></tr>
</table>

체육교육 지도계획안 6

확인란	지도교사	실장	원장

유아교육 기관		교 육 일	년 월 일	지도교사	
		교육차수	차	교육장소	

활동 영역	거리감각 인지운동		
활동 주안점	거리감각 인지운동을 통하여 넓이, 높이, 속도 감각을 익힌다.		
과정 \ 구분	활동 내용		
	유치반	유아반	영아반
준비 활동 / 준비 운동 및 스트레칭	▷ 선생님과 인사하기 ▷ 준비 체조(팔 → 목 → 허리 → 다리) ▷ 스트레칭 체조 · 다리 펴고 손가락 발끝 닿기(서서, 앉아서) · 다리 벌리고 가슴 닿기(앉아서) ▷ 제자리 뛰기(가볍게 전신을 움직이면서)		
중심 활동 / 전체 활동	▷ 제자리 멀리뛰기 ▷ 개구리 뛰기 ▷ 훌라후프 징검다리 한 발 ▷ 훌라후프 징검다리 두 발	▷ 제자리 멀리뛰기 ▷ 개구리 뛰기 ▷ 훌라후프 징검다리 한 발 ▷ 훌라후프 징검다리 두 발	▷ 제자리 멀리뛰기 ▷ 개구리 뛰기 ▷ 훌라후프 징검다리 두 발
정리 활동 / 전체 활동	▷ 정렬하기 ▷ 정리 스트레칭(팔 → 다리 → 허리) ▷ 수업에 관한 이야기하기 ▷ 인사하기		

체육교육 지도계획안 7

확인란	지도교사	실장	원장

<table>
<tr><td rowspan="2">유아교육 기관</td><td rowspan="2"></td><td>교 육 일</td><td>년 월 일</td><td>지도교사</td><td></td></tr>
<tr><td>교육차수</td><td>차</td><td>교육장소</td><td></td></tr>
<tr><td colspan="2">활동 영역</td><td colspan="4">높이, 소리 반응 운동</td></tr>
<tr><td colspan="2">활동 주안점</td><td colspan="4">높이, 소리를 통하여 유아들의 감각 능력을 기른다.</td></tr>
<tr><td colspan="2" rowspan="2">구분 / 과정</td><td colspan="4">활동 내용</td></tr>
<tr><td>유치반</td><td>유아반</td><td colspan="2">영아반</td></tr>
<tr><td>준비 활동</td><td>준비 운동 및 스트레칭</td><td colspan="4">▷ 선생님과 인사하기
▷ 준비 체조(팔 → 목 → 허리 → 다리)
▷ 스트레칭 체조
· 다리 펴고 손가락 발끝 닿기(서서, 앉아서)
· 다리 벌리고 가슴 닿기(앉아서)
▷ 제자리 뛰기(가볍게 전신을 움직이면서)</td></tr>
<tr><td>중심 활동</td><td>전체 활동</td><td>▷ 파리 잡기
▷ 모기 잡기
▷ 발박수치기
▷ 유니바 멀리뛰기</td><td>▷ 파리 잡기
▷ 모기 잡기
▷ 발박수치기
▷ 유니바 멀리뛰기</td><td colspan="2">▷ 파리 잡기
▷ 모기 잡기
▷ 발박수치기
▷ 유니바 멀리뛰기</td></tr>
<tr><td>정리 활동</td><td>전체 활동</td><td colspan="4">▷ 정렬하기
▷ 정리 스트레칭(팔 → 다리 → 허리)
▷ 수업에 관한 이야기하기
▷ 인사하기</td></tr>
</table>

체육교육 지도계획안 8

확인란	지도교사	실장	원장

유아교육 기관		교 육 일	년 월 일	지도교사	
		교육차수	차	교육장소	

활동 영역	순환 운동		
활동 주안점	지금까지 배운 기구 운동을 종합적으로 행한다.		
과정 \ 구분	활동 내용		
	유치반	유아반	영아반
준비 활동 / 준비 운동 및 스트레칭	▷ 선생님과 인사하기 ▷ 준비 체조(팔 → 목 → 허리 → 다리) ▷ 스트레칭 체조 · 다리 펴고 손가락 발끝 닿기(서서, 앉아서) · 다리 벌리고 가슴 닿기(앉아서) ▷ 제자리 뛰기		
중심 활동 / 전체 활동	▷ 앞구르고 유니바 넘기 ▷ 전회 운동하고 훌라후프 징검다리 건너기	▷ 앞구르고 유니바 넘기 ▷ 전회 운동하고 훌라후프 징검다리 건너기	▷ 앞구르고 유니바 넘기 ▷ 전회 운동하고 훌라후프 징검다리 건너기
정리 활동 / 전체 활동	▷ 정렬하기 ▷ 정리 스트레칭(팔 → 다리 → 허리) ▷ 수업에 관한 이야기하기 ▷ 인사하기		

체육교육 지도계획안 9

확인란	지도교사	실장	원장

<table>
<tr><td rowspan="2">유아교육 기관</td><td rowspan="2"></td><td>교 육 일</td><td>년 월 일</td><td>지도교사</td><td colspan="2"></td></tr>
<tr><td>교육차수</td><td>차</td><td>교육장소</td><td colspan="2"></td></tr>
<tr><td colspan="2">활동 영역</td><td colspan="5">힘세기 운동</td></tr>
<tr><td colspan="2">활동 주안점</td><td colspan="5">근력 운동을 통하여 아이들의 힘을 기른다.</td></tr>
<tr><td colspan="2" rowspan="2">구분
과정</td><td colspan="5">활동 내용</td></tr>
<tr><td colspan="2">유치반</td><td colspan="2">유아반</td><td>영아반</td></tr>
<tr><td>준비 활동</td><td>준비 운동 및 스트레칭</td><td colspan="5">▷ 선생님과 인사하기
▷ 준비 체조(팔 → 목 → 허리 → 다리)
▷ 스트레칭 체조
· 다리 펴고 손가락 발끝 닿기(서서, 앉아서)
· 다리 벌리고 가슴 닿기(앉아서)
▷ 제자리 뛰기(가볍게 전신을 움직이면서)</td></tr>
<tr><td>중심 활동</td><td>전체 활동</td><td colspan="2">▷ 노 젓기
▷ 엎드려 노 젓기
▷ 친구 떼어내기</td><td colspan="2">▷ 노 젓기
▷ 엎드려 노 젓기
▷ 친구 떼어내기</td><td>▷ 노 젓기
▷ 엎드려 노 젓기
▷ 친구 떼어내기</td></tr>
<tr><td>정리 활동</td><td>전체 활동</td><td colspan="5">▷ 정렬하기
▷ 정리 스트레칭(팔 → 다리 → 허리)
▷ 수업에 관한 이야기하기
▷ 인사하기</td></tr>
</table>

체육교육 지도계획안 10

확인란	지도교사	실장	원장

유아교육기관		교 육 일	년 월 일	지도교사	
		교육차수	차	교육장소	

활동 영역	순간 반응 운동		
활동 주안점	순간적인 반응을 통하여 유아들의 민첩성을 지도한다.		
과정 \ 구분	활동 내용		
	유치반	유아반	영아반
준비활동 – 준비 운동 및 스트레칭	▷ 선생님과 인사하기 ▷ 준비 체조(팔 → 목 → 허리 → 다리) ▷ 스트레칭 체조 · 다리 펴고 손가락 발끝 닿기(서서, 앉아서) · 다리 벌리고 가슴 닿기(앉아서) ▷ 제자리 뛰기(가볍게 전신을 움직이면서)		
중심활동 – 전체 활동	▷ 블록 쌓기 ▷ 신호따라 발 바꾸기 ▷ 의자 빨리 앉기	▷ 블록 쌓기 ▷ 신호따라 발 바꾸기 ▷ 의자 빨리 앉기	▷ 블록 쌓기 ▷ 신호따라 발 바꾸기 ▷ 의자 빨리 앉기
정리활동 – 전체 활동	▷ 정렬하기 ▷ 정리 스트레칭(팔 → 다리 → 허리) ▷ 수업에 관한 이야기하기 ▷ 인사하기		

체육교육 지도계획안 11

확인란	지도교사	실장	원장

유아교육 기관		교 육 일	년 월 일	지도교사	
		교육차수	차	교육장소	

활동 영역	순간 반응 운동		
활동 주안점	순간적인 반응을 통하여 유아들의 민첩성을 지도한다.		
구분 / 과정	활동 내용		
	유치반	유아반	영아반
준비 활동 (준비 운동 및 스트레칭)	▷ 선생님과 인사하기 ▷ 준비 체조(팔 → 목 → 허리 → 다리) ▷ 스트레칭 체조 · 다리 펴고 손가락 발끝 닿기(서서, 앉아서) · 다리 벌리고 가슴 닿기(앉아서) ▷ 제자리 뛰기(가볍게 전신을 움직이면서)		
중심 활동 (전체 활동)	▷ 엎드렸다 일어나기 ▷ 훌라후프 피구 ▷ 엎드렸다 달려가기	▷ 엎드렸다 일어나기 ▷ 훌라후프 피구 ▷ 엎드렸다 달려가기	▷ 엎드렸다 일어나기 ▷ 훌라후프 피구 ▷ 엎드렸다 달려가기
정리 활동 (전체 활동)	▷ 정렬하기 ▷ 정리 스트레칭(팔 → 다리 → 허리) ▷ 수업에 관한 이야기하기 ▷ 인사하기		

체육교육 지도계획안 12

<table>
<tr><td rowspan="2">확
인
란</td><td>지도교사</td><td>실장</td><td>원장</td></tr>
<tr><td></td><td></td><td></td></tr>
</table>

<table>
<tr><td colspan="2" rowspan="2">유아교육
기관</td><td rowspan="2"></td><td>교 육 일</td><td>년 월 일</td><td>지도교사</td><td></td></tr>
<tr><td>교육차수</td><td>차</td><td>교육장소</td><td></td></tr>
<tr><td colspan="2">활동 영역</td><td colspan="5">높이, 소리 반응 운동</td></tr>
<tr><td colspan="2">활동 주안점</td><td colspan="5">높이, 소리를 통하여 유아들의 감각 능력을 기른다.</td></tr>
<tr><td colspan="2" rowspan="2">구분 / 과정</td><td colspan="5">활동 내용</td></tr>
<tr><td colspan="2">유치반</td><td colspan="2">유아반</td><td>영아반</td></tr>
<tr><td>준비 활동</td><td>준비 운동
및
스트레칭</td><td colspan="5">▷ 선생님과 인사하기
▷ 준비 체조(팔 → 목 → 허리 → 다리)
▷ 스트레칭 체조
· 다리 펴고 손가락 발끝 닿기(서서, 앉아서)
· 다리 벌리고 가슴 닿기(앉아서)
▷ 제자리 뛰기(가볍게 전신을 움직이면서)</td></tr>
<tr><td>중심 활동</td><td>전체 활동</td><td colspan="2">▷ 다리 벌려 점프하기
▷ 무릎 가슴 닿기
▷ 뒤꿈치 엉덩이 닿기
▷ 뜀틀 안으로 뛰기</td><td colspan="2">▷ 다리 벌려 점프하기
▷ 무릎 가슴 닿기
▷ 뒤꿈치 엉덩이 닿기
▷ 뜀틀 안으로 뛰기</td><td>▷ 다리 벌려 점프하기
▷ 무릎 가슴 닿기
▷ 뒤꿈치 엉덩이 닿기
▷ 뜀틀 안으로 뛰기</td></tr>
<tr><td>정리 활동</td><td>전체 활동</td><td colspan="5">▷ 정렬하기
▷ 정리 스트레칭(팔 → 다리 → 허리)
▷ 수업에 관한 이야기하기
▷ 인사하기</td></tr>
</table>

체육교육 지도계획안 13

<table>
<tr><td rowspan="2">확
인
란</td><td>지도교사</td><td>실장</td><td>원장</td></tr>
<tr><td></td><td></td><td></td></tr>
</table>

<table>
<tr><td rowspan="2">유아교육
기관</td><td rowspan="2"></td><td>교 육 일</td><td>년 월 일</td><td>지도교사</td><td></td></tr>
<tr><td>교육차수</td><td>차</td><td>교육장소</td><td></td></tr>
</table>

<table>
<tr><td colspan="2">활동 영역</td><td colspan="3">기초운동감각 능력</td></tr>
<tr><td colspan="2">활동 주안점</td><td colspan="3">신나는 운동을 통하여 유아들의 기초적인 운동 능력을 기른다.</td></tr>
<tr><td colspan="2" rowspan="2">구분
과정</td><td colspan="3">활동 내용</td></tr>
<tr><td>유치반</td><td>유아반</td><td>영아반</td></tr>
<tr><td>준비활동</td><td>준비 운동
및
스트레칭</td><td colspan="3">▷ 선생님과 인사하기
▷ 준비 체조(팔 → 목 → 허리 → 다리)
▷ 스트레칭 체조
· 다리 펴고 손가락 발끝 닿기(서서, 앉아서)
· 다리 벌리고 가슴 닿기(앉아서)
▷ 제자리 뛰기</td></tr>
<tr><td>중심활동</td><td>전체 활동</td><td>▷ 자전거 타기
▷ 경사 높여 앞구르기
▷ 평지 앞구르기
▷ 손 잡고 앞구르기
▷ 연속 앞구르기
▷ 앞구르고 전회 운동하기</td><td>▷ 자전거 타기
▷ 경사 높여 앞구르기
▷ 평지 앞구르기
▷ 손 잡고 앞구르기
▷ 연속 앞구르기
▷ 앞구르고 전회 운동하기</td><td>▷ 자전거 타기
▷ 경사 높여 앞구르기
▷ 평지 앞구르기
▷ 연속 앞구르기
▷ 앞구르고 전회 운동하기</td></tr>
<tr><td>정리활동</td><td>전체 활동</td><td colspan="3">▷ 정렬하기
▷ 정리 스트레칭(팔 → 다리 → 허리)
▷ 수업에 관한 이야기하기
▷ 인사하기</td></tr>
</table>

체육교육 지도계획안 14

<table>
<tr><td rowspan="2">확
인
란</td><td>지도교사</td><td>실장</td><td>원장</td></tr>
<tr><td></td><td></td><td></td></tr>
</table>

<table>
<tr><td rowspan="2" colspan="2">유아교육
기관</td><td rowspan="2"></td><td>교 육 일</td><td>년 월 일</td><td>지도교사</td><td></td></tr>
<tr><td>교육차수</td><td>차</td><td>교육장소</td><td></td></tr>
<tr><td colspan="2">활동 영역</td><td colspan="5">평형감각 운동</td></tr>
<tr><td colspan="2">활동 주안점</td><td colspan="5">유아들의 평형감각 운동을 통하여 평형 능력을 기른다.</td></tr>
<tr><td colspan="2" rowspan="2">구분
과정</td><td colspan="5">활동 내용</td></tr>
<tr><td colspan="2">유치반</td><td colspan="2">유아반</td><td>영아반</td></tr>
<tr><td>준
비
활
동</td><td>준비 운동
및
스트레칭</td><td colspan="5">▷ 선생님과 인사하기
▷ 준비 체조(팔 → 목 → 허리 → 다리)
▷ 스트레칭 체조
· 다리 펴고 손가락 발끝 닿기(서서, 앉아서)
· 다리 벌리고 가슴 닿기(앉아서)
▷ 제자리 뛰기</td></tr>
<tr><td>중
심
활
동</td><td>전체 활동</td><td colspan="2">▷ 외발 서기
▷ 발끝으로 외발 서기
▷ 평균대 앞으로 걷기
▷ 평균대 한쪽 높여 걷기</td><td colspan="2">▷ 외발 서기
▷ 발끝으로 외발 서기
▷ 평균대 앞으로 걷기
▷ 평균대 한쪽 높여 걷기</td><td>▷ 외발 서기
▷ 발끝으로 외발 서기
▷ 평균대 앞으로 걷기
▷ 평균대 한쪽 높여 걷기</td></tr>
<tr><td>정
리
활
동</td><td>전체 활동</td><td colspan="5">▷ 정렬하기
▷ 정리 스트레칭(팔 → 다리 → 허리)
▷ 수업에 관한 이야기하기
▷ 인사하기</td></tr>
</table>

체육교육 지도계획안 15

<table>
<tr><td rowspan="2">확
인
란</td><td>지도교사</td><td>실장</td><td>원장</td></tr>
<tr><td></td><td></td><td></td></tr>
</table>

<table>
<tr><td rowspan="2" colspan="2">유아교육
기관</td><td rowspan="2"></td><td>교 육 일</td><td>년 월 일</td><td>지도교사</td><td></td></tr>
<tr><td>교육차수</td><td>차</td><td>교육장소</td><td></td></tr>
<tr><td colspan="3">활동 영역</td><td colspan="4">평형감각 운동</td></tr>
<tr><td colspan="3">활동 주안점</td><td colspan="4">유아들의 평형감각 운동을 통하여 평형 능력을 기른다.</td></tr>
<tr><td colspan="3" rowspan="2">구분
과정</td><td colspan="4">활동 내용</td></tr>
<tr><td>유치반</td><td colspan="2">유아반</td><td>영아반</td></tr>
<tr><td>준
비
활
동</td><td colspan="2">준비 운동
및
스트레칭</td><td colspan="4">▷ 선생님과 인사하기
▷ 준비 체조(팔 → 목 → 허리 → 다리)
▷ 스트레칭 체조
· 다리 펴고 손가락 발끝 닿기(서서, 앉아서)
· 다리 벌리고 가슴 닿기(앉아서)
▷ 제자리 뛰기(가볍게 전신을 움직이면서)</td></tr>
<tr><td>중
심
활
동</td><td colspan="2">전체 활동</td><td>▷ 탑블레이드 돌기
▷ 팽이 돌기
▷ 점프하며 돌기
▷ 평균대 옆으로 걷기
▷ 평균대 발 바꿔 걷기</td><td colspan="2">▷ 탑블레이드 돌기
▷ 팽이 돌기
▷ 점프하며 돌기
▷ 평균대 옆으로 걷기
▷ 평균대 발 바꿔 걷기</td><td>▷ 탑블레이드 돌기
▷ 팽이 돌기
▷ 점프하며 돌기
▷ 평균대 옆으로 걷기</td></tr>
<tr><td>정
리
활
동</td><td colspan="2">전체 활동</td><td colspan="4">▷ 정렬하기
▷ 정리 스트레칭(팔 → 다리 → 허리)
▷ 수업에 관한 이야기하기
▷ 인사하기</td></tr>
</table>

체육교육 지도계획안 16

확인란	지도교사	실장	원장

<table>
<tr><td rowspan="2">유아교육 기관</td><td rowspan="2" colspan="2"></td><td>교 육 일</td><td>년 월 일</td><td>지도교사</td><td></td></tr>
<tr><td>교육차수</td><td>차</td><td>교육장소</td><td></td></tr>
<tr><td colspan="2">활동 영역</td><td colspan="5">자신감 키우기 운동</td></tr>
<tr><td colspan="2">활동 주안점</td><td colspan="5">신나는 운동 놀이를 통하여 유아들의 자신감을 기른다.</td></tr>
<tr><td colspan="2" rowspan="2">구분
과정</td><td colspan="5">활동 내용</td></tr>
<tr><td colspan="2">유치반</td><td colspan="2">유아반</td><td>영아반</td></tr>
<tr><td>준비 활동</td><td>준비 운동 및 스트레칭</td><td colspan="5">▷ 선생님과 인사하기
▷ 준비 체조(팔 → 목 → 허리 → 다리)
▷ 스트레칭 체조
· 다리 펴고 손가락 발끝 닿기(서서, 앉아서)
· 다리 벌리고 가슴 닿기(앉아서)
▷ 제자리 뛰기(가볍게 전신을 움직이면서)</td></tr>
<tr><td>중심 활동</td><td>전체 활동</td><td colspan="2">▷ 얼음 땡
▷ 다리 벌려 동굴 지나가기
▷ 엎드려 동굴 지나가기</td><td colspan="2">▷ 얼음 땡
▷ 다리 벌려 동굴 지나가기
▷ 엎드려 동굴 지나가기</td><td>▷ 얼음 땡
▷ 다리 벌려 동굴 지나가기
▷ 매트 동굴 지나가기</td></tr>
<tr><td>정리 활동</td><td>전체 활동</td><td colspan="5">▷ 정렬하기
▷ 정리 스트레칭(팔 → 다리 → 허리)
▷ 수업에 관한 이야기하기
▷ 인사하기</td></tr>
</table>

체육교육 지도계획안 17

확인란	지도교사	실장	원장

유아교육 기관		교 육 일	년 월 일	지도교사	
		교육차수	차	교육장소	

활동 영역	단체 게임		
활동 주안점	게임을 통하여 유아들의 사회성, 성취감을 길러 준다.		
과정 \ 구분	활동 내용		
	유 치 반	유 아 반	영 아 반
준비 활동 / 준비 운동 및 스트레칭	▷ 선생님과 인사하기 ▷ 준비 체조(팔 → 목 → 허리 → 다리) ▷ 스트레칭 체조 · 다리 펴고 손가락 발끝 닿기(서서, 앉아서) · 다리 벌리고 가슴 닿기(앉아서) ▷ 제자리 뛰기(가볍게 전신을 움직이면서)		
중심 활동 / 전체 활동	▷ 지네걸음 걷기 ▷ 날으는 양탄자 ▷ 왕복 달리기	▷ 지네걸음 걷기 ▷ 날으는 양탄자 ▷ 왕복 달리기	▷ 지네걸음 걷기 ▷ 날으는 양탄자 ▷ 왕복 달리기
정리 활동 / 전체 활동	▷ 정렬하기 ▷ 정리 스트레칭(팔 → 다리 → 허리) ▷ 수업에 관한 이야기하기 ▷ 인사하기		

체육교육 지도계획안 18

확인란	지도교사	실장	원장

유아교육 기관		교 육 일	년 월 일	지도교사	
		교육차수	차	교육장소	

활동 영역	신체 표현
활동 주안점	사물을 통하여 유아들의 신체를 표현한다.

과정	구분	활동 내용		
		유치반	유아반	영아반
준비활동	준비 운동 및 스트레칭	▷ 선생님과 인사하기 ▷ 준비 체조(팔 → 목 → 허리 → 다리) ▷ 스트레칭 체조 · 다리 펴고 손가락 발끝 닿기(서서, 앉아서) · 다리 벌리고 가슴 닿기(앉아서) ▷ 제자리 뛰기(가볍게 전신을 움직이면서)		
중심활동	전체 활동	▷ 로켓트 발사 ▷ 산 만들기(6인) ▷ 탑 만들기 ▷ 시소 놀이	▷ 로켓트 발사 ▷ 산 만들기(6인) ▷ 탑 만들기 ▷ 시소 놀이	▷ 로켓트 발사 ▷ 산 만들기(3인) ▷ 탑 만들기 ▷ 시소 놀이
정리활동	전체 활동	▷ 정렬하기 ▷ 정리 스트레칭(팔 → 다리 → 허리) ▷ 수업에 관한 이야기하기 ▷ 인사하기		

체육교육 지도계획안 19

확인란	지도교사	실장	원장

유아교육기관		교 육 일	년 월 일	지도교사	
		교육차수	차	교육장소	

과정		구분	활동 내용		
활동 영역			튼튼이 운동		
활동 주안점			근력, 근지구력 운동을 통하여 유아들의 신체를 튼튼히 한다.		
			유치반	유아반	영아반
준비활동	준비 운동 및 스트레칭		▷ 선생님과 인사하기 ▷ 준비 체조(팔 → 목 → 허리 → 다리) ▷ 스트레칭 체조 · 다리 펴고 손가락 발끝 닿기(서서, 앉아서) · 다리 벌리고 가슴 닿기(앉아서) ▷ 제자리 뛰기(가볍게 전신을 움직이면서)		
중심활동	전체 활동		▷ 1인 앉았다 일어나기 ▷ 2인 앉았다 일어나기 ▷ 단체 앉았다 일어나기 ▷ 매트 당기기 ▷ 매트 밀기	▷ 1인 앉았다 일어나기 ▷ 2인 앉았다 일어나기 ▷ 단체 앉았다 일어나기 ▷ 매트 당기기 ▷ 매트 밀기	▷ 1인 앉았다 일어나기 ▷ 2인 앉았다 일어나기 ▷ 단체 앉았다 일어나기 ▷ 매트 당기기 ▷ 매트 밀기
정리활동	전체 활동		▷ 정렬하기 ▷ 정리 스트레칭(팔 → 다리 → 허리) ▷ 수업에 관한 이야기하기 ▷ 인사하기		

체육교육 지도계획안 20

<table>
<tr><td rowspan="2">확
인
란</td><td>지도교사</td><td>실장</td><td>원장</td></tr>
<tr><td></td><td></td><td></td></tr>
</table>

<table>
<tr><td colspan="2" rowspan="2">유아교육
기관</td><td rowspan="2"></td><td>교 육 일</td><td>년 월 일</td><td>지도교사</td><td></td></tr>
<tr><td>교육차수</td><td>차</td><td>교육장소</td><td></td></tr>
<tr><td colspan="2">활동 영역</td><td colspan="5">튼튼이 운동</td></tr>
<tr><td colspan="2">활동 주안점</td><td colspan="5">근력, 근지구력 운동을 통하여 유아들의 신체를 튼튼히 한다.</td></tr>
<tr><td colspan="2" rowspan="2">구분 / 과정</td><td colspan="5">활동 내용</td></tr>
<tr><td colspan="2">유치반</td><td colspan="2">유아반</td><td>영아반</td></tr>
<tr><td>준비활동</td><td>준비 운동
및
스트레칭</td><td colspan="5">▷ 선생님과 인사하기
▷ 준비 체조(팔 → 목 → 허리 → 다리)
▷ 스트레칭 체조
· 다리 펴고 손가락 발끝 닿기(서서, 앉아서)
· 다리 벌리고 가슴 닿기(앉아서)
▷ 제자리 뛰기(가볍게 전신을 움직이면서)</td></tr>
<tr><td>중심활동</td><td>전체 활동</td><td colspan="2">▷ 매트 썰매
▷ 강시 뛰기
▷ 손으로 등 받쳐 물구나무 서기
▷ 벽 대고 물구나무 서기</td><td colspan="2">▷ 매트 썰매
▷ 강시 뛰기
▷ 손으로 등 받쳐 물구나무 서기
▷ 벽 대고 물구나무 서기</td><td>▷ 매트 썰매
▷ 강시 뛰기
▷ 손으로 등 받쳐 물구나무 서기
▷ 벽 대고 물구나무 서기</td></tr>
<tr><td>정리활동</td><td>전체 활동</td><td colspan="5">▷ 정렬하기
▷ 정리 스트레칭(팔 → 다리 → 허리)
▷ 수업에 관한 이야기하기
▷ 인사하기</td></tr>
</table>

체육교육 지도계획안 21

확인란	지도교사	실장	원장

유아교육 기관		교 육 일	년 월 일	지도교사	
		교육차수	차	교육장소	

활동 영역	키 크기 체조		
활동 주안점	스트레칭을 통하여 유아들의 성장판을 자극시킨다.		
과정 \ 구분	활동 내용		
	유치반	유아반	영아반
준비 활동 / 준비 운동 및 스트레칭	▷ 선생님과 인사하기 ▷ 준비 체조(팔 → 목 → 허리 → 다리) ▷ 스트레칭 체조 · 다리 펴고 손가락 발끝 닿기(서서, 앉아서) · 다리 벌리고 가슴 닿기(앉아서) ▷ 제자리 뛰기(가볍게 전신을 움직이면서)		
중심 활동 / 전체 활동	▷ 다리 스트레칭 ▷ 몸통 스트레칭 ▷ 키 크기 체조	▷ 다리 스트레칭 ▷ 몸통 스트레칭 ▷ 키 크기 체조	▷ 다리 스트레칭 ▷ 몸통 스트레칭 ▷ 키 크기 체조
정리 활동 / 전체 활동	▷ 정렬하기 ▷ 정리 스트레칭(팔 → 다리 → 허리) ▷ 수업에 관한 이야기하기 ▷ 인사하기		

체육교육 지도계획안 22

<table>
<tr><td rowspan="2">확
인
란</td><td>지도교사</td><td>실장</td><td>원장</td></tr>
<tr><td></td><td></td><td></td></tr>
</table>

<table>
<tr><td colspan="2" rowspan="2">유아교육
기관</td><td rowspan="2"></td><td>교 육 일</td><td>년 월 일</td><td>지도교사</td><td></td></tr>
<tr><td>교육차수</td><td>차</td><td>교육장소</td><td></td></tr>
<tr><td colspan="2">활동 영역</td><td colspan="5">미니 올림픽</td></tr>
<tr><td colspan="2">활동 주안점</td><td colspan="5">게임을 통하여 유아들의 단결력, 협동심을 기른다.</td></tr>
<tr><td colspan="2" rowspan="2">구분 / 과정</td><td colspan="5">활동 내용</td></tr>
<tr><td>유치반</td><td colspan="2">유아반</td><td colspan="2">영아반</td></tr>
<tr><td>준
비
활
동</td><td>준비 운동
및
스트레칭</td><td colspan="5">▷ 선생님과 인사하기
▷ 준비 체조(팔 → 목 → 허리 → 다리)
▷ 스트레칭 체조
· 다리 펴고 손가락 발끝 닿기(서서, 앉아서)
· 다리 벌리고 가슴 닿기(앉아서)
▷ 제자리 뛰기(가볍게 전신을 움직이면서)</td></tr>
<tr><td>중
심
활
동</td><td>전체 활동</td><td>▷ 태권도 앞지르기
▷ 태권도 발차기
▷ 매트로 앞지르기
▷ 매트로 발차기
▷ 축구</td><td colspan="2">▷ 태권도 앞지르기
▷ 태권도 발차기
▷ 매트로 앞지르기
▷ 매트로 발차기
▷ 축구</td><td colspan="2">▷ 태권도 앞지르기
▷ 태권도 발차기
▷ 매트로 앞지르기
▷ 매트로 발차기
▷ 축구</td></tr>
<tr><td>정
리
활
동</td><td>전체 활동</td><td colspan="5">▷ 정렬하기
▷ 정리 스트레칭(팔 → 다리 → 허리)
▷ 수업에 관한 이야기하기
▷ 인사하기</td></tr>
</table>

체육교육 지도계획안 23

확인란	지도교사	실장	원장

유아교육 기관		교 육 일	년 월 일	지도교사	
		교육차수	차	교육장소	

<table>
<tr><td colspan="2">활동 영역</td><td colspan="3">기초운동감각 능력</td></tr>
<tr><td colspan="2">활동 주안점</td><td colspan="3">신나는 운동을 통하여 유아들의 기초적인 운동 능력을 기른다.</td></tr>
<tr><td colspan="2" rowspan="2">구분
과정</td><td colspan="3">활동 내용</td></tr>
<tr><td>유치반</td><td>유아반</td><td>영아반</td></tr>
<tr><td>준비활동</td><td>준비 운동 및 스트레칭</td><td colspan="3">▷ 선생님과 인사하기
▷ 준비 체조(팔 → 목 → 허리 → 다리)
▷ 스트레칭 체조
· 다리 펴고 손가락 발끝 닿기(서서, 앉아서)
· 다리 벌리고 가슴 닿기(앉아서)
▷ 제자리 뛰기(가볍게 전신을 움직이면서)</td></tr>
<tr><td>중심활동</td><td>전체 활동</td><td>▷ 산 넘고 물 건너
▷ 인간 매트
▷ 다리 벌려 앞구르기
▷ 장애물 앞구르기</td><td>▷ 산 넘고 물 건너
▷ 인간 매트
▷ 다리 벌려 앞구르기
▷ 장애물 앞구르기</td><td>▷ 산 넘고 물 건너
▷ 인간 매트
▷ 장애물 앞구르기</td></tr>
<tr><td>정리활동</td><td>전체 활동</td><td colspan="3">▷ 정렬하기
▷ 정리 스트레칭(팔 → 다리 → 허리)
▷ 수업에 관한 이야기하기
▷ 인사하기</td></tr>
</table>

체육교육 지도계획안 24

<table>
<tr><td rowspan="2">확
인
란</td><td>지도교사</td><td>실장</td><td>원장</td></tr>
<tr><td></td><td></td><td></td></tr>
</table>

<table>
<tr><td colspan="2" rowspan="2">유아교육 기관</td><td rowspan="2"></td><td>교 육 일</td><td>년 월 일</td><td>지도교사</td><td></td></tr>
<tr><td>교육차수</td><td>차</td><td>교육장소</td><td></td></tr>
<tr><td colspan="2">활동 영역</td><td colspan="5">기초운동감각 능력</td></tr>
<tr><td colspan="2">활동 주안점</td><td colspan="5">신나는 운동을 통하여 유아들의 기초적인 운동 능력을 기른다.</td></tr>
<tr><td colspan="2" rowspan="2">구분 / 과정</td><td colspan="5">활동 내용</td></tr>
<tr><td>유치반</td><td colspan="2">유아반</td><td colspan="2">영아반</td></tr>
<tr><td>준비 활동</td><td>준비 운동 및 스트레칭</td><td colspan="5">▷ 선생님과 인사하기
▷ 준비 체조(팔 → 목 → 허리 → 다리)
▷ 스트레칭 체조
· 다리 펴고 손가락 발끝 닿기(서서, 앉아서)
· 다리 벌리고 가슴 닿기(앉아서)
▷ 제자리 뛰기(가볍게 전신을 움직이면서)</td></tr>
<tr><td>중심 활동</td><td>전체 활동</td><td>▷ 버피 테스트
▷ 뜀틀 3, 4단 앞구르기
▷ 슈퍼맨 날기</td><td colspan="2">▷ 버피 테스트
▷ 뜀틀 2, 3단 앞구르기
▷ 슈퍼맨 날기</td><td colspan="2">▷ 버피 테스트
▷ 뜀틀 1, 2단 앞구르기
▷ 슈퍼맨 날기</td></tr>
<tr><td>정리 활동</td><td>전체 활동</td><td colspan="5">▷ 정렬하기
▷ 정리 스트레칭(팔 → 다리 → 허리)
▷ 수업에 관한 이야기하기
▷ 인사하기</td></tr>
</table>

체육교육 지도계획안 25

<table>
<tr><td rowspan="2">확
인
란</td><td>지도교사</td><td>실장</td><td>원장</td></tr>
<tr><td></td><td></td><td></td></tr>
</table>

<table>
<tr><td colspan="2" rowspan="2">유아교육
기관</td><td rowspan="2"></td><td>교 육 일</td><td>년 월 일</td><td>지도교사</td><td></td></tr>
<tr><td>교육차수</td><td>차</td><td>교육장소</td><td></td></tr>
<tr><td colspan="2">활동 영역</td><td colspan="5">힘세기 운동</td></tr>
<tr><td colspan="2">활동 주안점</td><td colspan="5">근력 운동을 통하여 유아들의 힘을 기른다.</td></tr>
<tr><td colspan="2" rowspan="2">구분
과정</td><td colspan="5">활동 내용</td></tr>
<tr><td>유치반</td><td colspan="2">유아반</td><td colspan="2">영아반</td></tr>
<tr><td>준
비
활
동</td><td>준비 운동
및
스트레칭</td><td colspan="5">▷ 선생님과 인사하기
▷ 준비 체조(팔 → 목 → 허리 → 다리)
▷ 스트레칭 체조
· 다리 펴고 손가락 발끝 닿기(서서, 앉아서)
· 다리 벌리고 가슴 닿기(앉아서)
▷ 제자리 뛰기(가볍게 전신을 움직이면서)</td></tr>
<tr><td>중
심
활
동</td><td>전체 활동</td><td>▷ 무 뽑기
▷ 바위 밀기
▷ 무릎 대고 팔굽혀 펴기
▷ 의자 짚고 팔굽혀 펴기</td><td colspan="2">▷ 무 뽑기
▷ 바위 밀기
▷ 무릎 대고 팔굽혀 펴기
▷ 의자 짚고 팔굽혀 펴기</td><td colspan="2">▷ 무 뽑기
▷ 바위 밀기
▷ 무릎 대고 팔굽혀 펴기
▷ 의자 짚고 팔굽혀 펴기</td></tr>
<tr><td>정
리
활
동</td><td>전체 활동</td><td colspan="5">▷ 정렬하기
▷ 정리 스트레칭(팔 → 다리 → 허리)
▷ 수업에 관한 이야기하기
▷ 인사하기</td></tr>
</table>

체육교육 지도계획안 26

확인란	지도교사	실장	원장

유아교육기관		교 육 일	년 월 일	지도교사	
		교육차수	차	교육장소	

활동 영역	힘세기 운동		
활동 주안점	근력 운동을 통하여 유아들의 힘을 기른다.		
과정 \ 구분	활동 내용		
	유치반	유아반	영아반
준비 활동 / 준비 운동 및 스트레칭	▷ 선생님과 인사하기 ▷ 준비 체조(팔 → 목 → 허리 → 다리) ▷ 스트레칭 체조 · 다리 펴고 손가락 발끝 닿기(서서, 앉아서) · 다리 벌리고 가슴 닿기(앉아서) ▷ 제자리 뛰기(가볍게 전신을 움직이면서)		
중심 활동 / 전체 활동	▷ 말 뒷발질 ▷ 말 타기 ▷ 공 멀리 던지기 ▷ 윗몸 일으키기	▷ 말 뒷발질 ▷ 말 타기 ▷ 공 멀리 던지기	▷ 말 뒷발질 ▷ 말 타기 ▷ 공 멀리 던지기
정리 활동 / 전체 활동	▷ 정렬하기 ▷ 정리 스트레칭(팔 → 다리 → 허리) ▷ 수업에 관한 이야기하기 ▷ 인사하기		

체육교육 지도계획안 27

확인란	지도교사	실장	원장

<table>
<tr><td rowspan="2">유아교육 기관</td><td rowspan="2"></td><td>교 육 일</td><td>년 월 일</td><td>지도교사</td><td></td></tr>
<tr><td>교육차수</td><td>차</td><td>교육장소</td><td></td></tr>
</table>

<table>
<tr><td colspan="2">활동 영역</td><td colspan="3">순환 운동</td></tr>
<tr><td colspan="2">활동 주안점</td><td colspan="3">지금까지 배운 내용을 순환 운동한다.</td></tr>
<tr><td colspan="2" rowspan="2">구분
과정</td><td colspan="3">활동 내용</td></tr>
<tr><td>유치반</td><td>유아반</td><td>영아반</td></tr>
<tr><td>준비활동</td><td>준비 운동 및 스트레칭</td><td colspan="3">▷ 선생님과 인사하기
▷ 준비 체조(팔 → 목 → 허리 → 다리)
▷ 스트레칭 체조
· 다리 펴고 손가락 발끝 닿기(서서, 앉아서)
· 다리 벌리고 가슴 닿기(앉아서)
▷ 제자리 뛰기(가볍게 전신을 움직이면서)</td></tr>
<tr><td>중심활동</td><td>전체 활동</td><td>▷ 뛰어 앞구르고 평균대 지나기
▷ 훌라후프 징검다리 건너 유니바 높이 뛰기</td><td>▷ 뛰어 앞구르고 평균대 지나기
▷ 훌라후프 징검다리 건너 유니바 높이 뛰기</td><td>▷ 뛰어 앞구르고 평균대 지나기
▷ 훌라후프 징검다리 건너 유니바 높이 뛰기</td></tr>
<tr><td>정리활동</td><td>전체 활동</td><td colspan="3">▷ 정렬하기
▷ 정리 스트레칭(팔 → 다리 → 허리)
▷ 수업에 관한 이야기하기
▷ 인사하기</td></tr>
</table>

체육교육 지도계획안 28

<table>
<tr><td rowspan="2">확
인
란</td><td>지도교사</td><td>실장</td><td>원장</td></tr>
<tr><td></td><td></td><td></td></tr>
</table>

<table>
<tr><td rowspan="2">유이교육 기관</td><td colspan="2" rowspan="2"></td><td>교 육 일</td><td>년 월 일</td><td>지도교사</td><td></td></tr>
<tr><td>교육차수</td><td>차</td><td>교육장소</td><td></td></tr>
<tr><td colspan="2">활동 영역</td><td colspan="5">신체 표현</td></tr>
<tr><td colspan="2">활동 주안점</td><td colspan="5">사물을 통하여 유아들의 신체를 표현한다.</td></tr>
<tr><td colspan="2" rowspan="2">구분
과정</td><td colspan="5">활동 내용</td></tr>
<tr><td>유치반</td><td colspan="2">유아반</td><td colspan="2">영아반</td></tr>
<tr><td>준
비
활
동</td><td>준비 운동
및
스트레칭</td><td colspan="5">▷ 선생님과 인사하기
▷ 준비 체조(팔 → 목 → 허리 → 다리)
▷ 스트레칭 체조
· 다리 펴고 손가락 발끝 닿기(서서, 앉아서)
· 다리 벌리고 가슴 닿기(앉아서)
▷ 제자리 뛰기(가볍게 전신을 움직이면서)</td></tr>
<tr><td>중
심
활
동</td><td>전체 활동</td><td>▷ 공 만들기
▷ 무지개 만들기
▷ 다리 만들기 3인
▷ 다리 만들기 4인</td><td colspan="2">▷ 공 만들기
▷ 무지개 만들기
▷ 다리 만들기 2인
▷ 다리 만들기 3인</td><td colspan="2">▷ 공 만들기
▷ 무지개 만들기
▷ 다리 만들기 2인</td></tr>
<tr><td>정
리
활
동</td><td>전체 활동</td><td colspan="5">▷ 정렬하기
▷ 정리 스트레칭(팔 → 다리 → 허리)
▷ 수업에 관한 이야기하기
▷ 인사하기</td></tr>
</table>

체육교육 지도계획안 29

확인란	지도교사	실장	원장

유아교육 기관		교 육 일	년 월 일	지도교사	
		교육차수	차	교육장소	

활동 영역	신체 표현		
활동 주안점	사물을 통하여 유아들의 신체를 표현한다.		
과정 / 구분	활동 내용		
	유치반	유아반	영아반
준비 활동 (준비 운동 및 스트레칭)	▷ 선생님과 인사하기 ▷ 준비 체조(팔 → 목 → 허리 → 다리) ▷ 스트레칭 체조 · 다리 펴고 손가락 발끝 닿기(서서, 앉아서) · 다리 벌리고 가슴 닿기(앉아서) ▷ 제자리 뛰기(가볍게 전신을 움직이면서)		
중심 활동 (전체 활동)	▷ 어부 놀이 ▷ 부채 만들기 ▷ 네모 만들기	▷ 어부 놀이 ▷ 부채 만들기 ▷ 2인 누워 네모 만들기 ▷ 2인 누워 원 만들기	▷ 어부 놀이 ▷ 부채 만들기 ▷ 2인 누워 네모 만들기 ▷ 2인 누워 원 만들기
정리 활동 (전체 활동)	▷ 정렬하기 ▷ 정리 스트레칭(팔 → 다리 → 허리) ▷ 수업에 관한 이야기하기 ▷ 인사하기		

체육교육 지도계획안 30

<table>
<tr><td rowspan="2">확
인
란</td><td>지도교사</td><td>실장</td><td>원장</td></tr>
<tr><td></td><td></td><td></td></tr>
</table>

<table>
<tr><td colspan="2" rowspan="2">유아교육
기관</td><td rowspan="2"></td><td>교 육 일</td><td>년 월 일</td><td>지도교사</td><td></td></tr>
<tr><td>교육차수</td><td>차</td><td>교육장소</td><td></td></tr>
<tr><td colspan="2">활동 영역</td><td colspan="5">민속놀이</td></tr>
<tr><td colspan="2">활동 주안점</td><td colspan="5">우리나라 고유의 민속놀이를 체험하게 한다.</td></tr>
<tr><td colspan="2" rowspan="2">구분
과정</td><td colspan="5">활동 내용</td></tr>
<tr><td colspan="2">유치반</td><td colspan="2">유아반</td><td>영아반</td></tr>
<tr><td>준
비
활
동</td><td>준비 운동
및
스트레칭</td><td colspan="5">▷ 선생님과 인사하기
▷ 준비 체조(팔 → 목 → 허리 → 다리)
▷ 스트레칭 체조
· 다리 펴고 손가락 발끝 닿기(서서, 앉아서)
· 다리 벌리고 가슴 닿기(앉아서)
▷ 제자리 뛰기(가볍게 전신을 움직이면서)</td></tr>
<tr><td>중
심
활
동</td><td>전체 활동</td><td colspan="2">▷ 한 발로 뛰기
▷ 닭싸움
▷ 투호 던지기
▷ 줄다리기
▷ 강강술래
▷ 씨름</td><td colspan="2">▷ 제자리 한 발로 뛰기
▷ 한 발로 뛰어 돌아오기
▷ 투호 던지기
▷ 줄다리기
▷ 강강술래</td><td>▷ 제자리 한 발로 뛰기
▷ 한 발로 뛰어 돌아오기
▷ 줄다리기
▷ 선생님과 함께 줄다리기</td></tr>
<tr><td>정
리
활
동</td><td>전체 활동</td><td colspan="5">▷ 정렬하기
▷ 정리 스트레칭(팔 → 다리 → 허리)
▷ 수업에 관한 이야기하기
▷ 인사하기</td></tr>
</table>

체육교육 지도계획안 31

확인란	지도교사	실장	원장

<table>
<tr><td colspan="2">유아교육 기관</td><td>교 육 일</td><td>년 월 일</td><td>지도교사</td><td></td></tr>
<tr><td colspan="2"></td><td>교육차수</td><td>차</td><td>교육장소</td><td></td></tr>
</table>

<table>
<tr><td colspan="2">활동 영역</td><td colspan="3">씩씩이 달리기</td></tr>
<tr><td colspan="2">활동 주안점</td><td colspan="3">신나는 달리기를 통하여 근력, 근지구력을 기른다.</td></tr>
<tr><td colspan="2" rowspan="2">구분 / 과정</td><td colspan="3">활동 내용</td></tr>
<tr><td>유치반</td><td>유아반</td><td>영아반</td></tr>
<tr><td>준비 활동</td><td>준비 운동 및 스트레칭</td><td colspan="3">▷ 선생님과 인사하기
▷ 준비 체조(팔 → 목 → 허리 → 다리)
▷ 스트레칭 체조
· 다리 펴고 손가락 발끝 닿기(서서, 앉아서)
· 다리 벌리고 가슴 닿기(앉아서)
▷ 제자리 뛰기(가볍게 전신을 움직이면서)</td></tr>
<tr><td>중심 활동</td><td>전체 활동</td><td>▷ 5단 달리기
▷ 나이 달리기
▷ 꼬리 잡기
▷ 신호등 놀이</td><td>▷ 5단 달리기
▷ 나이 달리기
▷ 꼬리 잡기
▷ 신호등 놀이</td><td>▷ 5단 달리기
▷ 나이 달리기
▷ 꼬리 잡기
▷ 달리다가 멈추기</td></tr>
<tr><td>정리 활동</td><td>전체 활동</td><td colspan="3">▷ 정렬하기
▷ 정리 스트레칭(팔 → 다리 → 허리)
▷ 수업에 관한 이야기하기
▷ 인사하기</td></tr>
</table>

체육교육 지도계획안 32

<table>
<tr><td rowspan="2">확
인
란</td><td>지도교사</td><td>실장</td><td>원장</td></tr>
<tr><td></td><td></td><td></td></tr>
</table>

<table>
<tr><td rowspan="2" colspan="2">유아교육
기관</td><td rowspan="2"></td><td>교 육 일</td><td>년 월 일</td><td>지도교사</td><td></td></tr>
<tr><td>교육차수</td><td>차</td><td>교육장소</td><td></td></tr>
<tr><td colspan="2">활동 영역</td><td colspan="5">씩씩이 달리기</td></tr>
<tr><td colspan="2">활동 주안점</td><td colspan="5">신나는 달리기를 통하여 근력, 근지구력을 기른다.</td></tr>
<tr><td colspan="2" rowspan="2">구분
과정</td><td colspan="5">활동 내용</td></tr>
<tr><td>유치반</td><td colspan="2">유아반</td><td colspan="2">영아반</td></tr>
<tr><td>준
비
활
동</td><td>준비 운동
및
스트레칭</td><td colspan="5">▷ 선생님과 인사하기
▷ 준비 체조(팔 → 목 → 허리 → 다리)
▷ 스트레칭 체조
· 다리 펴고 손가락 발끝 닿기(서서, 앉아서)
· 다리 벌리고 가슴 닿기(앉아서)
▷ 제자리 뛰기(가볍게 전신을 움직이면서)</td></tr>
<tr><td>중
심
활
동</td><td>전체 활동</td><td>▷ 손 잡고 달리기
▷ 비행기 달리기
▷ 지그재그 달리기</td><td colspan="2">▷ 손 잡고 달리기
▷ 비행기 달리기
▷ 지그재그 달리기</td><td colspan="2">▷ 혼자 달려 벽 치고 돌아오기
▷ 비행기 달리기
▷ 지그재그 달리기</td></tr>
<tr><td>정
리
활
동</td><td>전체 활동</td><td colspan="5">▷ 정렬하기
▷ 정리 스트레칭(팔 → 다리 → 허리)
▷ 수업에 관한 이야기하기
▷ 인사하기</td></tr>
</table>

체육교육 지도계획안 33

<table>
<tr><td rowspan="2">확
인
란</td><td>지도교사</td><td>실장</td><td>원장</td></tr>
<tr><td></td><td></td><td></td></tr>
</table>

<table>
<tr><td colspan="2" rowspan="2">유아교육
기관</td><td rowspan="2"></td><td>교 육 일</td><td>년 월 일</td><td>지도교사</td><td></td></tr>
<tr><td>교육차수</td><td>차</td><td>교육장소</td><td></td></tr>
<tr><td colspan="2">활동 영역</td><td colspan="5">자신감 키우기</td></tr>
<tr><td colspan="2">활동 주안점</td><td colspan="5">신나는 운동 놀이를 통하여 자신감을 기른다.</td></tr>
<tr><td colspan="2" rowspan="2">구분
과정</td><td colspan="5">활동 내용</td></tr>
<tr><td colspan="2">유치반</td><td colspan="2">유아반</td><td>영아반</td></tr>
<tr><td>준
비
활
동</td><td>준비 운동
및
스트레칭</td><td colspan="5">▷ 선생님과 인사하기
▷ 준비 체조(팔 → 목 → 허리 → 다리)
▷ 스트레칭 체조
· 다리 펴고 손가락 발끝 닿기(서서, 앉아서)
· 다리 벌리고 가슴 닿기(앉아서)
▷ 제자리 뛰기(가볍게 전신을 움직이면서)</td></tr>
<tr><td>중
심
활
동</td><td>전체 활동</td><td colspan="2">▷ 술래잡기
▷ 동대문을 열어라
▷ 뜀틀 5단 손 짚고 올라가기</td><td colspan="2">▷ 술래잡기
▷ 동대문을 열어라
▷ 뜀틀 4단 손 짚고 올라가기</td><td>▷ 숨바꼭질
▷ 기차 놀이
▷ 뜀틀 3단 손 짚고 올라가기</td></tr>
<tr><td>정
리
활
동</td><td>전체 활동</td><td colspan="5">▷ 정렬하기
▷ 정리 스트레칭(팔 → 다리 → 허리)
▷ 수업에 관한 이야기하기
▷ 인사하기</td></tr>
</table>

체육교육 지도계획안 34

확인란	지도교사	실장	원장

유아교육 기관		교 육 일	년 월 일	지도교사	
		교육차수	차	교육장소	

활동 영역	체력 테스트		
활동 주안점	지금까지 운동 놀이를 평가하는 시간을 갖는다.		
과정 \ 구분	활동 내용		
	유치반	유아반	영아반
준비활동 — 준비 운동 및 스트레칭	▷ 선생님과 인사하기 ▷ 준비 체조(팔 → 목 → 허리 → 다리) ▷ 스트레칭 체조 · 다리 펴고 손가락 발끝 닿기(서서, 앉아서) · 다리 벌리고 가슴 닿기(앉아서) ▷ 제자리 뛰기(가볍게 전신을 움직이면서)		
중심활동 — 전체 활동	▷ 멀리뛰기 ▷ 체전굴 ▷ 눈 감고 외발 서기	▷ 멀리뛰기 ▷ 체전굴 ▷ 눈 감고 외발 서기	▷ 멀리뛰기 ▷ 체전굴 ▷ 눈 감고 외발 서기
정리활동 — 전체 활동	▷ 정렬하기 ▷ 정리 스트레칭(팔 → 다리 → 허리) ▷ 수업에 관한 이야기하기 ▷ 인사하기		

체육교육 지도계획안 35

확인란	지도교사	실장	원장

유아교육 기관		교육일	년 월 일	지도교사	
		교육차수	차	교육장소	

활동 영역	체력 테스트
활동 주안점	지금까지 운동 놀이를 평가하는 시간을 갖는다.

과정	구분	유치반	유아반	영아반
준비 활동	준비 운동 및 스트레칭	▷ 선생님과 인사하기 ▷ 준비 체조(팔 → 목 → 허리 → 다리) ▷ 스트레칭 체조 · 다리 펴고 손가락 발끝 닿기(서서, 앉아서) · 다리 벌리고 가슴 닿기(앉아서) ▷ 제자리 뛰기(가볍게 전신을 움직이면서)		
중심 활동	전체 활동	▷ 왕복 달리기 ▷ v자 만들기	▷ 왕복 달리기 ▷ v자 만들기	▷ 왕복 달리기 ▷ v자 만들기
정리 활동	전체 활동	▷ 정렬하기 ▷ 정리 스트레칭(팔 → 다리 → 허리) ▷ 수업에 관한 이야기하기 ▷ 인사하기		

체육교육 지도계획안 36

확인란	지도교사	실장	원장

유아교육 기관		교 육 일	년 월 일	지도교사	
		교육차수	차	교육장소	

활동 영역	평형감각 능력		
활동 주안점	평형성 운동을 통하여 유아들의 평형감각 능력을 기른다.		

과정	구분	활동 내용		
		유치반	유아반	영아반
준비 활동	준비 운동 및 스트레칭	▷ 선생님과 인사하기 ▷ 준비 체조(팔 → 목 → 허리 → 다리) ▷ 스트레칭 체조 · 다리 펴고 손가락 발끝 닿기(서서, 앉아서) · 다리 벌리고 가슴 닿기(앉아서) ▷ 제자리 뛰기(가볍게 전신을 움직이면서)		
중심 활동	전체 활동	▷ 코끼리코 중심 잡기 ▷ 평균대 장애물 넘어가기 ▷ 유니바 걷기 두 발	▷ 코끼리코 중심 잡기 ▷ 평균대 장애물 넘어가기 ▷ 유니바 걷기 네 발	▷ 코끼리코 중심 잡기 ▷ 평균대 장애물 넘어가기 ▷ 유니바 걷기 네 발
정리 활동	전체 활동	▷ 정렬하기 ▷ 정리 스트레칭(팔 → 다리 → 허리) ▷ 수업에 관한 이야기하기 ▷ 인사하기		

체육교육 지도계획안 37

확인란	지도교사	실장	원장

<table>
<tr><td rowspan="2">유아교육 기관</td><td rowspan="2"></td><td>교 육 일</td><td>년 월 일</td><td>지도교사</td><td></td></tr>
<tr><td>교육차수</td><td>차</td><td>교육장소</td><td></td></tr>
<tr><td colspan="2">활동 영역</td><td colspan="4">평형감각 능력</td></tr>
<tr><td colspan="2">활동 주안점</td><td colspan="4">평형성 운동을 통하여 유아들의 평형감각 능력을 기른다.</td></tr>
<tr><td colspan="2" rowspan="2">구분 / 과정</td><td colspan="4">활동 내용</td></tr>
<tr><td colspan="2">유치반</td><td>유아반</td><td>영아반</td></tr>
<tr><td>준비 활동</td><td>준비 운동 및 스트레칭</td><td colspan="4">▷ 선생님과 인사하기
▷ 준비 체조(팔 → 목 → 허리 → 다리)
▷ 스트레칭 체조
· 다리 펴고 손가락 발끝 닿기(서서, 앉아서)
· 다리 벌리고 가슴 닿기(앉아서)
▷ 제자리 뛰기(가볍게 전신을 움직이면서)</td></tr>
<tr><td>중심 활동</td><td>전체 활동</td><td colspan="2">▷ 2인 인공위성 돌기
▷ 4인 인공위성 돌기
▷ 오뚝이
▷ 평균대 걷다가 반 바퀴 돌아 뒤로 걷기</td><td>▷ 2인 인공위성 돌기
▷ 4인 인공위성 돌기
▷ 오뚝이
▷ 평균대 걷다가 한 바퀴 돌기</td><td>▷ 2인 인공위성 돌기
▷ 오뚝이
▷ 평균대 걷다가 한 바퀴 돌기</td></tr>
<tr><td>정리 활동</td><td>전체 활동</td><td colspan="4">▷ 정렬하기
▷ 정리 스트레칭(팔 → 다리 → 허리)
▷ 수업에 관한 이야기하기
▷ 인사하기</td></tr>
</table>

체육교육 지도계획안 38

<table>
<tr><td rowspan="2">확
인
란</td><td>지도교사</td><td>실장</td><td>원장</td></tr>
<tr><td></td><td></td><td></td></tr>
</table>

<table>
<tr><td colspan="2" rowspan="2">유아교육
기관</td><td rowspan="2"></td><td>교 육 일</td><td>년 월 일</td><td>지도교사</td><td></td></tr>
<tr><td>교육차수</td><td>차</td><td>교육장소</td><td></td></tr>
<tr><td colspan="2">활동 영역</td><td colspan="5">순간 반응 운동</td></tr>
<tr><td colspan="2">활동 주안점</td><td colspan="5">넓이, 거리, 높이 감각 능력 등을 길러 준다.</td></tr>
<tr><td colspan="2" rowspan="2">구분
과정</td><td colspan="5">활동 내용</td></tr>
<tr><td>유치반</td><td colspan="2">유아반</td><td colspan="2">영아반</td></tr>
<tr><td>준
비
활
동</td><td>준비 운동
및
스트레칭</td><td colspan="5">▷ 선생님과 인사하기
▷ 준비 체조(팔 → 목 → 허리 → 다리)
▷ 스트레칭 체조
· 다리 펴고 손가락 발끝 닿기(서서, 앉아서)
· 다리 벌리고 가슴 닿기(앉아서)
▷ 제자리 뛰기(가볍게 전신을 움직이면서)</td></tr>
<tr><td>중
심
활
동</td><td>전체 활동</td><td>▷ 풍선 적응하기
▷ 풍선 손가락으로 치기
▷ 풍선 손바닥으로 치기
▷ 풍선 발로 차기
▷ 2인 1조 풍선 치기</td><td colspan="2">▷ 풍선 적응하기
▷ 풍선 손가락으로 치기
▷ 풍선 손바닥으로 치기
▷ 풍선 발로 차기
▷ 2인 1조 풍선 치기</td><td colspan="2">▷ 풍선 적응하기
▷ 풍선 손가락으로 치기
▷ 풍선 손바닥으로 치기
▷ 풍선 발로 차기</td></tr>
<tr><td>정
리
활
동</td><td>전체 활동</td><td colspan="5">▷ 정렬하기
▷ 정리 스트레칭(팔 → 다리 → 허리)
▷ 수업에 관한 이야기하기
▷ 인사하기</td></tr>
</table>

체육교육 지도계획안 39

확인란	지도교사	실장	원장

유아교육 기관		교 육 일	년 월 일	지도교사	
		교육차수	차	교육장소	

활동 영역	씩씩이 달리기		
활동 주안점	신나는 달리기를 통하여 근력, 근지구력을 기른다.		
구분 / 과정	활동 내용		
	유치반	유아반	영아반
준비활동 / 준비 운동 및 스트레칭	▷ 선생님과 인사하기 ▷ 준비 체조(팔 → 목 → 허리 → 다리) ▷ 스트레칭 체조 · 다리 펴고 손가락 발끝 닿기(서서, 앉아서) · 다리 벌리고 가슴 닿기(앉아서) ▷ 제자리 뛰기(가볍게 전신을 움직이면서)		
중심활동 / 전체 활동	▷ 풍선 안고 달리기 ▷ 눈 가리고 아이들 앉아서 잡기 ▷ 무궁화 꽃이 피었습니다	▷ 2인 풍선 안고 달리기 ▷ 눈 가리고 아이들 앉아서 잡기 ▷ 무궁화 꽃이 피었습니다	▷ 2인 풍선 안고 달리기 ▷ 눈 가리고 아이들 앉아서 잡기 ▷ 무궁화 꽃이 피었습니다
정리활동 / 전체 활동	▷ 정렬하기 ▷ 정리 스트레칭(팔 → 다리 → 허리) ▷ 수업에 관한 이야기하기 ▷ 인사하기		

체육교육 지도계획안 40

<table>
<tr><td rowspan="2">확
인
란</td><td>지도교사</td><td>실장</td><td>원장</td></tr>
<tr><td></td><td></td><td></td></tr>
</table>

<table>
<tr><td colspan="2" rowspan="2">유아교육
기관</td><td rowspan="2"></td><td>교 육 일</td><td>년 월 일</td><td>지도교사</td><td></td></tr>
<tr><td>교육차수</td><td>차</td><td>교육장소</td><td></td></tr>
<tr><td colspan="2">활동 영역</td><td colspan="5">씩씩이 달리기</td></tr>
<tr><td colspan="2">활동 주안점</td><td colspan="5">신나는 달리기를 통하여 근력, 근지구력을 기른다.</td></tr>
<tr><td colspan="2" rowspan="2">구분 / 과정</td><td colspan="5">활동 내용</td></tr>
<tr><td colspan="2">유치반</td><td colspan="2">유아반</td><td>영아반</td></tr>
<tr><td>준
비
활
동</td><td>준비 운동
및
스트레칭</td><td colspan="5">▷ 선생님과 인사하기
▷ 준비 체조(팔 → 목 → 허리 → 다리)
▷ 스트레칭 체조
· 다리 펴고 손가락 발끝 닿기(서서, 앉아서)
· 다리 벌리고 가슴 닿기(앉아서)
▷ 제자리 뛰기(가볍게 전신을 움직이면서)</td></tr>
<tr><td>중
심
활
동</td><td>전체 활동</td><td colspan="2">▷ 네 발 달리기
▷ 훌라후프 통과 후 달리기
▷ 무릎으로 달리기
▷ 앉아 달리기
▷ 뒤로 달리기</td><td colspan="2">▷ 네 발 달리기
▷ 훌라후프 통과 후 달리기
▷ 무릎으로 달리기
▷ 앉아 달리기</td><td>▷ 네 발 달리기
▷ 훌라후프 통과 후 달리기
▷ 무릎으로 달리기
▷ 앉아 달리기</td></tr>
<tr><td>정
리
활
동</td><td>전체 활동</td><td colspan="5">▷ 정렬하기
▷ 정리 스트레칭(팔 → 다리 → 허리)
▷ 수업에 관한 이야기하기
▷ 인사하기</td></tr>
</table>

체육교육 지도계획안 41

<table>
<tr><td rowspan="2">확
인
란</td><td>지도교사</td><td>실장</td><td>원장</td></tr>
<tr><td></td><td></td><td></td></tr>
</table>

<table>
<tr><td colspan="2" rowspan="2">유아교육
기관</td><td rowspan="2"></td><td>교 육 일</td><td>년 월 일</td><td>지도교사</td><td></td></tr>
<tr><td>교육차수</td><td>차</td><td>교육장소</td><td></td></tr>
<tr><td colspan="2">활동 영역</td><td colspan="5">거리감각 인지 운동</td></tr>
<tr><td colspan="2">활동 주안점</td><td colspan="5">거리감각 운동을 통하여 유아들의 거리를 인지시킨다.</td></tr>
<tr><td colspan="2" rowspan="2">구분
과정</td><td colspan="5">활동 내용</td></tr>
<tr><td>유치반</td><td colspan="2">유아반</td><td colspan="2">영아반</td></tr>
<tr><td>준
비
활
동</td><td>준비 운동
및
스트레칭</td><td colspan="5">▷ 선생님과 인사하기
▷ 준비 체조(팔 → 목 → 허리 → 다리)
▷ 스트레칭 체조
· 다리 펴고 손가락 발끝 닿기(서서, 앉아서)
· 다리 벌리고 가슴 닿기(앉아서)
▷ 제자리 뛰기(가볍게 전신을 움직이면서)</td></tr>
<tr><td>중
심
활
동</td><td>전체 활동</td><td>▷ 달려가 멀리뛰기
▷ 징검다리 건너기
▷ 낮은 뜀틀 뛰어내리기
▷ 낮은 뜀틀 뛰어내려 박수치기</td><td colspan="2">▷ 달려가 멀리뛰기
▷ 징검다리 건너기
▷ 낮은 뜀틀 뛰어내리기
▷ 낮은 뜀틀 뛰어내려 박수치기</td><td colspan="2">▷ 제자리 멀리뛰기
▷ 징검다리 건너기
▷ 낮은 뜀틀 뛰어내리기
▷ 높은 뜀틀 뛰어내려 박수치기</td></tr>
<tr><td>정
리
활
동</td><td>전체 활동</td><td colspan="5">▷ 정렬하기
▷ 정리 스트레칭(팔 → 다리 → 허리)
▷ 수업에 관한 이야기하기
▷ 인사하기</td></tr>
</table>

체육교육 지도계획안 42

확인란	지도교사	실장	원장

유아교육기관		교 육 일	년 월 일	지도교사	
		교육차수	차	교육장소	

활동 영역	순환 운동		
활동 주안점	지금까지 배운 내용을 토대로 대 기구 운동을 해 본다.		
과정 / 구분	활동 내용		
	유치반	유아반	영아반
준비 활동 / 준비 운동 및 스트레칭	▷ 선생님과 인사하기 ▷ 준비 체조(팔 → 목 → 허리 → 다리) ▷ 스트레칭 체조 · 다리 펴고 손가락 발끝 닿기(서서, 앉아서) · 다리 벌리고 가슴 닿기(앉아서) ▷ 레크 댄스		
중심 활동 / 전체 활동	▷ 평균대 지나 유니바 뛰기 ▷ 뜀틀 높이 뛰고 앞구르기 ▷ 평균대 지나 공 받기	▷ 평균대 지나 유니바 뛰기 ▷ 뜀틀 높이 뛰고 앞구르기 ▷ 평균대 지나 공 받기	▷ 평균대 지나 유니바 뛰기 ▷ 뜀틀 높이 뛰고 앞구르기 ▷ 평균대 지나 공 받기
정리 활동 / 전체 활동	▷ 정렬하기 ▷ 정리 스트레칭(팔 → 다리 → 허리) ▷ 수업에 관한 이야기하기 ▷ 인사하기		

체육교육 지도계획안 43

<table>
<tr><td rowspan="2">확
인
란</td><td>지도교사</td><td>실장</td><td>원장</td></tr>
<tr><td></td><td></td><td></td></tr>
</table>

<table>
<tr><td colspan="2" rowspan="2">유아교육
기관</td><td rowspan="2"></td><td>교 육 일</td><td>년 월 일</td><td>지도교사</td><td></td></tr>
<tr><td>교육차수</td><td>차</td><td>교육장소</td><td></td></tr>
<tr><td colspan="2">활동 영역</td><td colspan="5">단체 게임</td></tr>
<tr><td colspan="2">활동 주안점</td><td colspan="5">게임을 통하여 유아들의 협동심, 단결력 등을 기른다.</td></tr>
<tr><td colspan="2" rowspan="2">구분
과정</td><td colspan="5">활동 내용</td></tr>
<tr><td>유치반</td><td colspan="2">유아반</td><td colspan="2">영아반</td></tr>
<tr><td>준
비
활
동</td><td>준비 운동
및
스트레칭</td><td colspan="5">▷ 선생님과 인사하기
▷ 준비 체조(팔 → 목 → 허리 → 다리)
▷ 스트레칭 체조
· 다리 펴고 손가락 발끝 닿기(서서, 앉아서)
· 다리 벌리고 가슴 닿기(앉아서)
▷ 제자리 뛰기(가볍게 전신을 움직이면서)</td></tr>
<tr><td>중
심
활
동</td><td>전체 활동</td><td>▷ 물건 나르기
▷ 공 전달하기
▷ 인공위성 돌기</td><td colspan="2">▷ 물건 나르기
▷ 공 전달하기
▷ 인공위성 돌기</td><td colspan="2">▷ 물건 나르기
▷ 공 전달하기
▷ 인공위성 돌기</td></tr>
<tr><td>정
리
활
동</td><td>전체 활동</td><td colspan="5">▷ 정렬하기
▷ 정리 스트레칭(팔 → 다리 → 허리)
▷ 수업에 관한 이야기하기
▷ 인사하기</td></tr>
</table>

체육교육 지도계획안 44

확인란	지도교사	실장	원장

유아교육 기관		교 육 일	년 월 일	지도교사	
		교육차수	차	교육장소	

구분		내용		
활동 영역		오래 버티기 운동		
활동 주안점		운동 놀이를 통하여 근력, 근지구력을 기른다.		
과정		활동 내용		
		유치반	유아반	영아반
준비 활동	준비 운동 및 스트레칭	▷ 선생님과 인사하기 ▷ 준비 체조(팔 → 목 → 허리 → 다리) ▷ 스트레칭 체조 · 다리 펴고 손가락 발끝 닿기(서서, 앉아서) · 다리 벌리고 가슴 닿기(앉아서) ▷ 제자리 뛰기(가볍게 전신을 움직이면서)		
중심 활동	전체 활동	▷ V 자 만들기 ▷ 글씨 쓰기 ▷ 매미 매달리기 ▷ 철봉 오래 매달리기 ▷ 슈퍼맨 날기 ▷ 팔 굽혀 펴기	▷ V 자 만들기 ▷ 글씨 쓰기 ▷ 매미 매달리기 ▷ 철봉 오래 매달리기 ▷ 슈퍼맨 날기 ▷ 팔 굽혀 펴기	▷ V 자 만들기 ▷ 글씨 쓰기 ▷ 매미 매달리기 ▷ 철봉 오래 매달리기 ▷ 슈퍼맨 날기 ▷ 팔 굽혀 펴기
정리 활동	전체 활동	▷ 정렬하기 ▷ 정리 스트레칭(팔 → 다리 → 허리) ▷ 수업에 관한 이야기하기 ▷ 인사하기		

체육교육 지도계획안 45

<table>
<tr><td rowspan="2">확
인
란</td><td>지도교사</td><td>실장</td><td>원장</td></tr>
<tr><td></td><td></td><td></td></tr>
</table>

<table>
<tr><td rowspan="2" colspan="2">유아교육
기관</td><td rowspan="2"></td><td>교 육 일</td><td>년 월 일</td><td>지도교사</td><td></td></tr>
<tr><td>교육차수</td><td>차</td><td>교육장소</td><td></td></tr>
<tr><td colspan="2">활동 영역</td><td colspan="5">미니 올림픽</td></tr>
<tr><td colspan="2">활동 주안점</td><td colspan="5">게임을 통하여 아이들의 성취감, 협동심을 기른다.</td></tr>
<tr><td colspan="2" rowspan="2">구분
과정</td><td colspan="5">활동 내용</td></tr>
<tr><td>유치반</td><td colspan="2">유아반</td><td colspan="2">영아반</td></tr>
<tr><td>준
비
활
동</td><td>준비 운동
및
스트레칭</td><td colspan="5">▷ 선생님과 인사하기
▷ 준비 체조(팔 → 목 → 허리 → 다리)
▷ 스트레칭 체조
· 다리 펴고 손가락 발끝 닿기(서서, 앉아서)
· 다리 벌리고 가슴 닿기(앉아서)
▷ 제자리 뛰기(가볍게 전신을 움직이면서)</td></tr>
<tr><td>중
심
활
동</td><td>전체 활동</td><td>▷ 훌라후프 돌리기
▷ 훌라후프 굴리기
▷ 줄넘기
▷ 꼬마야 꼬마야</td><td colspan="2">▷ 훌라후프 돌리기
▷ 훌라후프 굴리기
▷ 줄넘기</td><td colspan="2">▷ 훌라후프 허리로 돌리기
▷ 훌라후프 굴리기
▷ 줄넘기</td></tr>
<tr><td>정
리
활
동</td><td>전체 활동</td><td colspan="5">▷ 정렬하기
▷ 정리 스트레칭(팔 → 다리 → 허리)
▷ 수업에 관한 이야기하기
▷ 인사하기</td></tr>
</table>

체육교육 지도계획안 46

<table>
<tr><td rowspan="2">확
인
란</td><td>지도교사</td><td>실장</td><td>원장</td></tr>
<tr><td></td><td></td><td></td></tr>
</table>

<table>
<tr><td rowspan="2" colspan="2">유아교육
기관</td><td rowspan="2"></td><td>교 육 일</td><td>년 월 일</td><td>지도교사</td><td></td></tr>
<tr><td>교육차수</td><td>차</td><td>교육장소</td><td></td></tr>
<tr><td colspan="2">활동 영역</td><td colspan="5">힘세기 운동</td></tr>
<tr><td colspan="2">활동 주안점</td><td colspan="5">놀이를 통하여 유아들의 근력, 근지구력 운동을 기른다.</td></tr>
<tr><td colspan="2" rowspan="2">구분
과정</td><td colspan="5">활동 내용</td></tr>
<tr><td colspan="2">유치반</td><td colspan="2">유아반</td><td>영아반</td></tr>
<tr><td>준
비
활
동</td><td>준비 운동
및
스트레칭</td><td colspan="5">▷ 선생님과 인사하기
▷ 준비 체조(팔 → 목 → 허리 → 다리)
▷ 스트레칭 체조
· 다리 펴고 손가락 발끝 닿기(서서, 앉아서)
· 다리 벌리고 가슴 닿기(앉아서)
▷ 제자리 뛰기(가볍게 전신을 움직이면서)</td></tr>
<tr><td>중
심
활
동</td><td>전체 활동</td><td colspan="2">▷ 손바닥 밀기
▷ 엉덩이 밀기
▷ 손잡고 당기기
▷ 친구 업어 주기</td><td colspan="2">▷ 손바닥 밀기
▷ 엉덩이 밀기
▷ 손잡고 당기기
▷ 친구 업어 주기</td><td>▷ 손바닥 밀기
▷ 엉덩이 밀기
▷ 손잡고 당기기
▷ 친구 업어 주기</td></tr>
<tr><td>정
리
활
동</td><td>전체 활동</td><td colspan="5">▷ 정렬하기
▷ 정리 스트레칭(팔 → 다리 → 허리)
▷ 수업에 관한 이야기하기
▷ 인사하기</td></tr>
</table>

체육교육 지도계획안 47

<table>
<tr><td rowspan="2">확
인
란</td><td>지도교사</td><td>실장</td><td>원장</td></tr>
<tr><td></td><td></td><td></td></tr>
</table>

<table>
<tr><td colspan="2" rowspan="2">유아교육
기관</td><td rowspan="2"></td><td>교 육 일</td><td>년 월 일</td><td>지도교사</td><td></td></tr>
<tr><td>교육차수</td><td>차</td><td>교육장소</td><td></td></tr>
<tr><td colspan="2">활동 영역</td><td colspan="5">자신감 키우기 운동</td></tr>
<tr><td colspan="2">활동 주안점</td><td colspan="5">놀이를 통하여 유아들의 자신감을 기르는 운동을 한다.</td></tr>
<tr><td colspan="2" rowspan="2">구분
과정</td><td colspan="5">활동 내용</td></tr>
<tr><td colspan="2">유치반</td><td colspan="2">유아반</td><td>영아반</td></tr>
<tr><td>준
비
활
동</td><td>준비 운동
및
스트레칭</td><td colspan="5">▷ 선생님과 인사하기
▷ 준비 체조(팔 → 목 → 허리 → 다리)
▷ 스트레칭 체조
· 다리 펴고 손가락 발끝 닿기(서서, 앉아서)
· 다리 벌리고 가슴 닿기(앉아서)
▷ 제자리 뛰기(가볍게 전신을 움직이면서)</td></tr>
<tr><td>중
심
활
동</td><td>전체 활동</td><td colspan="2">▷ 공 멀리 차기
▷ 매트 뒤구르기
▷ 섬 오르기</td><td colspan="2">▷ 공 멀리 차기
▷ 매트 경사 높여 뒤구르기
▷ 섬 오르기</td><td>▷ 공 손으로 멀리 던지기
▷ 공 발로 멀리 차기
▷ 경사 높여 뒤구르기
▷ 섬 오르기</td></tr>
<tr><td>정
리
활
동</td><td>전체 활동</td><td colspan="5">▷ 정렬하기
▷ 정리 스트레칭(팔 → 다리 → 허리)
▷ 수업에 관한 이야기하기
▷ 인사하기</td></tr>
</table>

체육교육 지도계획안 48

확인란	지도교사	실장	원장

유아교육 기관		교 육 일	년 월 일	지도교사	
		교육차수	차	교육장소	

활동 영역	인지 발달 능력		
활동 주안점	놀이를 통하여 유아들의 자신감을 기르는 운동을 한다.		
구분 / 과정	활동 내용		
	유치반	유아반	영아반
준비활동 – 준비 운동 및 스트레칭	▷ 선생님과 인사하기 ▷ 준비 체조(팔 → 목 → 허리 → 다리) ▷ 스트레칭 체조 · 다리 펴고 손가락 발끝 닿기(서서, 앉아서) · 다리 벌리고 가슴 닿기(앉아서) ▷ 제자리 뛰기(가볍게 전신을 움직이면서)		
중심활동 – 전체 활동	▷ 숫자 만들기 ▷ 글자 만들기 ▷ 알파벳 만들기	▷ 숫자 만들기 ▷ 글자 만들기 ▷ 알파벳 만들기	▷ 숫자 만들기 ▷ 글자 만들기 ▷ 알파벳 만들기
정리활동 – 전체 활동	▷ 정렬하기 ▷ 정리 스트레칭(팔 → 다리 → 허리) ▷ 수업에 관한 이야기하기 ▷ 인사하기		

체육교육 지도계획안 49

확인란	지도교사	실장	원장

유아교육 기관		교 육 일	년 월 일	지도교사	
		교육차수	차	교육장소	

활동 영역	민속놀이		
활동 주안점	민속놀이를 통하여 조상의 얼을 기른다.		
과정 \ 구분	활동 내용		
	유치반	유아반	영아반
준비 활동 / 준비 운동 및 스트레칭	▷ 선생님과 인사하기 ▷ 준비 체조(팔 → 목 → 허리 → 다리) ▷ 스트레칭 체조 · 다리 펴고 손가락 발끝 닿기(서서, 앉아서) · 다리 벌리고 가슴 닿기(앉아서) ▷ 제자리 뛰기(가볍게 전신을 움직이면서)		
중심 활동 / 전체 활동	▷ 닭싸움 ▷ 투호 던지기 ▷ 줄다리기 ▷ 씨름 ▷ 강강술래	▷ 한 발 뛰고 달리기 ▷ 닭싸움 ▷ 투호 던지기 ▷ 줄다리기 ▷ 씨름	▷ 한 발 들고 뛰기 ▷ 투호 던지기 ▷ 줄다리기 ▷ 동대문을 열어라
정리 활동 / 전체 활동	▷ 정렬하기 ▷ 정리 스트레칭(팔 → 다리 → 허리) ▷ 수업에 관한 이야기하기 ▷ 인사하기		

체육교육 지도계획안 50

확인란	지도교사	실장	원장

유아교육 기관		교 육 일	년 월 일	지도교사	
		교육차수	차	교육장소	

활동 영역	평형감각 운동		
활동 주안점	신체의 중심 능력을 기르는 놀이를 한다.		
구분 / 과정	활동 내용		
	유치반	유아반	영아반
준비 활동 / 준비 운동 및 스트레칭	▷ 선생님과 인사하기 ▷ 준비 체조(팔 → 목 → 허리 → 다리) ▷ 스트레칭 체조 · 다리 펴고 손가락 발끝 닿기(서서, 앉아서) · 다리 벌리고 가슴 닿기(앉아서) ▷ 제자리 뛰기(가볍게 전신을 움직이면서)		
중심 활동 / 전체 활동	▷ 통나무 굴리기 ▷ 평균대 위에서 공 받기 ▷ 평균대 두 손으로 공 받고 걸어가기	▷ 통나무 굴리기 ▷ 평균대 위에서 공 받기 ▷ 평균대 두 손으로 공 받고 걸어가기	▷ 통나무 굴리기 ▷ 평균대 위에서 공 받기 ▷ 평균대 두 손으로 공 받고 걸어가기
정리 활동 / 전체 활동	▷ 정렬하기 ▷ 정리 스트레칭(팔 → 다리 → 허리) ▷ 수업에 관한 이야기하기 ▷ 인사하기		

체육교육 지도계획안 51

확인란	지도교사	실장	원장

유아교육 기관		교 육 일	년 월 일	지도교사	
		교육차수	차	교육장소	

활동 영역	공간지각감각 운동		
활동 주안점	놀이 운동을 통하여 유아의 높이, 넓이, 공간 활용의 능력을 기른다.		
구분 / 과정	활동 내용		
	유치반	유아반	영아반
준비 활동 / 준비 운동 및 스트레칭	▷ 선생님과 인사하기 ▷ 준비 체조(팔 → 목 → 허리 → 다리) ▷ 스트레칭 체조 · 다리 펴고 손가락 발끝 닿기(서서, 앉아서) · 다리 벌리고 가슴 닿기(앉아서) ▷ 제자리 뛰기(가볍게 전신을 움직이면서)		
중심 활동 / 전체 활동	▷ 유니바 숲 속 여행 ▷ 유니바 동굴 지나가기 ▷ 다리 동굴 지나가기	▷ 유니바 숲 속 여행 ▷ 유니바 동굴 지나가기 ▷ 다리 동굴 지나가기	▷ 유니바 숲 속 여행 ▷ 유니바 동굴 지나가기 ▷ 다리 동굴 지나가기
정리 활동 / 전체 활동	▷ 정렬하기 ▷ 정리 스트레칭(팔 → 다리 → 허리) ▷ 수업에 관한 이야기하기 ▷ 인사하기		

체육교육 지도계획안 52

확인란	지도교사	실장	원장

유아교육 기관		교 육 일	년 월 일	지도교사	
		교육차수	차	교육장소	

활동 영역	친구들과 함께		
활동 주안점	마지막 수업을 통하여 그동안의 즐거운 놀이 수업을 한다.		
구분 / 과정	활동 내용		
	유치반	유아반	영아반
준비 활동 / 준비 운동 및 스트레칭	▷ 선생님과 인사하기 ▷ 준비 체조(팔 → 목 → 허리 → 다리) ▷ 스트레칭 체조 · 다리 펴고 손가락 발끝 닿기(서서, 앉아서) · 다리 벌리고 가슴 닿기(앉아서) ▷ 제자리 뛰기(가볍게 전신을 움직이면서)		
중심 활동 / 전체 활동	▷ 가장 좋아했던 운동 교육하기	▷ 가장 좋아했던 운동 교육하기	▷ 가장 좋아했던 운동 교육하기
정리 활동 / 전체 활동	▷ 정렬하기 ▷ 정리 스트레칭(팔 → 다리 → 허리) ▷ 수업에 관한 이야기하기 ▷ 인사하기		

참고문헌

강상조 · 조정환(1986). 유아체육 - 사회체육 프로그램 시리즈. 한국사회체육진흥회.

고홍환(1992). 체육의 측정평가. 서울 연세대학교 출판부.

교육부(1995). 영유아교육기관 교육활동 지도 자료 10권(특별한 날들). 서울 : 국정교과서 주식회사.

교육부(1995). 영유아교육기관 교육활동 지도 자료 9권(우리나라와 다른나라). 서울 : 국정교과서 주식회사.

교육부(1995). 어린이의 응용 운동지도. 유아체육교육 지도자 연수교재.

김경수(1997). 어린이의 응용 운동 지도. 유아체육 지도자 연수교재.

김경중 외(2000). 아동 발달 심리. 서울 : 학지사.

김광언(1996). 민속놀이. 서울 : 대원사.

김기웅(1986). 아동체육. 한국사회체육진흥회.

김명희(1989). 놀이지도의 이론과 실제 - 유아를 위한 신체적 움직임. 서울 : 교문사.

김선진(2003). 운동발달의 이해. 서울 : 서울대학교 출판부.

김영심(2003). 유아를 위한 놀이 속의 움직임 교육. 서울 : 대경북스.

김양수(2000). 키다리 따라잡기. 서울 : 한국문원.

김영철(1999). 어린이 건강관리. 서울 : 덕수.

김한섭(2003). 레크리에이션 대백과. 새로운 게임 모음집. 삼호 뮤작.

김현지 · 김연주(1997). 유아를 위한 체육활동 이론과 실제. 서울 : 양서원 꼬망세.

나정 · 김연주(1997). 영유아교육기관 교육환경 개선 방안 연구. 연구보고 RR-13.

노기호(2004). 알기 쉽게 풀어 쓴 4계절용. 레크리에이션 600선. 엘멘 미디어.

류정무 · 옥명철(1982). 유아체육의 이론과 실제. 서울 : 동양문화사.

류진희(1997). 유아의 발달에 민속놀이의 실제. 한국어린이육영회 연수원 연수자료.

문화체육부(1995). 취학전 아동의 체격 및 육영을 위한 체육놀이 프로그램 개발.

민유정(2000). 유아 어린이 스트레칭. 서울 : 대경.

박경숙 · 장명림 · 임진명(1993). 현장 관찰을 통한 영유아교육기관 교육활동 분석연구. 연구보고 RR-93-16. 한국교육개발원.

박길준 · 박태섭 · 박형섭(1995). 성장 단계별 신체의 발육발달론. 서울 : 상조사.

배인자 · 한규령(1996). 동작교육의 이론과 실제. 서울 : 양서원.

사단법인 새세대육영회(1987). 유아를 위한 실외놀이. 서울 : 정민사.

사단법인 새세대육영회(1988). 새세대 어린이를 위한 종일제 교육 프로그램 5권. 서울 : 정민사.

사단법인 새세대육영회(1988). 새세대 어린이를 위한 종일제 교육 프로그램 6권. 서울 : 정민사.

서인규(2000). 유아 특수체육 지도론. 서울 : 대경.

서울특별시교육청(1993). 유아 전통놀이 교육활동 지도 자료.

서울특별시교육청(1994). 교육활동과 연계된 영유아교육기관 행사 운영 자료.

손원호(1997). 유아를 위한 체육활동의 이론과 실제. 서울 : 금광.

송천홍(1993). 초등학교 체육 교과의 교수 학습지도안 모형 개발연구. 서강대학교 교육대학교 석사학위 논문.

안병이 · 박화문 · 정재권 공역(1987). 운동교육의 이론과 실제. 서울 : 양서원.

안병철 · 반기봉(1997). 운동과 건강. 서울 : 태근문화사.

엄마랑 아가랑. 1997년

오진구 · 오대성 · 오학성(1984). 유아체육. 서울 : 동명사.

월간 유아 1996-2006

유안진(1981). 한국 고유의 아동놀이. 서울 : 정민사.

안을섭(2005). 유아의 체력 평가기준에 관한 연구. 건국대학교 대학원 박사학위논문.

안을섭 · 신현경(2005). 몸튼 마음튼 어린이 성장마사지. 서울 : 대경북스.

윤애희 · 박정민(1999). 유아 체육 교육의 이론과 실제. 서울 : 창지사.

이순래(1994). 유아의 창의적 음률활동. 한국어린이 교육협회 1994년도 교육워크숍자료.

이순례(1998). 유아와 함께하는 신체활동. 한국어린이육성회 연수원 1998년도 교원 워크숍자료.

이 영(1992). 유아를 위한 창의적 동작교육. 서울 : 교문사.

이재연(1998). 아동발달. 서울 : 문음사.

이정숙(1984). 유아의 체격 및 운동능력에 관한 일 연구. 이화여자대학교 교육대학원 석사학위 논문.

이학래(2001). 유아 아동체육 프로그램. 서울 : 한국교연.

이화여자대학교 사범대학 부속 이화영유아교육기관(1995). 3세 어린이를 위한 영유아교육기관 교육과정 운동의 실제 8권(우리나라). 서울 : 교문사.

이화여자대학교 사범대학 부속 이화영유아교육기관(1995). 5세 어린이를 위한 유치원 교육과정 운동의 실제 10권 (우리나라). 서울 : 교문사.

이희선(2001). 신나는 놀이 튼튼한 아이. 서울 : 삼호미디어.

임승현(1996). 체육 놀이 활동이 유아의 성장과 운동능력에 미치는 영향. 대구대학교 교육대학원 석사학위 논문.

임영규(2004). 비만 남자 유아의 체력에 관한 연구. 건국대학교 교육대학원 석사학위 논문.

장은미 · 김영숙(2001). 놀이로 키우자. 서울 : 리빙아트.

전승훈(2002). 프로 레크리에이션 600. 엘멘 미디어.

전경미(1997). 동작활동이 유아기 기본 운동능력 및 신체 표현능력에 미치는 영향. 원광대학교 교육대학원 석사학위 논문.

정인태(2000). 유아체육교육. 서울 : 양서원.

정인태(2001). 유아 체육교육학 원론. 서울 : 도서출판 유아존중.

정옥분(2004). 발달 심리학. 서울 : 학지사.

정옥분(2004). 아동 발달의 이해. 서울 : 학지사.

정현채 역(2003). 운동발달. 서울 : 보경.

정진 · 성원경(1994). 유아놀이와 게임활동의 실제. 서울 : 학지사.

조강환(1993). 신체활동이 취학전 유아의 체격 및 운동능력에 미치는 효과. 경희대학교 교육대학원 석사학위 논문.

조미혜 · 장명림(1996). 유아 체육놀이 프로그램 개발연구. 한국교육개발원.

조성호(1997). 유아의 신체활동과 발육 발달에 관한 상관성 연구. 건국대학교 교육대학원 석사학위 논문.

최진옥(1991). 유아를 위한 움직임 교육의 이론탐색 및 지도모형 설계에 관한 일 연구. 이화여자대학교 교육대학원 석사학위 논문.

한국어린이육영회 부설영유아교육기관(1996). 영유아교육기관 민속의 날. 연수교재.

한국 인체과학 연구원(2000). 쑥쑥 키 크는 뇌 호흡 체조. 서울 : 한문화.

한국 행동과학 연구소(1984). 영유아교육기관 교육과정 해설집 : 신체발달 영역. 문교부.

한국유아체육지도자협회(2000). 유아체육지도자(2급). 동계연수과정교재. 유아체육지도자협회.

황백천(1993). 키잘크고 머리 좋아지는 건강육아. 서울 : 민예사.

홍승규(1995). 규칙적인 신체활동이 취학전 아동의 체격 및 체력에 미치는 영향. 경희대학교 교육대학원 석사학위 논문.

홍용희 · 이한영 · 최혜로 · 원영신(1998). 유아를 위한 동작 교육의 이론과 실제. 서울 : 다음세대.

황덕호(1993). 영유아교육기관 유아들을 위한 유아체육의 이론과 실제. 서울 : 군민서관.

황장범(1996). 체력운동 수업모형에 의한 교수-학습이 아동의 체력 향상에 미치는 효과. 교육대학원 석사학위 논문.

Arnheim, D. D.(1973). *Developing Motor Behavior in Children*. St Louis : The C. V. Mosby Company.

Bennett, C.(1980). Planning for activity during the important preschool years. *Journal of Physical Education and Recreation*, v 51 n 7), pp. 30~32.

Curtis, S. R.(1983). *The Joy Movement in Early Childhood*. New York and London : Teacher' s College Columbia University.

David, L. Gallahue(1796). *What every child needs from Physical Education*. Physical Education for Children' s Healthful Living. Washington D. C. : ACEL.

David L. Gallahue(1796). Understanding Motor Development in Children. New York : Jon Wiley & Sons.

David L. Gallahue(1796). *Developmental Physical Education for Today' s Children*(3rd Ed.). Brown & benchmark.

Hoffman, H. A. & YOUNG, J. & Kleisns, S. E.(1981). *Meaningful Movement for Children*. Florida : Allyn and Bacott Inc.

Katz et al.(1983). *Current Topics in Early Childhood Education*. New Jersey : Ablex Publish Co.

Laban, R.(1963). *Modern Educational Dance*(2nd ed.). London : McDonald and Evans.

Masston, M. & Ashworth S.(1994). *Teaching Physical Education*. New York : Macmillans.

Pica, R.(1990). *Preschool Moving and Learning*. Champaign II. : Human Kinetics.

Pica, R.(1990). *Toddler Moving and Learning*. Champaign II : Human Kinetics.

Pica, R.(1990). *Experiences in Movement with Music, Activities and Theory*. Delmar Publishing.

Riggs, M. L.(1990). *Jump to Joy*. New York Joy Jersey : Prentice Hall.

Watson, M.(1976). *Physical Education*. Huston : Texas.

Zaichkoroshy, L. D., Zaich Kowshy, L. B. & Martinek, T.(1981). *Growth and Development*. St. Louis : The C. V. Mosby Company.

저자약력

안을섭
한양대 학사 / 건국대 교육학 석사 / 건국대 체육학 박사
전 한양대, 수원대, 숭의여대, 한양여대, 동서울대 외래교수
현 대림대학 사회체육과 겸임교수, 한국유아체육지도자협회 사무총장

현일환
경희대 학사 / 경희대 교육학 석사 / 경희대 체육학 박사
전 건양대학교 생활체육학과 겸임교수
현 수원대학교 운동기능학과 외래교수, 오산대학 유아교육과 외래교수

박종혁
건국대 학사 / 건국대 교육학 석사
전 한양대학교 사회교육원 유아체육 교수
현 건국대학교 사회교육원 유아체육 교수

신현경
한양대 학사 / 국민대 교육학 석사 / 성균관대 체육학 박사
현 한양대학교 생활스포츠학부 외래교수, 명지대학교 사회복지대학원 외래교수

임영규
경희대 학사 / 건국대 교육학 석사
전 안산공과대학 생활체육과 외래교수
현 동서울대학 대원과학대학 평생교육원 유아체육 교수

안상현
한양대 학사 / 국민대 교육학 석사 / 한양대 체육학 박사과정
전 경기대 사회교육원, 인천시교육청 보수교육 유아체육 강사
현 청강문화산업대학, 김천대학 유아체육 외래교수

김수경
한양대 학사 / 한양대 체육학 석사 / 한양대 체육학 박사
전 동해대학교 영,유아 보육과 겸임교수
현 한양대학교 생활 스포츠 학부 외래교수

유아체육교육

초판 1쇄 발행 2006년 11월 25일
초판 5쇄 발행 2013년 1월 25일

지 은 이 | 안을섭 · 현일환 · 박종혁 · 신현경 · 임영규 · 안상현 · 김수경
펴 낸 이 | 김기섭
책임편집 | 고수연
펴낸곳 | 창지사 www.changjisa.com
153-802 서울특별시 금천구 가산디지털 1로 83 파트너스타워1차 9층
전화 (02) 719-2211~3
팩스 (02) 701-9386
등 록 | 1977년 4월 28일 · 제1-421호

ISBN 89-426-0419-6 (93370)
ISBN 978-89-426-0419-7 (93370)

값 18,000원